Edwin C. Nevis

ORGANISATIONSBERATUNG

320
1.5.

Sehe Inhaltsverzeichnis

Kopie: s. MÜ: 126

Michael Schrader
Alte Bahnhofstr. 60
4630 Bochum 7
Tel. 02 34 - 29 56 97

Der Autor:

Edwin C. Nevis, Ph. D., hat mehr als dreißig Jahre Erfahrung als Organisationsberater. Er ist während dieser Zeit Mitglied des Lehrkörpers des *Gestalt Institute of Cleveland* gewesen und war von 1960 - 71 dessen Präsident. Dr. Nevis lehrt an der *Sloan School of M.I.T.,* an der er auch Leiter des Programms für höheres Management ist. Er ist Herausgeber der *Gestalt Institute of Cleveland Press.*

Edwin C. Nevis

ORGANISATIONSBERATUNG
Ein gestalttherapeutischer Ansatz

**Aus dem Amerikanischen
übersetzt von Thea Brandt**

**Fachliche Textbearbeitung
Martina Gremmler-Fuhr**

**Edition Humanistische Psychologie
— 1988 —**

Die Originalausgabe erschien unter dem Titel »Organizational Consulting —
A Gestalt Approach« in der Gestalt Institute of Cleveland Press — Gardner Press,
Inc., New York

Copyright © 1987 bei Gestalt Institute of Cleveland Press

Aus dem Amerikanischen übersetzt von Thea Brand. Fachliche Textbearbeitung:
Martina Gremmler-Fuhr

Lektorat:
Martina Gremmler-Fuhr

Herausgeber:
Anna und Milan Sreckovic

Umschlagentwurf: Robert de Zoete
— unter Verwendung eines Bildes von Dieter Teusch —

Vertrieb:
Moll & Eckhardt
Zülpicher Str. 174
5000 Köln 41

Satz:
HSH Fotosatz GbR
Industriestraße 31, 5138 Heinsberg

Gesamtherstellung:
Agentur Ulrich Himmels
Industriestraße 31, 5138 Heinsberg

© 1988 Edition Humanistische Psychologie im Internationalen Institut
für Humanistische Psychologie, Spichernstr. 2, 5000 Köln 1

ISBN 3 - 926176 - 08 - 3

Inhaltsverzeichnis

In Erinnerung an
Richard W. Wallen
Lehrer, Kollege, Freund

Vorwort

Der Gegenstand dieses Buches ist der Prozeß der Bewußtheit und das Umsetzen dieser Bewußtheit in zweckmäßiges Handeln. Das Hauptziel von Beratungsbeziehungen sehe ich darin, die Bewußtheit des Klienten von seiner Funktion in seinem Umfeld zu verbessern und seine Fähigkeit auszuweiten, solche Handlungen zu unternehmen, die seine Funktion verbessern. Unter Bewußtheit verstehe ich das Wissen oder Erkennen, das sich aus der Selbstbeobachtung oder der Beobachtung anderer herleitet. Der Prozeß der Bewußtheit ist nichts anderes als der wache und aufmerksame Gebrauch aller Sinne. Durch unsere Sinne — Sehen, Hören, Fühlen, Riechen — werden wir uns dessen bewußt, was mit uns und um uns herum geschieht. Dieses Erkennen liefert uns Energie und Richtung für unser Handeln und Lernen. Wirksame Prozeßberatung hängt davon ab, wie gut professionelle Helfer ihre Bewußtheit dazu verwenden, nützliche Interventionen in Arbeitssystemen zu machen.

Ein effektiver Bewußtheitsprozeß hilft dem Berater beim Umgang mit allen Stadien der Intervention, von der ersten Annäherung und dem Herstellen einer Basis bis zur Lösung und Vollendung der Arbeit. Um dieses Ziel zu erreichen, bedarf es eines hohen Maßes der Fähigkeit, seiner selbst und dessen gewahr zu werden, was beim Klienten geschieht. Die Bewußtheit bildet eine Grundlage für den Gebrauch des Selbst als Instrument des

Wandels; sie ist die Voraussetzung dafür, wirksam zu werden. Der erfolgreiche Berater bezieht Energie aus der Bewußtheit und lehrt die Klienten, das gleiche zu tun. Der besondere Wert der Gestaltorientierung liegt in der Art, wie der Bewußtheitsprozeß im Zyklus des Erlebens in Begriffe gebracht wird und in der Bedeutung, die einer Prozeßberatung mit einem hohen Maß an Kontakt (»starke Gegenwart«) beigemessen wird. Dieses Buch stellt dar, wie ich dieses Modell für die Anwendung in der Organisationsberatung erweitert habe.

Das Denken, das hier Ausdruck findet, entstammt der Sicht eines Organisationsberaters, der viel von der Gestalttherapie gelernt hat, jedoch kein praktizierender Therapeut im klassischen Sinn ist. Ich bin zunächst Berater geworden und habe dann eine Ausbildung in Gestalttherapie gemacht. In den ersten Jahren meiner praktischen Arbeit waren für mich zwei Annahmen über die Rolle des Organisationsberaters bestimmend: Das wissenschaftlich begründete Sammeln objektiver Daten ist eine Dienstleistung, die erbracht werden muß, und die von Rogers entwickelte nondirektive Beratung stellt das beste Bezugssystem für die Interaktionen zwischen Berater und Klient dar. Diesen Annahmen liegt implizit die Überzeugung zugrunde, daß sich die Empfindungen, Gefühle, Phantasien, inneren Bilder und anderes persönliches Erleben des Beraters nachteilig auf die Arbeit mit Klienten auswirken, wenn sie nicht unter Kontrolle gehalten werden. Wie bei den meisten anderen therapeutischen Richtungen, die bis in die frühen fünfziger Jahre hinein verbreitet waren, wurde angenommen, daß Theorie und Methodologie größere Bedeutung haben als die Art, in der der Intervenierende sein persönliches Erleben dazu benutzt, eine überzeugende, einzigartige Präsenz herzustellen. Die Untersuchungen, die ich damals mit Fritz Perls und anderen begonnen habe, haben mich jedoch die Kraft eines persönlichen, subjektiven Erlebens im Hier-und-Jetzt als Unterstützung für die Arbeit des Beraters erfahren lassen. Es wurde deutlich, daß sich durch Anwendung des Zyklus des Erlebens und durch Gestaltmethoden mit kontaktvollen Interaktionen ein wirksamerer Beratungsstil entwickeln ließ.

Von 1959 bis 1971 war ich Teilhaber eines Organisationsberatungsinstituts und fungierte auch als Direktor des Gestalt-Institutes von Cleveland. In den ersten sieben Jahren dieses Zeitraums habe ich bei Fritz Perls, Laura Perls, Isadore From, Paul Goodman, Erving Polster und Familientherapeuten ähnlicher Orientierung, wie Carl Whitaker und Virginia Satir, studiert. Dem großen Glück, mit Richard W. Wallen von 1957 bis zu seinem viel zu frühen Tod im Jahr 1968 zusammenarbeiten zu dürfen, verdanke ich weitere wichtige Erfahrungen. Er war nicht nur einer der größten Lehrer seiner Zeit, sondern sein Interesse am Experimentieren und sein Mut ließen uns bereits 1959 in der Arbeit mit Managern Gestaltmethoden der Bewußtheit anwenden.

Der Leser wird feststellen, daß der Schwerpunkt mehr bei Konzepten und Bezugssystemen und weniger bei detaillierten Falldarstellungen ganzer Beratungsaufträge liegt. Ich führe Beispiele und kurze Fallberichte aus meiner eigenen Praxis an, die jedoch im wesentlichen dazu dienen, die Modelle und Erkenntnisse, die für meine Arbeit richtungweisend waren, zu illustrieren. Ich glaube, daß wir mehr Äußerungen von Praktikern darüber brauchen, welche Prinzipien und Werte ihre Arbeit leiten, und daß es effektive Beratung nicht ohne ein kohärentes theoretisches Bezugssystem geben kann.

Die Ideen, die hier zum Ausdruck kommen, sind während meiner langjährigen Zusammenarbeit mit Kollegen vom *Gestalt Institute of Cleveland* angeregt und entwickelt worden, und jede Anerkennung meiner Arbeit gilt ebenso Bill Warner, Erving Polster, Sonia Nevis, Joseph Zinker, Elaine Kepner, Marjorie Creelman, Cynthia Harris, Rainette Franz und Miriam Polster, die alle Klinische Psychologen / innen oder Psychiater / innen sind. Meine Verbundenheit mir ihrer Arbeit auf individueller oder Familienebene wurde durch meinen 1973 erfolgten Beitritt zum Kollegium des Programms für Organisations- und Systementwicklung am Cleveland-Institut stark gefördert: Carolyn Lukensmeyer, John Carter, Elaine Kepner, Claire Stratford, Leonard Hirsch und Jeffrey Voorhees. Mehrere Kapitel des Buches sind aus Vorträgen für dieses Programm entstanden.

Während der vergangenen sieben Jahre, in denen ich Seminare über Theorien des Wandels und über die Durchführung geplanten Wandels an der *Sloan School of Management* am *Massachusetts Institute of Technology* angeboten habe, sind meine Ideen überprüft und weiterentwickelt worden. Ich schulde Richard Breckhard und Edgar Schein großen Dank dafür, daß sie es mir ermöglicht haben, meine Auffassungen in diesem Rahmen vorzustellen und zu entwickeln. Die Begeisterung von Studenten, die wenig oder gar keine Kenntnisse über Gestalttherapie hatten, brachte mich zu der Überzeugung, daß ein größerer Personenkreis diese Arbeit begrüßen würde.

Ein Wort des Dankes gebührt David Monroe Miller und Marvin Weisford, die den ersten Entwurf dieser Arbeit sorgfältig durchgesehen haben. Ihre Rückmeldungen und Anregungen waren für mich von unschätzbarem Wert. Ich hoffe, daß sie ihren Beitrag auf diesen Seiten wiederfinden werden.

Schließlich möchte ich für die große Unterstützung danken, die ich beim Entwickeln meiner Ideen und beim Schreiben durch meine Frau, Sonia M. Nevis, erfahren habe. Als engagierte und kluge Gesprächspartnerin hat sie mir viele Jahre hindurch geholfen, im Einklang mit der Gestalttheorie zu bleiben und klar im Ausdruck meiner selbst zu sein. Ohne ihre Beteiligung wären diese Aufzeichnungen um vieles ärmer.

1. Kapitel

Entwicklung und Anwendung des Gestaltmodells von Figur und Grund

Die Perspektive, die in diesem Buch dargestellt werden soll, leitet sich aus der Theorie und Praxis der Gestalttherapie ab, wie sie sich seit ihren ersten Darstellungen durch Fritz Perls, Paul Goodman, Laura Perls und Isadore From in den vierziger Jahren (Perls, 1947; Perls et al., 1951) entwickelt hat. Dieser Ansatz entstammt im wesentlichen einem Versuch der Integration von psychoanalytischer Theorie und den Ergebnissen gestaltpsychologischer Untersuchungen über Phänomene der Wahrnehmung und des Lernens durch Wertheimer (1945), Koffka (1922, 1935) und Köhler (1927, 1929, 1947), den damit in Zusammenhang stehenden Arbeiten von Kurt Lewin (1935, 1951 a) und Kurt Goldstein (1939) sowie den Arbeiten anderer phänomenologischer und existentialistischer Denker. Den wichtigsten Impuls der frühen Arbeit lieferte Perls' Angriff auf das, was er als Lücken oder Fehler in dem Freudschen Modell ansah, und diese Arbeit richtete sich in erster Linie auf die individuelle Entwicklung und die Behandlung von Neurosen beim Individuum. Seitdem haben Schüler von Perls und seine frühen Mitarbeiter mit den Konzepten und Methoden gearbeitet und sie auf Systeme angewandt, die aus mehr als einer Person bestehen. Im Verlauf von 30 Jahren ist am Gestalt-Institut von Cleveland der Bewußtheitsprozeß, der die Basis der Gestalttherapie ist, als *Gestaltzyklus des Erlebens* (»Zyklus«) analysiert worden. Die Abbildungen 1.1 und 1.2 stellen den Zyklus graphisch dar.

Der Zyklus umfaßt den Prozeß, in dem Menschen — individuell oder kollektiv — sich dessen *bewußt* werden, was in dem jeweiligen Augenblick geschieht und wie sie *Energie* aktivieren, um eine *Handlung* auszuführen, die ihnen erlaubt, sich konstruktiv mit Möglichkeiten zu befassen, die die neue Bewußtheit nahelegt. Dieser Prozeß wird manchmal auch einfach so verstanden, daß es darum geht herauszufinden, was gebraucht wird, und wie das erreicht werden kann. Dabei wird vorausgesetzt, daß die Bewußtheit über ein Ungleichgewicht im Zustand des Seins oder in der Funktion einer Person (oder mehrerer Personen) die natürliche Tendenz des menschen auslöst, etwas tun zu wollen, um einen neuen Gleichgewichtzustand zu erreichen. Das Modell setzt weiter voraus, daß dem Menschen der Wunsch innewohnt, auf dem effektivsten und befriedigendsten Niveau, das möglich ist, tätig zu sein, und daß das Erlernen dessen, wie man sich diesen Prozeß zunutze machen kann, ein Schlüssel zum Erreichen opti-

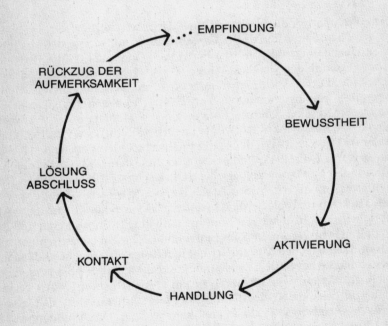

Abbildung 1.1 Gestaltzyklus des Erlebens:
Ablauf einer Einheit nicht unberbrochenen Erlebens

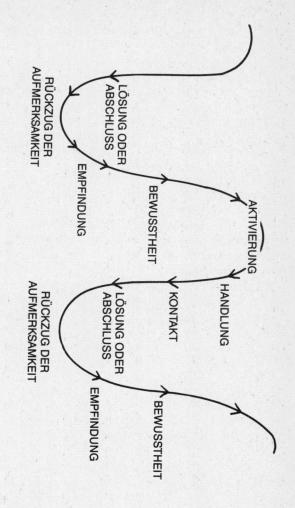

Abbildung 1.2 Ablauf kontinuierlichen Erlebens

maler Handlungsmöglichkeiten ist. Schließlich setzt das Modell voraus, daß der Prozeß in einem Erleben gipfelt, das als Lernen bezeichnet werden kann oder als das, was sich aus der Bedeutung des Erlebens ergibt. Dieses Stadium des Zyklusses wird als *Lösung* oder *Abschluß* bezeichnet.

Der Gestaltzyklus des Erlebens integriert die Aspekte Empfindung, Bewußtheit, Aktivierung, Kontakt und Lösung oder Abschluß zu einer vollständigen Einheit menschlichen Erlebens. Die Fähigkeit von Individuen und Systemen von Menschen, die Zyklusphasen in einem gleichmäßigen Bewegungsfluß zu durchlaufen, gilt als wesentlich für gesundes Handeln und Lernen. Wenn ein einzelner oder eine Gruppe eine erhöhte Bewußtheit dafür entwickelt, was in einem bestimmten Augenblick benötigt wird, dann Energie mobilisiert, um es zu bekommen, und schließlich die Erkenntnis aus dieser Verhaltenssequenz voll assimilieren kann, kann man sagen, daß ein gesunder menschlicher Prozeß stattgefunden hat. Aus dieser Sicht besteht die Rolle des professionellen Helfers darin, Menschen in der effektiven Ausführung dieser Verhaltenssequenz zu unterstützen. Die Anwendung des Zyklusses als Orientierungsprinzip gehört zu den wichtigsten Kennzeichen gestaltorientierter Beratung oder Therapie.

Ein zweites Orientierungsprinzip der Gestalttherapie in Form von Beratung ist, daß der Einsatz des Selbst in kontaktvollen Interaktionen mit Klienten hilft, Lernen und Wachstum zu fördern. Zur Gestaltberatung gehört eine aktive, starke *Präsenz* auf Seiten des Beraters; diese Präsenz ist eine der wichtigsten Hilfen für den Berater, der den Zyklus des Erlebens formen und lehren will. Wir werden uns in späteren Kapiteln ausführlich mit diesem Orientierungsprinzip befassen, hier jedoch zunächst eingehender den Zyklus behandeln.

FRÜHE UNTERSUCHUNGEN
VISUELLER WAHRNEHMUNGEN

Um den Zyklus des Erlebens besser verstehen zu können, ist es hilfreich, einige Aspekte der Gestaltpsychologie zu betrachten, die für die Gestalttherapie grundlegend sind. Die Gestaltpsychologie wurde in Deutschland in den frühen zwanziger Jahren von Max Wertheimer (1945), Wolfgang Köhler (1927, 1929), Kurt Koffka (1922, 1935) und Kurt Lewin

(1935, 1951) entwickelt.*

Sie gründet sich auf die Überzeugung, daß komplexes menschliches Verhalten nicht als Summe seiner Bestandteile verstanden werden kann. Nach gestaltpsychologischer Auffassung entsteht Erleben nicht aus der Anhäufung oder dem Zusammenschluß fundamentaler »Atome« des Verhaltens; die wahre Grundlage des Erlebens sind vielmehr organisierte Ganzheiten. Beispielsweise sieht man beim Betrachten von Abbildung 1.3 zunächst nur ein Quadrat. Vielleicht »zerlegt« man es später und sieht es als aus vier gleichen Linien zusammengesetzt, die im Winkel von 90° miteinander verbunden sind.

Gestaltpsychologen haben gezeigt, daß die Welt der Sinnesdaten in bestimmter Weise organisiert ist und daß Menschen auf die Gesamtmuster oder die organisierte Einheit von Objekten reagieren und nicht auf einzelne Bits oder Teile. Sie bezeichneten die wahrgenommenen Muster als

Abbildung 1.3 Ein Quadrat, das aus vier 6 cm langen Linien besteht, die so miteinander verbunden sind, daß sie Winkel von 90° bilden.

* Einen guten Überblick über diese Arbeiten liefern Hilgard (1948) und Smith (1976)

Gestalten und untersuchten, wie sie sich bildeten und veränderten. In einer Vielzahl von Experimenten, darunter einige von Kühler mit Erwachsenen, die blind zur Welt gekommen waren und später sehen konnten, wurde nachgewiesen, daß die Formwahrnehmung eine dem Menschen inhärente Eigenschaft ist. Objekte werden als organisiert wahrgenommen oder so gesehen, als wäre ihnen ein Muster »eingegeben«, auch wenn sie vielleicht nicht einmal benannt werden können. Dabei handelt es sich hier nicht einfach um eine passive Reaktion; Menschen arbeiten aktiv daran, um dem, was sie sehen, eine Ordnung zu geben.

In ihren früheren Arbeiten haben sich die Gestaltpsychologen überwiegend mit visueller Wahrnehmung befaßt. Diese Untersuchungen führten zur Entwicklung einiger wichtiger Grundprinzipien, von denen die Figur-Grund-Beziehung das vielleicht wichtigste ist. Jede Gestalt wird als Figur gesehen, die sich vor einem unbestimmteren Hintergrund abhebt. Die Figur hat eine klare Form, während der Hintergrund oder Grund zu einer weniger klaren Form tendiert. Die Figur ist interessanter, ihr wird mehr Bedeutung zugeschrieben und sie haftet besser im Gedächtnis als der Grund. Wie der dänische Psychologe Rubin nachgewiesen hat, haben Figuren, nachdem sie einmal gebildet sind, die Tendenz, Änderungen zu widerstehen. Menschen achten später wahrscheinlich nur noch auf das, was sie bei früheren Wahrnehmungen von Objekten gesehen haben, ein Phänomen, das Rigidität Vorschub leistet und es erschwert, etwas schon Bekanntes von einem neuen Standpunkt aus zu betrachten.

Eine Figur entwickelt sich durch das Fokussieren der Aufmerksamkeit: Der Prozeß wird Gestaltbildung oder Figurbildung genannt. Ein Beispiel für Figurbildung wäre es, wenn wir beim Spaziergang durch einen Park mit vielen Bäumen unsere Aufmerksamkeit auf einen interessanten Baum richten. Während wir den Baum immer deutlicher und lebhafter vor uns sehen, sondert er sich immer mehr von dem allgemeinen Hintergrund ab, wird er immer mehr »herausgehoben«.

FIGURBILDUNG

Die Figur- oder Gestaltbildung ist ein Prozeß, in dem wir zuerst das Ganze sehen, das wir dann auflösen oder seine Teile unterscheiden, denn es ist die Anordnung oder Konfiguration der Teile, die einem Objekt seine einzigartige Qualität gibt. In dem Beispiel des einen Baumes, den wir aus den Bäumen des Parks herausheben, nehmen wir das Objekt fast sofort als Baum wahr, selbst wenn sich unsere Aufmerksamkeit auf einige Teile stärker richtet als auf andere. Wenn wir nur einzelne isolierte Teile eines Baumes untersuchen (Stamm, Wurzeln, Zweige, Blätter usw.), ist es unmöglich, das zu erfahren, was wir »Baum« nennen. Wenn sich ein Teil des Baumes verändern würde — nehmen wir an, die Blätter würden sich braun färben — so würden wir das Objekt immer noch als Baum sehen.

Eine Figur zu bilden heißt, Interesse an etwas zu entwickeln und danach zu streben, dem Erleben eine Bedeutung zu geben. Das In-Berührung-sein mit einer Figur, die sich bildet, nennen wir »Bewußtheit«. Das ist unsere Art zu erfassen oder aufzunehmen, was uns die Sinne mitteilen, und zu wissen, was in jedem Augenblick vor sich geht. Dies ist das Anfangsstadium des Zyklus des Erlebens.

Für das Verständnis des Bewußtheitsprozesses im allgemeinen und für die Arbeit des Organisationsberaters im besonderen sind mehrere Merkmale der Figurbildung von großer Bedeutung. Ein erstes wesentliches Merkmal ist die Rezeptivität oder die Fähigkeit, es zuzulassen, daß sich Objekte von einem vielfältigen, reichhaltigen oder komplexen Hintergrund abheben. Man ist weder in der Lage, die Qualität eines Parks mit Baumbestand in sich aufzunehmen, noch kann man einen bestimmten Baum herausheben und würdigen, wenn man nicht offen ist für Reize, die ein Erleben auslösen. Wenn man tief in Gedanken versunken durch einen Park geht, ist es leicht, die Existenz von Bäumen gar nicht wahrzunehmen. Mit anderen Worten, die Fähigkeit zu sehen, zu hören, zu riechen, zu schmecken und / oder zu fühlen muß vorhanden sein, damit irgendein Gegenstand interessant werden kann. Wir können uns die Interaktion zwischen unseren Sinnen und der äußeren oder inneren Welt einfach als eine Möglichkeit denken, etwas über die Welt zu lernen, oder als eine Art, mit unserer Existenz so in Berührung zu sein, daß wir in jedem Augenblick feststellen können, was wir brauchen und uns dann daranmachen können, es zu bekommen. In unserer Umgebung herumzugehen, ohne eine bestimmte Richtung oder ein Ziel zu verfolgen, gibt uns die Möglichkeit, eine nicht bewertende Haltung einzunehmen. Sie erlaubt einem oder mehreren unserer Sinne, wach zu werden, und läßt als Reaktion darauf unser Interesse anwachsen. Das geschieht, wann immer wir etwas entdecken, das für uns neu ist, und auf diese Weise kann unvorhergesehenes Lernen stattfinden. Es ist der grundlegende Prozeß von Bewußtheit, der der Praxis des *management by wandering around* (MBWA) zugrundeliegt, mit der sich Peters und Waterman in dem Buch *In Search of Excellence* (1982) beschäftigen. Bei diesem Verfahren bringen Manager sich selbst in einen rezeptiven Zustand, indem sie viel Zeit in ungerichteter, nicht fokussierter Weise in den Arbeitseinheiten verbringen, für die sie zuständig sind. Sie leiten, indem sie auf die Figuren reagieren, die im Verlauf dieser Erfahrung auftauchen.

Unseren Sinnen freies Spiel zu lassen — einer Sache weit- und tiefreichend gewahr zu werden — erfordert andererseits Konzentration jenseits von Rezeptivität und bezieht das motorische System ebenso ein wie das sensorische. Der Prozeß, sich einer Sache zu widmen, um sie in vollem Umfang zu erfassen, ist wirkliche Arbeit. Rezeptivität ist ein gleichermaßen aktiver und passiver Prozeß. In diesem Zusammenhang ist es interessant, daran zu erinnern, daß Perls seinen Ansatz ursprünglich »Konzentrationstherapie« nannte, um herauszustellen, daß seine Methoden dazu bestimmt waren, Menschen zu helfen, wie sie lernen können, ihre Energie auf den Prozeß zu richten, der sich mit ihren äußeren und inneren Welten befaßt. Im täglichen Leben halten wir gewöhnlich nicht inne, um uns klar zu machen, daß es Arbeit ist, wenn wir uns mit etwas befassen, aber wir treffen dennoch ständig Entscheidungen darüber, womit wir uns befassen wollen und wieviel Zeit und Energie wir einer Sache widmen wollen, die sich in unserer Bewußtheit als Figur zu zeigen beginnt. Hier ein Beispiel:

Ich war auf einem Spaziergang entlang einer Uferstraße in Cape Cod, wo ich schon seit mehr als 20 Jahren spazierengehe. Meine Aufmerksamkeit wurde von einem großen Spinnennetz angezogen, das an mehreren Fäden von einer Kiefer herabhing. Gewöhnlich hätte ich meinen Gang fortgesetzt und diese Figur, die sich aus einem Zustand passiver Rezeptivität entwickelt hatte, lediglich in meinen unscharf definierten und zufallsmäßig gefüllten Klassifizierungsbehälter für Erfahrungen mit Spinnen und ihren Netzen verwiesen. Diesmal entschloß ich mich jedoch anzuhalten, mir das Netz genauer anzusehen und alles andere zum Hintergrund zu machen. Ich sah es mir von vorne, von hinten und von der Seite an. Ich beugte mich nah heran und ging dann weiter zurück, um es aus verschiedenen Abständen betrachten zu können. Ich stellte fest, daß das Netz komplizierter war, als ich zunächst wahrgenommen hatte. So hatte es unter anderem viel mehr Ringe, als auf den ersten Blick zu sehen war, seine Fäden waren verschieden dick, es hatte bestimmte Punkte oder Verbindungsstellen, die winzige Mengen von einer weißen Substanz enthielten, und es ließ an den Oberflächen der Fäden Feuchtigkeit erkennen. Ich konzentrierte mich etwa fünf Minuten lang auf das Spinnennetz und entwickelte eine reichhaltige, lebendige Figur. Dann setzte ich meinen Spaziergang fort, und das Bild des Netzes verblaßte, als sich meine Aufmerksamkeit auf etwas anderes richtete. Gestaltpsychologen würden sagen, daß eine Figur gebildet und zerstört worden war.

Dieses Beispiel verdeutlicht zwei Punkte. Erstens hatte ich daran *gearbeitet,* mein Erleben des Spinnennetzes auszuweiten, indem ich dieser Beobachtung Zeit und Energie widmete. Ich bewegte meinen Körper, fokussierte meine Augen von Zeit zu Zeit neu, war abwechselnd gespannt und locker in meiner Haltung und Bewegung und veränderte meine Atmung, als ich über meine Beobachtungen in größere Erregung geriet. Zweitens hatte ich meine Wahl getroffen, wieviel und welche Art von Aufmerksamkeit ich der Untersuchung des Netzes widmen wollte. Das heißt, ich habe es nur kurze Zeit beobachtet. Ich habe es nicht berührt, nicht betastet, nicht geschmeckt und auch nicht mein Ohr nah herangelegt, um zu hören, ob es irgendwelche Geräusche von sich gab. Das Ergebnis war ein intensiviertes Erleben von einem Spinnennetz, sicher aber kein umfassendes Wissen über dieses Netz oder über Spinnennetze im allgemeinen. Ein umfassenderes Verständnis hätte mehr Arbeit erfordert.

DAS GESETZ DER PRÄGNANZ

Ein zweites Gestaltprinzip, das für die Gestalttherapie von Bedeutung ist und das wichtige Implikationen für die Organisationsberatung enthält, ist das Gesetz der Prägnanz oder das Gesetz des Gleichgewichts. Dieses Prinzip besagt, daß jedes Erleben, sei es wahrnehmend oder von anderer Modalität, die Tendenz hat, so »gut« zu werden, wie es die vorherrschenden Stimulusbedingungen erlauben. Es ist analog zu dem Begriff des Gleichgewichts in der Physik und bedeutet, daß eine psychologische Struktur nicht zufällig ist, sondern die Tendenz hat, sich eher in eine vorgegebene, sich aufdrängende, stabilere Richtung zu bewegen als in jede andere Richtung. Das Ergebnis ist die »gute« Gestalt, deren Merkmale Einfachheit, Regelmäßigkeit, Nähe und Geschlossenheit sind.

Geschlossenheit kann insofern als Spezialfall des Prägnanzgesetzes betrachtet werden, als sie sich auf die dem Menschen inhärente Neigung bezieht, unvollständige oder konfuse Wahrnehmungen zu vervollständigen. Das Prinzip der Geschlossenheit besagt, daß Menschen aktiv nach der Vervollständigung bzw. Vollendung von Wahrnehmungen oder Handlungen streben und nicht zufrieden sind, ehe sie dies erreicht haben. Man kann sich diesen Vorgang als einen Prozeß vorstellen, der danach strebt, ein Gleichgewicht herzustellen. Eine geschlossene Figur ist eine bessere Figur als eine offene, und eine unvollständige Figur kann man sich als eine »unvollendete Situation« denken. Wie wir später sehen werden, gehört es zu den wichtigsten Beiträgen eines Organisationsberaters, Menschen dabei zu helfen, wie sie lernen können, mit unvollendeten Situationen umzugehen, durch die sie feststecken oder blockiert sind.

Die Zeichnungen in Abbildung 1.4 verdeutlichen das Prinzip von Prägnanz und Geschlossenheit. Sie fordern dazu heraus, als »Dreieck« und als der Buchstabe »S« identifiziert zu werden, auch wenn wir uns bewußt sind, daß die Formen Lücken haben. Tatsächlich werden diese Lücken, wenn wir die Figuren kurz auf einem Bildschirm erscheinen lassen, gar nicht wahrgenommen. Wir können an diesem Beispiel auch sehen, daß die Vervollständigung der Figuren von dem Gesetz der Einfachheit beeinflußt wird; es würde unsere Vorstellungskraft schon ziemlich beanspruchen, hier andere Figuren zu erkennen. Koffka und Köhler haben in zahlreichen Untersuchungen gezeigt, daß kleine Unregelmäßigkeiten oder Abweichungen bei Objekten nicht wahrgenommen werden und daß wir dazu neigen, Dinge als symmetrisch zu sehen, auch wenn sie es nicht sind.

ERWEITERUNG AUF DEN BEREICH VON MOTIVATION / HANDLUNG

Koffka (1935) sah in dem Prägnanzgesetz ein Leitprinzip für das Verständnis von Lernvorgängen, und er betrachtete die Einschätzung des Schwierigkeitsgrades eines Problems als eine Angelegenheit von der Wahrnehmung des Feldes. Das heißt, die Entwicklung einer zutreffenden oder brauchbaren Antwort hängt davon ab, wie gut die Bedingungen des Feldes (das sowohl Person als auch Umfeld umfaßt) das Prägnanzgesetz zur Wirkung kommen lassen.

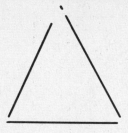

Abbildung 1.4 Geschlossenheit: Die Figuren werden als vollständiges Dreieck und als »S« wahrgenommen

In dem Ausmaß, in dem das Feld dem Betrachter Beobachtungen ermöglicht, die es erlauben, das »Geeignetste« zu entwickeln, wird es eine ein Gleichgewicht erzeugende Antwort geben, die Geschlossenheit und ein Ende der aktiven Suche des Lernenden erlaubt. In Untersuchungen zur Problemlösung bei Affen gebrauchte Köhler (1927) den Begriff «Einsicht« für dieses Phänomen, das durch einen Affen verdeutlicht wurde, der lernte, wie er kleine Stäbe ineinanderstecken mußte, um sich eine Banane zu angeln. Dies ist ein Beispiel auf einer komplexeren Verhaltensebene für die aktive Wahrnehmung, die in den Prinzipien des Gleichgewichts (Prägnanz) und der Geschlossenheit enthalten ist. Auf einer komplexeren Ebene, etwa bei Lösung von Führungsproblemen, können wir oft erleben, wie sich eine Gruppe von Managern mit einer unklaren oder schwierigen Frage abmüht und versucht, in eine verworrene oder chaotische Situation Ordnung zu bringen. Wenn Bedingungen bestehen, die nicht die »geeignetsten« Beobachtungen zulassen — z. B. wenn eine aus früheren Erfahrungen weiterwirkende Lösung so deutlich als Figur im Vordergrund steht, daß das gegenwärtige Feld nicht angemessen wahrgenommen wird, oder wenn der Gruppe wichtige Fakten und Meinungen nicht verfügbar sind — wird oft eine ungeeignete Lösung gewählt. Auch kommt es vor, daß ein Problem in unbrauchbarer Weise definiert wird. Wenn man nach Wegen sucht, wie sich die Qualität eines Produktes durch Verbesserung der Herstellungsverfahren erhöhen läßt, obgleich das wirkliche Problem in Mängeln des Rohmaterials liegt, strukturiert man das Feld so, daß gar keine angemessene Reaktion erfolgen kann. Die Folge davon kann sein, daß die Gruppe der Meinung ist, Geschlossenheit erreicht zu haben, und ihr aktives Lernen beendet, nur um später Anspannung und Unzufriedenheit zu erleben, wenn sich die erwartete Qualitätsverbesserung nicht einstellt. Wir können dieses Problem auf falsche oder vorzeitige Geschlossenheit zurückführen.

Ich habe die obigen Beispiele angeführt, um deutlich zu machen, daß sich die Prinzipien der Figurbildung nicht nur auf passives Wahrnehmungsverhalten anwenden lassen, sondern daß sie auch hilfreich dabei sein können, komplexeres Verhalten zu erklären. Die ersten Gestaltpsychologen sahen die Gestalt- oder Figurbildung als grundlegende *Funktion* der Art, wie Individuen mit ihrer Umgebung in vielen Situationen interagieren. Der Gegenstand der Untersuchung waren Fragen danach, wie Menschen ihre Welt erfahren, wie Lernen stattfindet und wie das Erleben Bedeutung erhält. Sie brachten ihre Prinzipien zunächst nicht mit den Prinzipien der Wahrnehmung von Gefühlen, Emotionen oder Körperempfindungen oder mit Motivation in Verbindung. Es war Kurt Lewin, der sich für die Integration von Fragen der Motivation und Fakten der Wahrnehmung interessierte.[*] Er sah die Notwendigkeit, die Modelle von Energie- und Spannungssystemen hinzuzufügen, um höhergeordnetes Verhalten besser verstehen zu können. Nach seiner Sicht wird die Organisierung des Feldes — oder des Lebensraumes, wie er es nannte — von Intentionen gelenkt oder beeinflußt, die so wirken, als wären sie Bedürfnisse. Wenn sich eine Intention entwickelt, so erzeugt sie ein Spannungssystem in einer Person: Es wird Energie frei, um etwas zu tun, damit ein erwünschtes Ziel erreicht werden kann.[+]

Für Lewin hatten Intentionen die Qualität von Quasi-Bedürfnissen, und er sah Ähnlichkeiten zwischen dem sich hier entwickelnden Prozeß

---

[*] Eine Diskussion des Lewinschen Modells findet sich bei Heider (1960).

[+] Tatsächlich war Koffka der erste, der den Begriff »Spannung« benutzte, um die Beteiligung des gesamten Organismus zu beschreiben, wenn ein erwünschtes Ziel noch nicht erreicht worden ist. Er beschrieb dieses Phänomen als das, wodurch sich die Beziehung zwischen Person und Umwelt in der Weise ändert, daß das Ziel erreicht wird. (1935)

und dem der Befriedigung von Grundbedürfnissen. Um erklären zu können, wie Handeln aus Wahrnehmung folgt, wurden die Modelle von Energie und Gleichgewicht notwendig: Ein Bedürfnis, das in jemandem aufkommt, produziert Spannung, die die Wahrnehmung von Objekten in der Umwelt leitet oder »mit Energie auflädt«. Die Wahrnehmung lenkt Aktivität, die durch spannungsreiche Bedürfnissysteme geweckt wird, und psychisches Verhalten wurde als abhängig von Energie gesehen, die aus Spannungssystemen kommt. Mit den Worten Lewins (1951 b):

> Die Eigenart eines Bedürfnisses oder Quasi-Bedürfnisses läßt sich darstellen, indem man es mit einem »System in Spannung« gleichsetzt ... indem man das »Nachlesen der Spannung« mit der »Befriedigung eines Bedürfnisses« (oder dem Erreichen eines Zieles) in Beziehung setzt und den »Aufbau einer Spannung« mit einer »Intention« oder einem »Bedürfnis im Zustand des Verlangens«, was eine Vielzahl überprüfbarer Folgerungen erlaubt. (S. 5 f.)

Lewin zeigte, daß Bedürfnisse die Wahrnehmung dahingehend beeinflussen, was gesehen wird und welche Art von Handlung dann folgt, um ein Bedürfnis zu befriedigen. Menschen sehen nicht einfach irgend etwas, sondern sie bilden Figuren in einer Weise, daß das unterstützt wird, was sie brauchen (wenn ich hungrig bin, wird meine Aufmerksamkeit wahrscheinlich auf nahrhafte Objekte gelenkt). Überdies werden sie sich auf Objekte zubewegen, die dieses Bedürfnis befriedigen können; sie zeigen kein wahlloses Verhalten, wenn sie einmal das Feld so organisiert haben, daß es ein auftauchendes Bedürfnis unterstützt. Als sorgfältiger Phänomenologe erkannte Lewin auch, daß sich Menschen in der gleichen Situation in unterschiedlichen Lebensräumen befinden. Beispielsweise sind Menschen, die die gleiche Versammlung besuchen, tatsächlich in verschiedenen psychologischen Welten. Ob sie verschiedene sensorische und mentale Reize aufnehmen oder verschiedene Bedürfnisspannungssysteme haben, sie werden in jedem Fall ihr inneres Erleben und ihr Erleben der sozialen und physischen Umwelt in einzigartiger Weise beschreiben.

Lewin sah Verhalten als eine Funktion der Interaktion von Person und Umwelt, wie sie in jedem gegebenen Augenblick besteht. Seine Betonung des »Hier-und-Jetzt« und der Organisation des Feldes im gegenwärtigen Augenblick hat eine Schlüsselrolle dabei gespielt, den Gestaltfokus von der Erforschung der Vergangenheit (die für die Psychoanalyse so entscheidend ist) wegzulenken. Er postulierte, daß das, was in jedem gegebenen Augenblick zur Wirkung kommt, nicht ein zurückliegendes Ereignis selbst ist, sondern vielmehr die Beschaffenheit der gegenwärtigen Bewußtheit von diesem Ereignis. Zurückliegende Erfahrungen und ihre Bedeutung für den gegenwärtigen Augenblick werden durch gegenwärtige Bedingungen reguliert und neu definiert. Dies ist für die Nutzung früheren Lernens im gegenwärtigen Augenblick bedeutsam. Die Anwendung früherer Wahrnehmungen, Reaktionen oder Lösungen, die nicht zu dem jetzigen Feld passen, ist wahrscheinlich unangemessen. Perls sah hierin einen besonders entscheidenden Punkt, und er hat einen großen Teil seiner therapeutischen Methodologie entwickelt, um Menschen zu einer größeren Bewußtheit der Gegenwart zu verhelfen, wie sie sich von Augenblick zu Augenblick entwickelt. Er bezeichnete dies als das »Bewußtheitskontinuum«, und die Methodologie betont nachdrücklich das Lösen von »fixierten Gestalten« — Figuren, die in zurückliegenden Erfahrungen entwickelt wurden und an denen man in der gegenwärtigen Situation starr haftet. Wenn man eine größere Klarheit der Bewußtheit für die gegenwärtige Situation erreicht, erkennt man, auf welche Weise früheres Lernen genutzt werden kann.

Eine damit in Zusammenhang stehende Arbeitsrichtung von Lewin und seinen Schülern betrifft unvollendete Situationen, jene Fälle, in denen eine Intention wachgerufen wurde, dem daraus resultierenden Spannungssystem jedoch aus irgendeinem Grund nicht erlaubt wurde, die Erfüllung des Bedürfnisses oder den Abschluß herbeizuführen. In einer Reihe von Experimenten von Zeigarnik (1938) und Ovsiankina (1976) wurde gezeigt, daß unabgeschlossene oder unterbrochene Aufgaben im Gedächtnis mindestens zwei- oder dreimal so gut haften bleiben wie vollendete Aufgaben. Lewin sah die abgeschlossene Aufgabe als vollendete Gestalt, wobei die Spannung durch das Erreichen eines Zieles und die Erfüllung einer Intention nachgelassen hat. In einem solchen Abschluß können wir ein Beispiel dafür sehen, wie das Prägnanzgesetz wirkt. Andererseits hat die unabgeschlossene Aufgabe — die unerledigte Situation — eine unerfüllte Spannung erzeugt und läßt die Person wegen des fehlenden Abschlusses unbefriedigt. (Andere Theorien bezeichnen diesen Rest an physiologischer und mentaler Aktivität als Perseveration.) Unser Alltag ist voll von Beispielen für dieses Phänomen: das ungelöste Problem, das fortwährend unsere

Aufmerksamkeit beansprucht, während es ungelöst bleibt; die unausgedrückten Gefühle, die geweckt wurden, aber nicht ausgedrückt werden können; ein interessantes Ereignis, das — während sich uns seine Bedeutung entzieht — von Zeit zu Zeit erinnert wird.

ERWEITERUNG AUF DIE GESAMTE ORGANISMISCHE FUNKTION

Weiterhin trug Kurt Goldstein (1939), der viele seiner Erkenntnisse aus der Arbeit mit hirngeschädigten Soldaten in Deutschland während des ersten Weltkrieges gewonnen hatte, dazu bei, daß sich die Untersuchung von der Wahrnehmung zu einer umfassenderen Abgrenzung des Bereichs der Gestaltpsychologie entwickelte. Wie auch andere Gestaltpsychologen sah Goldstein in dem Figur-Grund-Paradigma ein grundlegendes Konzept, das er jedoch so erweiterte, daß es sich auf den Prozeß der gesamten organismischen Funktion bezog. Hatte er damit begonnen zu beobachten, wie es hirngeschädigten Menschen gelingt, beeinträchtigte Funktionen auf unbeschädigte Teile des Gehirns zu verlagern, so weitete er später seine Untersuchungen aus auf normale Personen und auf die Entwicklung eines feineren Verständnisses dessen, was er den »holistischen« organismischen Prozeß nannte. Er unterschied verschiedene Ebenen menschlicher Funktion, wobei er grundlegende Spannungsreduktionsmechanismen, wie etwa Reaktionen auf Bedrohung oder auf physische Bedürfnisse, auf einer niedrigeren Funktionsebene anordnete als den Prozeß, in dem es darum geht herauszufinden, was man möchte, und es zu bekommen. Letzteres wurd als selbstbewußtere, manipulativere Interaktion mit der Umwelt betrachtet. Dies wiederum galt als weniger komplexer Prozeß als das über allen anderen stehende Motiv, danach zu streben, all das zu werden, was zu sein man in der Lage ist, das er »Selbstaktualisierung« nannte. Diese Ebenen sind durch einen dynamischen Prozeß miteinander verbunden, in dem fortwährend Spannungen auftreten, sobald Bedürfnisse auf einer Ebene befriedigt sind. Wenn Bedürfnisse, die aus Defiziten oder aus Bedrohung resultieren — wie das Bedürfnis, beschädigte Hirnfunktionen wieder herzustellen oder Nahrung zu bekommen, wenn man hungrig ist — befriedigt sind, wendet sich der menschliche Organismus einer anderen Interessenebene zu. So postulierte Goldstein, daß die Befriedigung von Bedürfnissen auf jeder Ebene unmittelbar die Bewußtheit für andere Bedürfnisse oder Ziele zur Folge hat (bzw. diese zur Figur werden läßt), die lohnende höhere Errungenschaften bedeuten. Tatsächlich war Goldstein der Überzeugung, daß man nur eine Bedürfnisebene — die der Selbstaktualisierung — zu postulieren brauche, um eine große Zahl wichtiger motivationaler und Persönlichkeitsphänomene erklären zu können.*

ANWENDUNG AUF INDIVIDUELLE ENTWICKLUNG

Perls verband die fixierte Gestalt mit der unerledigten Situation und sah darin starke Determinanten für die Unfähigkeit einer Person, im gegebenen Augenblick frische, neue Figuren zu bilden. Er erkannte, daß das Festhalten an früheren Wahrnehmungen von Menschen oder Ereignissen die Einsicht in das verhindert, was im »Hier-und-Jetzt« das nützlichste Verhalten wäre. Indem wir aus früheren unerledigten Situationen Spannungen mit uns herumtragen, binden wir Energie und sind außerstande, einen guten Kontakt mit der / den Person / en oder dem / den Objekt / en herzustellen, die im Brennpunkt des unerledigten Geschäftes stehen. Er erkannte, daß Menschen erst dann zu angemessenen Interaktionen in der Lage sind, wenn die sich aus der Vergangenheit herleitenden Spannungen auf irgendeine Weise gelöst wurden. Seine Technik, ein persönliches Gespräch mit einem abwesenden Menschen zu führen, indem man sich vorstellt, der andere säße auf einem leeren Stuhl, wurde als Möglichkeit konkreter Entwicklung hin zu einer Art von Abschluß in der Gegenwart gesehen.

Perls, der für kurze Zeit Assistent von Goldstein war, wurde von dessen Ideen stark beeinflußt, insbesondere von der Ansicht, daß organismische Selbstregulierung ein autonomes Kriterium für gute Gesundheit liefert. Man mußte hauptsächlich lernen, wie man mit seinen Bedürfnissen und Wünschen in Berührung kommen und sie dann befriedigen kann, um als Mensch gelten zu können, der mit seinen Funktionen gut umgeht.

---

* Maslows Begriff der »Bedürfnishierarchie« sowie seine Übernahme des Begriffes der »Selbstaktualisierung« leiten sich direkt hieraus ab (Maslow, 1954).

Außerdem glaubten Fritz Perls, Laura Perls und Paul Goodmann, daß die therapeutische Aufgabe nicht einfach darin besteht, Menschen von belastenden Gefühlen und Einstellungen, wie geringem Selbstwertgefühl oder Schuldgefühlen, zu befreien, sondern sich auf umfassendere Ziele richten muß. Für sie ist das höchste Ziel, nicht nur zu lehren, wie man Bedürfnisse befriedigt, sondern auch, wie man sich in der Welt bewegt: wie man spricht, geht, in Beziehung tritt usw., all dies fließend, anmutig und würdevoll. Laura Perls, die über Ausbildungen in Musik und Tanz verfügt, bezog intuitiv die allgemeine Haltung und den Gebrauch des Körpers als Gegenstand der Selbstverwirklichung mit ein.* Paul Goodman mit seinem großen Interesse an sozialem Wandel weitete den Bereich darauf aus, wie man sich in der Gesellschaft verhält. Auf diese Weise wurde das Figur-Grund-Modell so erweitert, daß es das gesamte Spektrum von Person-Umwelt-Beziehungen umfaßte. In der Bewußtheit wurde die Grundlage des Entwicklungsprozesses gesehen, und man könnte Gestalttherapie zu Recht als »menschliches Lernen auf der Basis des Gestaltmodells von Figur und Grund« bezeichnen.

Nachdem alle Seiten des Vorgangs, in dem Menschen herausfinden, was sie von ihrer Umwelt brauchen, und wie sie es angehen, dies zu bekommen, ausgeleuchtet waren, wurde anerkannt, daß die Gesetze der fortlaufenden Gestaltbildung und -zerstörung ein selbstregelndes, wertfreies Kriterium für Anpassung liefern. Angemessenes, gesundes Verhalten ist von solcher Art, daß es Menschen in die Lage versetzt, zu erkennen, was sie im jeweils gegebenen Augenblick brauchen, und sich dies zu verschaffen. Ein gesunder, gut integrierter Mensch ist jemand, in dem dieser Prozeß fortwährend abläuft; ungesunde Manifestationen (Widerstände) werden als Unterbrechungen des Prozesses gesehen. Richard Wallen (1970) hat die zentrale Bedeutung dieses Punktes mit folgenden Worten zusammengefaßt:

---

* Sowohl Fritz als auch Laura Perls wurden von der Charakterpanzertheorie von Wilhelm Reich (1949) beeinflußt, bei dem Fritz Perls einige Zeit in Analyse war. Fritz Perls war ebenfalls beeindruckt von Morenos Arbeit mit Theater und Rollenspiel, die er als Ausgangspunkt für Improvisation im therapeutischen Setting benutzte.

Die Bedeutung dieses Prozesses für das biologische Überleben dürfte evident sein, denn nur wenn das Individuum in der Lage ist, aus der Umwelt die Dinge für sich herauszuziehen, die es braucht,um zu überleben, um sich wohlzufühlen und um Interesse an der Welt, die es umgibt, zu empfinden, wird es wirklich imstande sein, sowohl auf einer biologischen als auch auf einer psychologischen Ebene zu funktionieren. Wir können uns nicht völlig selbst versorgen: Wir können nicht atmen, ohne in unserer Umwelt zu atmen; wenn wir in unseren Körper jene Dinge aufnehmen wollen, die wir so notwendig brauchen, sei es Zuneigung, Wissen oder Luft, so können wir das nicht tun, ohne mit unserer Umwelt in Interaktion zu treten. Konsequenterweise wird die Klarheit dieser Beziehung, die ich zu beschreiben versucht habe, nämlich Gestaltbildung und -zerstörung, für das Leben des Individuums äußerst bedeutsam.

VERFEINERUNG DER EINZELTHERAPIE

Seit den frühen fünfziger Jahren ist Gestalttherapie von Praktikern in der ganzen Welt angewandt worden. In zahlreichen Instituten und Ausbildungszentren wurde die Theorie und Methode auf verschiedene Weise erweitert. Der Zyklus des Erlebens ist nur eine der Erweiterungen des Grundmodells der Bewußtheit, wie es in den frühen Arbeiten dargestellt wurde. Auch in der Methode kam es zu Fortschritten, da erfahrene Therapeuten ihre Praxis im Laufe der Jahre verbessert haben. Heute sind andere erlebniszentriert arbeitende Therapeuten populär. Einige haben Techniken wie Körpertherapien, Hypnose und Jungsche Konzepte in ihrer Anwendung der Gestalttherapie integriert.

Inzwischen gibt es umfangreiche Literatur über Einzelgestalttherapie. (Vgl. Polster & Polster, 1973; Zinker, 1977; Fagan & Sheperd, 1970; Pursglove, 1968; Latner, 1973; Wysong & Rosenfeld, 1982, das *Gestalt Journal; Voices* usw.) Für den hier gesteckten Rahmen reicht es aus zu sagen, daß das Figur-Grundmodell für diejenigen das Paradigma bleibt, die weiterhin innerhalb dieses Bezugssystems arbeiten. Im 2. Kapitel wird der Zyklus des Erlebens als eine Möglichkeit vorgestellt, wie man das grundlegende Bewußtheitsmodell fortwährend in die Arbeit einbeziehen kann. Diese Konzeption wird seit vielen Jahren in der Einzeltherapie angewandt.

ANWENDUNG AUF GRÖSSERE SYSTEME

Die ersten Anwendungen auf größere Systeme waren jene, in denen die Gestaltmethode bei Individuen in organisatorischen Kontexten genutzt wurde. Im Jahr 1959 haben Richard W. Wallen und der Autor damit begonnen, Bewußtheitstechniken beim Sensitivitätstraining anzuwenden, um zu erforschen, auf welchen Wegen Menschen dabei unterstützt werden können, sich selbst klarer zu erkennen und besseren Kontakt zu anderen herzustellen. Dieser allgemeine Ansatz für die individuelle Entwicklung wurde von Herman und Korenich (1977) dokumentiert und ist seitdem auf Teambildung und Drittparteiinterventionen angewandt worden. Diese Arbeit umfaßt das Aufheben von Projektionen, die eine klare Wahrnehmung von sich selbst und von anderen behindern, den Ausdruck und Gebrauch von Gefühlen bei der Entscheidungsfindung und die Verwendung von Phantasie und Experiment. Wie bei der frühen Gestalttherapieausbildung für professionelle Helfer haben diese Anwendungen fast ausschließlich in Form von Gruppenarbeit oder Workshops stattgefunden und werden als erzieherische Interventionen betrachtet.

Eine parallele Entwicklungslinie ist die Anwendung in der Arbeit mit Paaren und Familien. Indem sich der Fokus der Therapie von Individuen auf größere Einheiten verlagerte, hat sich auch die Anwendung der Gestalttherapie verändert. Die Arbeit von Kempler (1974), S. Nevis und Zinker (1982), William Warner, C. Wesley Jackson und anderen ist vielen bekannt, und erste Veröffentlichungen von ihnen und ihren Schülern sind erschienen. Aus der Arbeit mit Familien haben Zinker und Nevis (1981) den »Gestalt-Interaktionszyklus« entwickelt, ein Konzept, das im 2. Kapitel ausführlich diskutiert wird. Patricia Papernow hat den Zyklus des Erlebens auf die Probleme der Stiefelternschaft und der Vereinigung von Familien angewandt (1984).

Eine dritte Anwendungsebene sind größere Systeme, insbesondere Organisationen. Diese Arbeit ist überwiegend auf den Beratungsprozeß ausgerichtet, ein Ansatz, der in diesem Buch ausführlich dargestellt wird. Einige haben sich mit der Idee einer möglichen Verbindung von Gestalttherapie und Systemtheorie befaßt (vgl. Burke, 1980 und Latner, 1985). Schließlich sei die Arbeit von Merry und Brown (1987) angeführt, die neurotisches Verhalten von Organisationen aus der Sicht der gestalttherapeutischen Konzepte beschrieben und untersucht haben.

ZUSAMMENFASSUNG

Das hier beschriebene theoretische Fundament der Gestalttherapie und eines Gestaltberatungsansatzes wurde aus einem Wahrnehmungsmodell entwickelt, das auf Phänomene der Motivation und später auf den Prozeß der gesamten organismischen Funktion ausgedehnt wurde. Grundlegend für diese Orientierung sind das Prinzip der Figur-Grund-Beziehung und das Prägnanzgesetz. Die Anwendung dieser Prinzipien auf verschiedene Aspekte menschlichen Verhaltens führt zu einem Prozeßmodell über gute Funktionsweise, das den Wert der Bewußtheit von sich selbst und von anderen im gegenwärtigen Augenblick heraushebt. Die Aufmerksamkeit richtet sich besonders darauf herauszufinden, was gebraucht wird, um sich an Situationsveränderungen anzupassen, die entstehen, während Menschen miteinander und mit ihrer Umwelt in Beziehung treten. Dieser Konzeption liegt die Annahme zugrunde, daß menschliches Handeln ein selbstregulierendes System ist, das mit einem instabilen Zustand in der Weise umgeht, daß es einen Zustand der Stabilität herstellt. Dieser Prozeß wird jedoch nicht nur als Milderung eines unzulänglichen Zustands gesehen; er schließt die höhergeordneten Funktionen von Wachstum und kreativem Verhalten mit ein. Fritz Perls und seine frühen Mitarbeiter haben aus diesen Richtlinien eine Therapiemethode entwickelt, deren Aufgabe darauf abzielt, Menschen dabei zu helfen, in diesem Prozeß effektiver zu sein. Diese Methode verlangt von professionellen Helfern, sich selbst in hohem Maße einzubringen, da der Kontakt zwischen dem Helfer und dem System des Klienten als entscheidend für die Aktualisierung eines effektiven Bewußtheitsprozesses angesehen wird.

Obwohl ein großer Teil der Arbeit mit Hilfe der Gestalttheorie darauf ausgerichtet war, den einzelnen zu verstehen und ihm zu helfen, ist sie auch auf Gruppen, Familien und Organisationen angewandt worden. Sie hat der Therapie- und Beratungsarbeit auf allen Ebenen eine äußerst fruchtbare Orientierung gebracht. Zum Gebrauch in der therapeutischen Praxis und im Unterricht haben die Lehrenden des Gestalt Institutes von Cleveland den Prozeß als Gestaltzyklus des Erlebens zusammengefaßt. Tabelle 1.1 gibt einen Überblick über die historische Entwicklung des Denkens von den frühen Gestaltpsychologen bis zur gegenwärtigen Anwendung.

Tabelle 1.1 Zusammenfassung der Entwicklungund Anwendung des Gestaltmodells von Figur und Grund

1. Frühe Untersuchungen der visuellen Wahrnehmung
   - Das Verhältnis von Figur und Grund
   - Prägnanzgesetz / Geschlossenheit
   - Lernen durch Einsicht (Wertheimer, Koffka, Köhler)

2. Erweiterung auf den Bereich von Motivation / Handlung
   - Intentionen, Spannungssysteme
   - Bedeutung des Hier-und-Jetzt
   - Unerledigte Situationen (Kurt Lewin und Schüler)

3. Erweiterung auf die gesamte organismische Funktion
   - Organismische Selbstregulation
   - Prinzip der Selbstaktualisierung
   - Holismus (Kurt Goldstein und Schüler)

4. Anwendung auf die Entwicklung des einzelnen
   - Bewußtheitstraining
   - Methoden für die Hier-und-Jetzt-Therapie
   - Behandlung der ganzen Person
   - (F. Perls, L. Perls, P. Goodman, I. From, *New York Institute of Gestalt Therapy)*

5. Weiterentwicklung der Einzeltherapie
   - Gestaltzyklus des Erlebens
   - Integration mit anderen Bereichen der menschlichen Entwicklung
   - (Lehrende des *Gestalt Institute of Cleveland* und anderer Institute, praktizierende Therapeuten)

6. Anwendung auf größere Systeme
   - Paar- und Familientherapie
     (W. Warner, S. Nevis, J. Zinker, W. Jackson, W. Kempler, Center of Intimate Systems)
   - Individuelle Entwicklung in institutionellen Rollen
     (R. Wallen, E. Nevis, S. Herman und M. Korenich)
   - Organisationsberatung
     (E. Nevis, L. Hirsch, J. Carter, C. Lukensmeyer, E. Kepner, C. Stratford, J. Voorhees, W. Burke, U. Merry, G. Brown)

2.Kapitel

Der Gestaltzyklus des Erlebens als Orientierungsprinzip

Wir sind jetzt in der Lage, uns den Zyklus des Erlebens genauer anzusehen und beginnen zu erkennen, wie der Praktiker der Organisationsberatung sich davon leiten läßt. Die Abbildungen 1.1 und 1.2 zeigen den Zyklus des Erlebens sowohl als einzelnes, ununterbrochenes Erleben wie auch als Fluß fortlaufenden Erlebens in einem ständigen Prozeß. Ausführliche Diskussionen der verschiedenen Zyklusphasen sind an anderer Stelle vorgelegt worden (Perls et al, 1951; Zinker, 1977; Polster & Polster, 1973; Zinker & S. Nevis, 1981). Die folgende Darstellung baut auf der Arbeit dieser Autoren auf und erweitert sie.

BEWUSSTHEIT

Mit dem Einsetzen einer Sinneserregung beginnt der Zyklus sich in dem Maße zu entwickeln, wie Bewußtheit über das entsteht, was in uns selbst oder in der uns umgebenden Umwelt vorgeht. Man kann sich Bewußtheit als wachsendes Bewußtsein oder zunehmendes Verständnis vorstellen, das sich aus dem Gebrauch der Sinne herleitet: Sehen, Hören, Berühren, Riechen und Schmecken. Die Sinnesempfindung liefert Informationen über das, was gerade geschieht, und führt zum Entstehen von Figuren, wenn ein Interesse erlebt wird. Mit den Worten von Perls und Mitarbeitern (1951):

Das Empfinden bestimmt die Natur der Bewußtheit, ob fern (z. B. akustisch), nah (z. B. taktil) oder unter der Haut (propriozeptiv). In dem letzten Begriff ist das Empfinden unserer Träume oder Gedanken mit enthalten... Gestaltbildung geht immer mit Bewußtheit einher.

Bewußtheit bedeutet, daß etwas aus den vielen Sinnesempfindungen oder Ereignissen, die gleichzeitig ablaufen, zur Figur geworden ist. Das Ziel der Bewußtheit ist, im Hintergrund liegende Potentiale so zu vergrößern und anzureichern, daß das, was geschieht — was zur Figur wird — frisch, klar und verlockend ist. Bewußtheit ist ein grundlegender Prozeß, der fortwährend abläuft (Polster & Polster, 1973):

> Es ist ein fortschreitender Prozeß, eher jederzeit verfügbar als eine exklusive und sporadische Erleuchtung, die sich — wie die Einsicht — nur in besonderen Augenblicken und unter besonderen Umständen einstellt. Sie ist immer da, ...bereit, sich erschließen zu lassen, wenn sie gebraucht wird... Zudem hat das Fokussieren auf unsere Bewußtheit zur Folge, daß wir von der gegenwärtigen Situation absorbiert sind.

Es ist wichtig festzuhalten, daß Bewußtheit nicht das gleiche ist wie Introspektion. Wahre Bewußtheit ist das spontane Empfinden dessen, was erscheint oder zur Figur wird und es schließt direktes, unmittelbares Erleben ein. Introspektion hingegen ist ein suchender und bewertender Prozeß, in dem Teile des Erlebens zur Prüfung festgehalten werden, gewöhnlich mit dem Ziel, das Erleben zu untersuchen oder zu verändern. Introspektion mag nützlich sein, wenn es darum geht, aus dem Erleben zu lernen, aber sie verengt den Bewußtheitsfluß im gegenwärtigen Augenblick. Extrem ausgeweitet, führt Introspektion zu Fixierung oder Zwang und oft modifiziert sie das Erleben durch ihr bloßes Auftreten. Das mag deutlich werden, wenn man den Unterschied zwischen einem Verhalten betrachtet, bei dem das volle, unzensierte Gefühl von Schmerz über etwas Verletzendes, das zu einem Kollegen gesagt wurde, zugelassen wird, anstatt von diesem Gefühl rasch zu einer Analyse der Gründe für dieses Geschehen überzugehen. Ersteres erlaubt dem Erleben, sich bis zu einem Kulminationspunkt zu realisieren, einem Ergebnis der Sinnesempfindung. Letzteres verwandelt das Erleben in den Akt der Beobachtung und Analyse. Ein wichtiger Beitrag von Fritz Perls und seinen Mitarbeitern war es, zu zeigen, daß wir zu einem neuen tiefen Wissen über unser Verhalten finden können, wenn wir auf die Sinnesempfindungen achten, bis sie sich voll entwickelt haben. Nur dann können wir die Vorteile der Introspektion für uns nutzen.

Man kann sich sehr viel verschiedener Dinge bewußt sein; das ganze Spektrum menschlichen Erlebens und die Grundlage für alles Wissen und Lernen entstehen entlang unserer Bewußtheit von dem, was unserem Verständnis zugänglich ist. Tabelle 2.1 führt eine Vielzahl von Dingen auf, derer wir uns zu einem gegebenen Zeitpunkt bewußt sein können, von direkter Sinnesempfindung bis zu Handlungen, Gefühlen und Gedanken. Dabei ist zu beachten, daß die Liste auch Erinnerungen an vergangene Ereignisse und Pläne für zukünftiges Geschehen enthält, und daß sie Inneres (Bewußtheit seiner selbst) und Äußeres (Bewußtheit von anderen und der Umwelt im allgemeinen) einschließt. Wir alle treffen unsere Wahl innerhalb dieses Aufgebots, wenn wir bereit sind, auf bestimmte Dinge zu achten und andere nicht zu beachten. Manche Menschen haben gut entwickelte primäre Sinne und bevorzugen ein stark »sinnliches« Dasein, während andere mehr zum Denken und zu Vorstellungen neigen. Manche haben leicht Verbindung zu ihren Gefühlen, während andere es vorziehen, auf äußeres Geschehen zu achten und bessere Beobachter von anderen als von sich selbst sind. Ein großer Teil der Arbeit an der Entwicklung des Selbst ist darauf gerichtet, das Repertoire, das einem Menschen an Bewußtheit zur Verfügung steht, zu verbessern und zu erweitern.

ENERGIE

Die sich entwickelnde Bewußtheit führt zu Erregung oder Aktivierung von Energie, wodurch das Hervortreten einer klaren, eindringlichen Figur zusätzlich unterstützt wird. Das geschilderte Erlebnis mit dem Spinnennetz ist ein Beispiel dafür, wie sich Bewußtheit aus dem anfänglichen sensorischen Input entwickelt und unterstützt oder begrenzt wird durch das Ausmaß und die Art der Energie, die aktiviert wird, um diese Bewußtheit zu steigern und auszuweiten. Der hier angewandte Energiebegriff ist dem der Physik analog: Energie ist die Fähigkeit, Arbeit zu verrichten. In unserem Fall bezieht sich das auf die Arbeit, eine Figur zu entwickeln und den Hintergrund vorübergehend zurückzustellen. Lewins Begriff des Spannungssystems ist hilfreich dabei, einen Punkt oder Ort festzumachen, aus dem sich diese Energie herleitet. Wir sehen also, daß sich Energie aus der stimulierenden Kraft der Bewußtheit zu entwickeln beginnt (wir könnten sagen, daß eine Energieaufnahme stattfindet). Das Hervortreten einer Figur im Bewußtsein führt zu einem energievollen Interesse. Da dieses Interesse ein Sprungbrett für Handlung und Kontakt ist, ordnen wir die Energie im Scheitelpunkt der Sinuskurve an, die den Zyklus darstellt (Abbildung 2.1), und setzen den Rückzug an das untere Ende, wo die Energie sehr schwach ist und schließlich verschwindet. Eine andere Art, den Zyklus zu betrachten, ist, ihn als den Ablauf von Erregung und Entladung von Energie zu sehen.

Wenn sie einmal erzeugt worden ist, muß die Energie auch verwendet werden. Abbildung 2.1 veranschaulicht die Bewegung von Energie zu Handlung, während eine interessante Figur »aufgeladen« wird und umliegende Elemente in den Hintergrund treten.

HANDLUNG UND KONTAKT

Bis hierhier beschreibt der Verlauf eine Veränderung in der Wahrnehmung von sich selbst und / oder der umliegenden Welt und ein wachsendes Interesse daran, sich mit ihr zu befassen. Ein nicht unterbrochener Verlauf führt dann zu einem Handlungsschritt, in dem motorisches Verhalten zu der Wahrnehmung hinzutritt.

Dies ist die Aufgabe, die geweckte Energie mit den Fertigkeiten, dem Wissen oder der Kompetenz der Person so zu verbinden, daß es zu einer angemessenen Handlung kommt. Die Integration von sensorischer Bewußtheit und motorischem Verhalten wird *Kontakt* genannt, und dazu gehört mehr als nur das Streben nach einem vollständigen Erleben. Kontakt schließt eine aggressive Reaktion auf eine bedeutsame Figur ein, eine Form aktiver Teilnahme, bei der die Figur buchstäblich durch das Bemühen, sie zu erfassen und zu assimilieren, transformiert wird. In *Ego, Hunger, and Aggression* (1947, 1969) verschafft Fritz Perls uns einen Einblick darin, auf welche Weise der Organismus Dinge aus der Umwelt assimiliert. Die Verwendung solcher Konstrukte wie »mentale Nahrung«, »orale Aggression« und »dentale Hemmung« weist auf die Bedeutung physischer und mentaler Destruktion von Dingen hin, die von der Person ausgeht, wenn wirkliche Assimilation stattfinden soll. Man muß etwas »zerlegen«, um es ganz erfassen zu können. Perls meinte damit nicht, daß das Objekt oder die Person buchstäblich aufgelöst werden muß, sondern daß die wahrnehmende Person ihre eigene wahrnehmende und kognitive

Tabelle 2.1   Die Dinge, deren man sich bewußt sein kann
(repräsentative Liste)

SINNESEMPFINDUNGEN
    Ergebnisse des Sehens: Anblicke
    Ergebnisse des Hörens: Klänge
    Ergebnisse des Berührens: Strukturen, Tastbarkeit
    Ergebnisse des Schmeckens: Geschmacksempfindungen
    Ergebnisse des Riechens: Gerüche
    Ergebnisse der Propriozeption: Körpergewebe / kinästhetische Reize
    (Sehnen, Muskeln usw.)

INNERE VERBALISIERUNGEN UND VISUALISIERUNGEN
    Denken, Grübeln, innerer Dialog
    Planen, Wünschen, Hoffen
    Gedächtnis, Erinnern vergangener Geschehnisse, Geschichte
    Träume und Phantasien

GEFÜHLE
    Glück, Freude, Zufriedenheit
    Stolz, Begeisterung, Wollust, Entzücken, Vertrauen
    Traurigkeit, Depression, Hilflosigkeit, Verzweiflung
    Furcht, Abscheu, Scham, Reue
    Achtung, Ehrfurcht, Verehrung, Bewunderung, Erstaunen
    Verärgerung, Wut, Zorn, Neid, Eifersucht, Haß
    Eitelkeit, Selbstvertrauen, Stolz
    Zuneigung, Liebe, Wärme, Empathie
    Langeweile, Gleichgültigkeit, Geringschätzung
    Zärtlichkeit, Mitleid, Mitgefühl
    Schuld, Angst

WERTE
    Dispositionen, Einstellungen, Neigungen, Theorien
    Urteile und Attribuierungen
    Zusammenfassungen oder Generalisierungen früherer Erlebnisse
    Die Art von Grenzen, Vorurteile

INTERPERSONELLE UND GRUPPENINTERAKTIONEN
    Partizipationsmuster
    Kommunikationsstile
    Elemente der Figur: Inhalt, Energie, Unterschiede
    Funktionale Aktivitäten
    Normen
    Atmosphäre, Klima

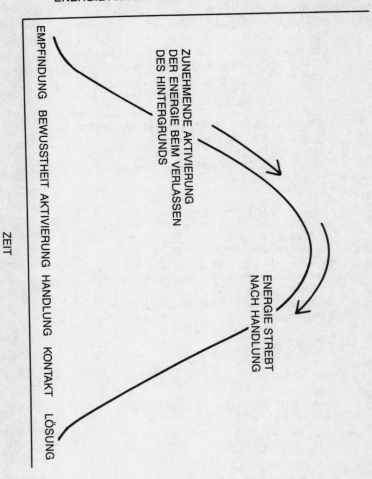

ENERGIE-AMPLITUDE

ZEIT

EMPFINDUNG   BEWUSSTHEIT   AKTIVIERUNG   HANDLUNG   KONTAKT   LÖSUNG

ZUNEHMENDE AKTIVIERUNG
DER ENERGIE BEIM VERLASSEN
DES HINTERGRUNDS

ENERGIE STREBT
NACH HANDLUNG

Abbildung 2.1   Der Zyklus des Erlebens betrachtet als Energieent-
stehung und Entladung

Bewußtheit verändert, indem sie das Objekt innerlich »verdaut«. Indem er das Essen als analogen Prozeß verwendet, verdeutlicht er den wichtigen Unterschied zwischen dem Schlucken, ohne zu kauen, und der viel reicheren Erfahrung zu wissen, daß man gegessen hat, indem man wirklich auf Nahrung gekaut hat. Zu Recht kritisiert er den Freudschen Begriff der Introjektion, der für ihn die direkte Konservierung der Struktur des introjizierten Gegenstandes bedeutet — unbewußtes Schlucken gegenüber bewußtem Kauen. Mit den Phasen der Nahrungsaufnahme als Modell untersuchte er den Prozeß, in dem sich die Menschen im allgemeinen die Welt mental einverleiben. Nach seinem Verständnis kann ohne einen solchen Prozeß des »Durcharbeitens« kein wirklicher Kontakt stattfinden. Er definiert die Widerstände der Introjektion, Projektion, Retroflektion und Konfluenz als mißglückte Versuche, die Arbeit zu tun, die notwendig ist, um die Bewußtheit zu steigern und zum Kontakt zu kommen. Kontakt ist somit die Phase im Zyklus des Erlebens, in der aus der Arbeit mit einer Figur von großer Bedeutung ein voll entwickeltes Erleben hervorgeht. Wir bestätigen, daß Kontakt stattgefunden hat, wenn wir beispielsweise sagen: »Schließlich bin ich bis zu ihm durchgedrungen,« »Was du gesagt hast, hat mich sehr berührt,« oder »Durch diese Diskussion habe ich etwas gelernt.«

Kontakt geschieht an der Grenze zwischen uns und anderen. Das heißt mit anderen Worten, daß alle Figuren, ganz gleich, wieviel Zeit und Energie für ihr Entstehen verfügbar ist, einen Endpunkt oder eine Grenze haben, die sie definiert und vom Hintergrund unterscheidet. Durch psychische Arbeit kann man diesen Punkt verändern — entweder durch das Öffnen oder das Verkleinern der Umwelt — oder man kann bequem bei dem bleiben, was im jeweiligen Augenblick gegeben ist. Im Fall des Spinnennetzes wurde der Kontakt durch eine visuelle Grenze bestimmt. Ich habe es visuell recht detailliert untersucht, bin jedoch in sehr engen, geschlossenen auditiven, olfaktorischen und Geschmacksgrenzen geblieben. In den letzteren Modalitäten konnten sich keine reichen Figuren entwicklen. Tatsächlich wurde mir erst bewußt, wie geschlossen meine Grenzen in bezug auf den Gebrauch dieser Sinnesmodalitäten bei dem Netz waren, als ich begann, mein Erleben zu beschreiben. Da Kontakt ein wesentlicher Aspekt von Lernen und Veränderung ist, müßte ich mich mit diesen Grenzen befassen, um zu sehen, ob ich bereit bin, sie in irgendeiner Weise zu verändern. Solange ich mit einer bestimmten Ebene des Wissens zufrieden bin, kann ich gut leben, auch ohne ein Spinnennetz berührt oder geschmeckt zu haben, aber ich kann mein Lernen nicht fortsetzen, ohne der von mir geschaffenen Grenze gegenüberzutreten.

Ausgedrückt in der Sprache von Bedürfnisbefriedigung, die zum Wesen der Gestalttherapie gehört, ist Kontakt der Punkt, an dem Bedürfnisbefriedigung erreicht wird, wobei Befriedigung definiert wird als das volle, gesteigerte Erleben, wie, wo und auf welche Weise das Bedürfnis erfüllt werden soll. Diese Perspektive setzt nicht voraus, daß eine automatische, volle Bedürfnisbefriedigung, wie sie ursprünglich erlebt wird, stattfinden wird. Kontakt ist definiert als das Wissen um das, was möglich ist, nicht als das Erreichen dessen, was gewünscht wird. Beispielsweise könnte es sein, daß ich hungrig bin, aber feststellen muß, daß die Läden bereits geschlossen sind und im Augenblick nur eine kleine Menge wenig attraktiver Nahrungsmittel vorhanden ist. Ebenso wünsche ich mir vielleicht einen engen Kontakt zu einer Managerin, lerne jedoch bei Versuchen, näher an sie heranzukommen, daß sie ihrerseits einen eher formalen und distanzierten Kontakt haben möchte. Folglich ist es unangemessen zu sagen: »Ich konnte nicht an sie herankommen,« und anzunehmen, daß kein Kontakt stattgefunden hat. Zutreffend wäre es dagegen zu sagen, daß ein bestimmter Kontakt erreicht wurde und daß dieser Kontakt durch die phänomenologisch verschiedenen Grenzerfahrungen der beiden beteiligten Personen beschrieben wird. Das ist kein bloßes Spiel mit Worten, es ist ein Anerkennen der Tatsache, daß das Herstellen von Kontakt, gleich welcher Form, bedeutet, etwas über die gegenwärtige Lage der Dinge zu lernen. Kontakt bedeutet nicht, ein Ziel zu erreichen oder einen »Höhepunkt« zu erleben. Kontakt ist die Verbindung von einem gewünschten Ziel mit dem möglichen.

LÖSUNG UND ABSCHLUSS

Aus dem Kontakt, den wir als ein Lernen über das betrachten, was in der Interaktion von Individuum und Umwelt möglich ist, entstehen Lösung und Abschluß. Das bedeutet, den Kulminationspunkt der Handlung zu erreichen, indem man zu einem Verständnis oder Wissen von dem, was man gelernt hat, und zur Assimilation des Erlebten kommt. Kontakt ist das Erleben, aus dem eine Bedeutung gewonnen wird; Lösung ist der Vorgang, eine Bedeutung zu gewinnen und anzuerkennen, daß ein Abschluß erfolgt ist und daß die Situation erledigt oder vollständig ist. Wenn einmal eine Bedeutung abgeleitet worden ist, können wir sagen, daß Lernen stattgefunden hat. Danach kommt es zum Rückzug der Aufmerksamkeit von der Figur — die Figur wird zerstört — und zu einer graduellen Abnahme von Energie und Interesse. Die Arbeit ist vollendet, und ein Zyklus ist abgeschlossen worden. Damit ist die Bereitschaft dafür geschaffen, daß sich neue Bewußtheit entwickelt. Was gelernt wurde, wird zu einem Teil des Grundes und ist späterem Gebrauch zugänglich.

GESTALTZYKLUS DER INTERAKTION

Bislang wurde der Zyklus so dargestellt, daß er sich auf eine Person oder auf den zusammengefaßten, singulären Prozeß einer aus zwei oder mehr Personen bestehenden Gruppe bezog. Die Realität von Organisationssystemen jeder Art sieht jedoch so aus, daß sie aus vielen Zyklen zusammengesetzt sind. Jedes Mitglied des Systems lebt zu jedem gegebenen Zeitpunkt in seinem eigenen Lebensraum. Die Bewußtheit jedes Mitglieds ist einzigartig und von vielen Faktoren abhängig. Worauf der einzelne achtgeben kann, ist verschieden, und auch das, was bei jedem einzelnen den Zustand der Bewußtheit erreichen darf, unterscheidet sich voneinander. Die Energie, die für die Behandlung der jeweiligen Frage oder Aufgabe verfügbar ist, variiert ebenfalls, manchmal beträchtlich. Die Untersuchung organisatorischer Effektivität oder Führungsqualität besteht darin, dieses Kaleidoskop von Bewußtheits-Energie-Mustern genau zu fokussieren, so daß gute Entscheidungen getroffen und in die Tat umgesetzt werden können. Andernfalls wird dysfunktionales Verhalten vorherrschen. In der Sprache der Bedürfnisidentifikation und Bedürfnisbefriedigung heißt das: Wie reguliert, moduliert oder integriert ein aus mehr als einer Person bestehendes System die verschiedenen Bedürfnisse oder Spannungssysteme seiner Mitglieder?

Um diese Frage behandeln zu können, wollen wir Organisation als analog zu einem lebenden Organismus verstehen, und wir nehmen hypothetisch an, daß der Zyklus des Erlebens und das Figur-Grund-Paradigma auf der Ebene dieser größeren Systeme ebenso gültig sind wie für das Individuum. Aus dieser Perspektive wird es dann möglich, den Zyklus als Orientierungsprinzip bei der Arbeit mit Organisationseinheiten anzuwenden. Wir nehmen einfach an, daß es koexistierende Zyklen gibt und daß eine Beziehung zwischen Organismus und Umwelt einen Anpassungsprozeß erfordert, der dem individuellen Anpassungsprozeß ähnlich ist. Ein aus zwei oder mehr Personen bestehendes System braucht ebenso wie ein Individuum eine Möglichkeit, sich auf seine Bedürfnisse einstimmen und Energie mobilisieren zu können. Für ein gesundes Funktionieren, für Überleben und Wachsen benötigt eine Organisation einen effektiven Weg, auf dem sie über die zahllosen Grenzen hinweg, die die Subsysteme aufrichten, guten Kontakt herstellen kann. Jedesmal, wenn ein System hinsichtlich Größe oder Aufgabenbereich erweitert wird, nimmt die Dynamik der Situation an Komplexität zu, doch scheint das generelle Bedürfnis nach Anpassung oder Wachstum nicht anders als bei Individuen zu sein. Wenn das System gut funktionieren soll, müssen die Prozesse der Bewußtheit, der Aktivierung von Energie und des Kontakts auf einem hohen Niveau operieren. Störungen, wie eine Unterbrechung im Ablauf des Zyklusses, können an jeder Stelle die Effektivität des Systems in der Ausführung seiner Hauptaufgaben beeinträchtigen.

Um die Situation in Familiensystemen mit zwei oder mehr Personen zu erfassen, haben Zinker und S. Nevis (1981) das Konzept vom »Gestaltzyklus der Interaktion« entwickelt. Die Phasen im Zyklus des Erlebens bleiben die gleichen wie bei Individuen, doch konzentriert sich die Aufmerksamkeit jetzt auf den Zyklus für jedes Individuum und die Interaktionen zwischen den Mitgliedern des Systems. Hier zielt der Fokus nicht nur auf Selbst-Bewußtheit, sondern gleichermaßen darauf, sich mit den anderen zu befassen und ein größeres Interesse daran zu entwickeln, sie wahrzunehmen, anzuhören und auf sie zu reagieren. Zwar ist es lohnenswert, bei sich selbst nachzuforschen, um voll mit sich in Berührung zu sein und das Bewußtsein von sich selbst möglichst klar ausdrücken zu können, doch ist das Bemühen, anderen zuzuhören und sie zu verstehen, gleichermaßen wichtig. Es ist dieses Zusammenspiel der von den beteiligten Personen ausgedrückten Bewußtheit, das für die Stimulation von Energie in der Gruppe entscheidend ist.

Das Konzept des Gestaltzyklusses der Interaktion soll das Verständnis dafür fördern, wie eine Organisationseinheit beliebiger Größe die verschiedenen Bewußtheiten, Energien und Kontaktmuster so integriert, daß das System effektiv funktioniert. Abbildung 2.2 zeigt, wie dies in einem idealen Rahmen ablaufen könnte. In diesem Fall haben die Personen A, B, C und D verschiedene Ausgangspunkte und ihre Bewußtheit entwickelt sich in unterschiedlicher Geschwindigkeit und Reichweite. Die schattierte Fläche auf der linken Seite des Zyklusses stellt den Bereich der gesamten von diesen vier Personen erzeugten Bewußtheit zu dem bestehenden Problem dar. Person A interessiert sich für das Problem früher als die anderen, zeigt jedoch eine geringere Energiewachstumsrate als B oder C, deren Bewußtheit sich etwas später entwickelt, aber schneller steigert. Das Wesentliche ist, daß sich die individuellen Zyklen im Verlauf ihrer Interaktionen im Scheitelpunkt treffen: Die aus ihrer Bewußtheit entstehende Energie führt zu einer neuen Figur — das Werk einer Gruppe oder eines Kollektives. Es erfordert ein großes Maß an Austausch zwischen den beteiligten Personen, diese neue Figur zustande zu bringen sowie großes Bemühen und Interesse für das, was die anderen in bezug auf das fragliche Thema denken und fühlen. Das Ziel ist in dieser Phase, den vollständigsten und umfassendsten Verbund an Bewußtheit zu erreichen, der möglich ist. Wenn diese Phase zu schnell durchlaufen oder verkürzt wird, verringert sich die Möglichkeit, an die relevanten Daten heranzukommen, die benötigt werden, um eine neue Gruppenfigur zu bilden. Gründlich und ohne Eile erledigt, mündet die Interaktion jedoch in eine neue Figur, die für alle bedeutsam ist. Dies führt zu aufeinander bezogenen, unterstützenden Handlungen, die zwar bei den vier beteiligten Personen verschieden sein können, durch die gemeinsame Figur jedoch verbunden werden. Somit variiert vielleicht der Intensitätsgrad der Kontakte zwischen den Personen, und die Art der Bedeutung, die das Erleben hat, mag für den einzelnen verschieden sein, ihr Verhalten ist jedoch synergetisch. Das schmalere Band im rechten Teil des Zyklusses zeigt, daß es zwar Unterschiede zwischen den Personen gibt, doch da es über einer neuen Gruppenfigur zu einer Verbindung gekommen war, sind die Unterschiede weniger weit gestreut als in der Bewußtheitsphase. Genau dies ist mit der Integration individueller Einstellungen, Bedürfnisse, Stile usw. zu einer effektiven Funktion des Systems gemeint. Um diese Integration nachzuweisen ist es nicht erforderlich, daß alle die gleiche Position haben oder daß Einstimmigkeit herrscht. Der Prüfstein ist vielmehr, ob es im Punkt des Abschlusses wieder ein Zusammentreffen gibt: Die vier Personen wissen und akzeptieren, daß eine »bestmögliche« Arbeitseinheit abgeschlossen worden ist, eine, die zum Wohl der Einheit beiträgt.

Um den Wert des Interaktionszyklusses erfassen zu können, wollen wir uns einige Beispiele ansehen, in denen es nicht zu einem vollständigen

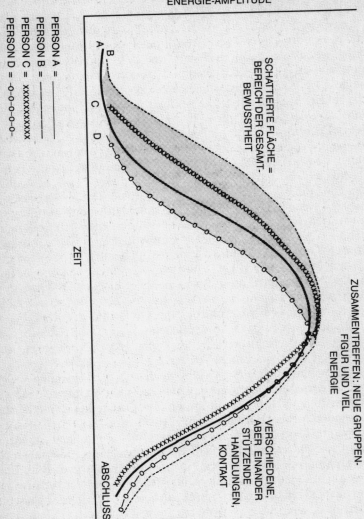

ENERGIE-AMPLITUDE

SCHATTIERTE FLÄCHE =
BEREICH DER GESAMT-
BEWUSSTHEIT

ZUSAMMENTREFFEN: NEUE GRUPPEN-
FIGUR UND VIEL
ENERGIE

VERSCHIEDENE,
ABER EINANDER
STÜTZENDE
HANDLUNGEN,
KONTAKT

ABSCHLUSS

ZEIT

A
B
C
D

PERSON A = _____
PERSON B = _____
PERSON C = xxxxxxxxxx
PERSON D = -o-o-o-o-o-

**Abbildung 2.2   Gestaltzyklus der Interaktion:
Eine ideale Situation**

oder leichten Zusammentreffen kommt. Abbildung 2.3, die Zinker und S. Nevis (1981) aus ihrer Arbeit mit Familien entwickelt haben, verdeutlicht eine derartige Situation. Das Schema zeigt ein Beispiel für vier Personen — Vater, Mutter, Schwester und Bruder — und wir sehen, daß sie in diesem Augenblick in bezug auf die Aufgabe oder Fragestellung der Familie, die in dem Zyklusmuster dargestellt wird, nicht die gleiche Position einnehmen. Wenn wir annehmen, daß die einzelnen Familienmitglieder verschiedene Stile und Fähigkeiten der Bewußtheit haben, so ist leicht nachzuvollziehen, daß das gegebene Muster existiert. Außerdem ist es wahrscheinlich, daß die einzelnen Mitglieder in einem Familiensystem verschiedene »Rhythmen« beim Kontakt haben; beispielsweise werden sich einige Mitglieder intensivere Interaktionen wünschen als andere, und manche werden allein sein wollen, wenn andere partiellen oder totalen Familienkontakt wünschen. Wenn es also darum geht, eine bestimmte Frage zu behandeln, wird die Energie einiger Familienmitglieder hinter der von anderen zurückbleiben. Außerdem werden sich die einzelnen darin unterscheiden, ob sie etwas als Problem ansehen oder nicht. Diese Abweichungen gelten für einzelne Aspekte des alltäglichen Lebens ebenso wie für wichtige Probleme. Stellen Sie sich zur Veranschaulichung vor, wie in Ihrer eigenen Familie darüber debattiert wird, was an einem Sonntagnachmittag oder in einem Urlaub geschehen soll. Damit es bei einer solchen Diskussion zu einer guten Entscheidung kommen kann, ist das Erkennen und Mitteilen solcher Dinge wie Bewußtheit, Bedürfnisse und Energie jedes einzelnen nötig, so daß sich ein wirklich systemumfassender Zyklus herausbilden kann.

Abbildung 2.3 beschreibt einen Augenblick im Interaktionsverlauf, in dem Vater, Mutter und Schwester hinsichtlich ihrer Bewußtheit und Energie ziemlich nah beieinanderliegen, der Bruder jedoch an einem anderen Ort ist. Gewöhnlich besteht die Tendenz, den Bruder so zu sehen, daß er dem, was die anderen wollen, »Widerstand« entgegenbringt. Ich ziehe es vor, in dieser Situation ein Beispiel für *vielfältig gerichtete Energie* zu sehen und davon auszugehen, daß der Zyklus des Bruders seine eigene Integrität hat und daß man das Familiensystem so betrachten kann, daß es aus verschiedenen, aber gleichermaßen berechtigten Bedürfnissen und Wünschen besteht. Dieser Zugang zu dem, was gewöhnlich »Widerstand« genannt wird, wird im 8. Kapitel ausführlich behandelt.

Die Phasen der vier Zyklen in Abbildung 2.3 zeigen, daß Vater, Mutter

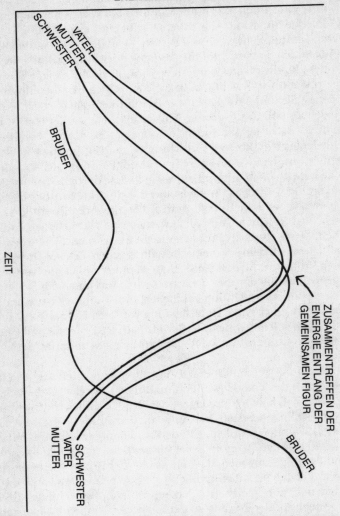

ENERGIE-AMPLITUDE

ZEIT

VATER
MUTTER
SCHWESTER

BRUDER

SCHWESTER
VATER
MUTTER

BRUDER

ZUSAMMENTREFFEN DER
ENERGIE ENTLANG DER
GEMEINSAMEN FIGUR

**Abbildung 2.3   Gestaltzyklus der Interaktion, angewendet auf ein
Familiensystem**

und Schwester in bezug auf Bewußtheit, Aktivierung von Energie, Kontakt und Lösung dicht beieinanderliegen. Der Bruder schließt sich ihnen nicht an, auch wenn er eine leichte Bewegung in Richtung auf ihre Figur hin macht. Seine Energie schwindet, bevor sie sich mit der Energie der anderen verbinden kann, und der Bruder bleibt mehr an seiner Bewußtheit interessiert. Dies führt zur Entwicklung seiner eigenen Energie zu einem Zeitpunkt, wo die anderen mit ihrer verbundenen Energie dicht beisammen bleiben. Ohne mehr über diese Familie und ihre Praktiken der Entscheidungsfindung zu wissen, können wir nicht beurteilen, ob dies eine unglückliche Sachlage ist. Es kommt oft vor, daß ein Familienmitglied es vorzieht, etwas anderes als die anderen zu tun. Wenn es jedoch aus irgendeinem Grund wesentlich ist, daß sich alle Familienmitglieder bei der Beschäftigung mit einem Thema in bezug auf Bewußtheit und Energie verbinden, kann es sich hier nicht um eine »bestmögliche« Lösung handeln. Auf jeden Fall ist es die Interaktion zwischen den Familienmitgliedern, die eine Entwicklung ermöglicht von zunächst unterschiedlichen Zyklen hin zu einem Ergebnis, bei dem die Mitglieder zu einer integrierten Einheit werden oder sich dafür entscheiden, verschiedene Wege zu gehen.

Die Abbildungen 2.4, 2.5 und 2.6 zeigen weitere Muster für ein Vier-Personen-System. Bei all diesen Beispielen beginnen wir mit der anfänglichen Bewußtheit der einzelnen Mitglieder, während sie miteinander in Interaktion treten. Diese Interaktionszyklen stellen drei verschiedene Situationen dar, die im Leben von Organisationen häufig vorkommen.

Abbildung 2.4 illustriert einen Fall, bei dem die Verschiedenheiten in Stärke und Tiefe des Bemühens während der Phase der Bewußtheit zu einer Handlung führen, die nur scheinbar von einem hohen Maß an Energie getragen wird. Person A wird sich des Themas früher bewußt als die anderen, entwickelt jedoch erst kurze Zeit, bevor es zur Gruppenhandlung kommt, eine starke Figur und ein größeres Maß an Energie. In der Bewußtheit von Person B erscheint das Thema etwas später als bei Person A, doch hat Person B eine reiche, relativ gemächliche Bewußtheitsphase, die zu einem hohen Maß an Energie führt. Die Personen C und D werden sich des Themas sogar noch später als Person B bewußt und durchlaufen sehr kurze Perioden von Bewußtheit; sie aktivieren ein größeres Maß an Energie als Person A, jedoch weniger als Person B. Die kombinierte Energie leitet in die Handlungsphase dieser Interaktion über, und eine Entscheidung wird getroffen. Betrachten wir jedoch die Kontaktphase, so erken-

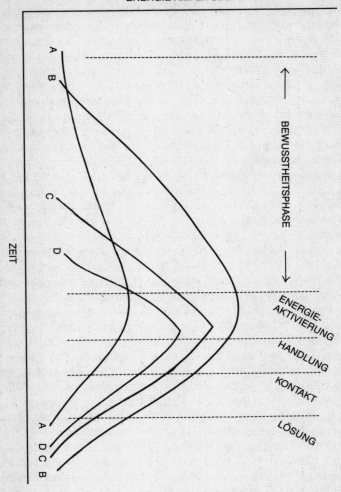

Abbildung 2.4 **Der Gestaltzyklus der Interaktion veranschaulicht hier ein schwach ausgeprägtes Zusammentreffen entlang einer Figur.**

nen wir, daß diese Personen in ihrer Auffassung des Themas und in der getroffenen Entscheidung nicht übereinstimmen. Wir können sagen, daß sich die Gruppenmitglieder in bezug auf ihren Kontakt mit dem Problem (ihr Wissen darüber) und ihre jeweilige Position dazu an verschiedenen Orten befinden. Ein Beispiel dazu aus dem Unternehmensbereich wäre, wenn mehrere Teilnehmer einer Managementgruppe glauben, daß ein Problem hinreichend untersucht worden ist, und eine Handlung einleiten, nur um später feststellen zu müssen, daß gar kein Konsens bestanden hat. Obwohl das Familienbeispiel in Abbildung 2.3 verschiedene Bewußtheits- und Energiemuster bei den einzelnen Personen aufweist, gibt es einen Punkt, in dem sich drei von ihnen mit einer gemeinsamen Problemdefinition treffen und in der Lage sind zu verstehen, wo jeder einzelne in bezug auf dieses Thema steht. In Abbildung 2.4 sehen wir, daß die vier Personen bei Kontakt oder Lösung nicht zusammenfinden. Diese Entscheidung wird wahrscheinlich nicht in eine effektive Ausführung durch die Gruppe einmünden.

Abbildung 2.5 zeigt für alle Gruppenteilnehmer lange Bewußtheitsphasen und relativ flache Energiephasen. Beispiele dafür finden sich in Gruppen, die dazu neigen, Themen ausführlich zu behandeln und sich mit ihnen abzumühen, und für die höfliche Umgangsformen eine wichtige Norm sind. Die daraus folgenden Handlungen sind eher milde als nachdrücklich, da die Gruppe Schwierigkeiten damit hat, ein hohes Maß an Energie zu erreichen und unfähig ist, zu einem risikofreudigen oder unternehmerischen Modus zu finden.

Ein anderes Muster führt Abbildung 2.6 vor. Dieser Fall läßt sich am besten als ein solcher beschreiben, bei dem alle »ihre eigene Sache« verfolgen. Zwar mag jede Person in dieser Gruppe in das gleiche Problem verwickelt sein, doch befindet sich jeder hinsichtlich Bewußtheit, Energie usw. an einem anderen Ort. Wenn keine aufeinander abgestimmten Bemühungen nötig sind, um das Problem anzugehen, ist gegen diese Sachlage nichts zu sagen. Wenn jedoch hochintegrierte Anstrengungen erforderlich sind, wird diese Gruppe als kollektive Einheit sehr ineffektiv sein.

Wenn die Anzahl von Personen in einer Arbeitseinheit oder einem Organisationssystem zunimmt, wie bei einer aus acht oder zehn Personen bestehenden Führungsgruppe, wird das Bild von einem Interaktionszyklus noch komplizierter als in den obigen Beispielen. In dem Versäumnis, diese Realität anzuerkennen und sich effektiv mit ihr auseinanderzuset-

ENERGIE-AMPLITUDE

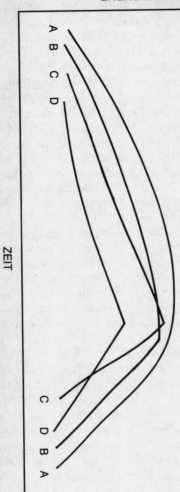

**Abbildung 2.5   Der Gestaltzyklus der Interaktion zeigt ein flaches Ener-
giemuster**

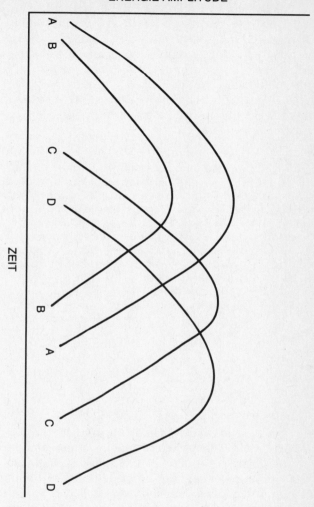

Abbildung 2.6 **Der Gestaltzyklus der Interaktion zeigt eine unkoordi-
nierte Gruppe**

zen, liegt ein wichtiger Grund dafür, daß Organisationen nicht auf optimalem Effektivitätsniveau arbeiten. Als Folge davon sehen wir unzulängliche Techniken des Informationsaustauschs und der Informationsgewinnung, und oft mangelt es an dem Wissen, wie man einen Konsens (eine gemeinsame Figur) herstellt, wenn divergierende Anschauungen vorgebracht werden. Handlungen gründen sich oft auf eine zu dürftige Bewußtheit oder auf Settings, bei denen die Energie von einer oder zwei Personen an einer widerstrebenden Majorität zerrt. Das Vorhandensein dieser Unzulänglichkeiten bestimmt die allgemeinen Ziele des gestaltorientierten Organisationsberaters:

1. Das System des Klienten darin zu unterstützen, den Interaktionszyklus des Erlebens zu verstehen, und zu lernen, die Ausführung der Prozesse der Bewußtheit, des Kontakts usw. in ihrer Funktion zu verbessern.

2. Jedes Mitglied des Systems darin zu unterstützen, seine Bewußtheit zu artikulieren und die Bewußtheit anderer zu beachten und zu fördern, so daß jedes Mitglied weiß, was der oder die andere in bezug auf das in Frage stehende Thema denkt und fühlt; dabei zu helfen, die vorhandenen Figuren aufzudecken und zu verstärken, so daß eine neue Gruppenfigur hervortreten und bearbeitet werden kann.

3. Sich persönlich so zu verhalten, daß man ein Modell für den Prozeß des Zyklusses gibt; ein fein geschliffenes Instrument für die Beobachtung von sich selbst und von anderen zu werden; sich mit seiner aktiven Präsenz zur Verfügung stellen, die für das Lernen im System des Klienten anregend ist.

ANWENDUNG AUF DIE ORGANISATIONSBERATUNG

Aus dem Obenstehenden sollte deutlich geworden sein, daß der hier vorgestellte Ansatz in den Bereich der Prozeßberatung fällt und auf eine Mikroebene der Analyse hinzielt. Im folgenden Kapitel werden dieser Standort und die Aufgaben des Beraters weiter ausgeführt und mit anderen bekannten Ansätzen der Prozeßberatung verglichen. Derjenige Leser, der kein erfahrener Prozeßberater ist, hat die Möglichkeit, die Anwendung des Interaktionszyklusses als ein Orientierungsprinzip dafür zu sehen, wie Menschen dabei geholfen werden kann, auf ihr Verhalten zu achten, während sie versuchen, ein Problem zu lösen oder eine Entscheidung zu treffen.

Wir können die Zyklusphasen mit Stadien der Entscheidungsbildung auf Führungsebene vergleichen. Tabelle 2.2 stellt diese Beziehung dar und bestimmt in einem ersten Ansatz die Verhaltensweisen, die für den Berater von Interesse sind. Die Bedeutung der aufgezeigten Beziehung besteht darin, daß sie die Arbeit des Beraters klärt und einen Leitfaden für effektive Intervention und Unterweisung anbietet. Wenn er den Zyklus als Orientierung verwendet, fungiert der Berater als ein Instrument, das den Entscheidungsfindungsprozeß des Systems des Klienten beobachtet und überwacht, um darauf zu sehen, daß jede Phase gut ausgeführt und die Einheit eines vollständigen Zyklusses beachtet wird. Ferner stützt der Berater seine Interventionen auf das, was in dem System fehlt und was benötigt wird, um den Prozeß zu verbessern.

Auf den ersten Blick mag es den Anschein haben, als würden die Zyklusphasen annähernd den Stadien der Organisationsberatung entsprechen. Zweifellos wird in dem Eingangs- und Einschätzungsstadium der Beratung ein starkes Gewicht auf die Entwicklung von Bewußtheit gelegt. Während dieser Stadien sucht der Berater nach Anliegen, die als Figur hervortreten und versucht zu erkennen, welches Potential zur Aktivierung von Energie um diese wichtigen Anliegen herum besteht. Die meisten pädagogischen Interventionen dienen einer ähnlichen bewußtseinserweiternden Funktion. Ebenso sehen wir, daß Dritt-Partei-Interventionen, Konfrontationsbesprechungen und andere Konfliktlösungsmethoden dazu vorgesehen sind, Kontaktgrenzen zu erweitern und schwache Kontakte auszubauen. Es wäre jedoch ein Fehler, den Zyklus in einem so begrenzten oder bruchstückhaften Verhältnis zum Beratungsprozeß zu sehen. Der Erlebenszyklus betont einen grundlegenden Bewußtheitsprozeß, den der Berater bei sich selbst und bei anderen verfolgt, während er die Arbeit in dem jeweiligen Beratungsstadium durchführt.

Bewußtheit ist der Ausgangspunkt für die gesamte Arbeit. Die von der Bewußtheit gelieferten Daten lenken jedes Stadium des Beratungsprozesses: Bewußtheit ermöglicht dem Berater herauszufinden, worum es in einer Organisation geht und wie sie funktioniert; sie erlaubt dem Berater zu entscheiden, ob eine gute, wechselseitig lohnende Beziehung mit dem Klienten möglich ist; sie führt zu Entscheidungen über geeignete Interventionen und läßt den Berater wissen, wie die Arbeit vorangeht und was die

Tabelle 2.2 **Die Beziehung zwischen den Phasen im Gestaltzyklus des Erlebens und den Stadien der Entscheidungsfindung auf der Führungsebene *)**

Zyklusphase	Korrespondierendes Verhalten der Entscheidungsfindung auf der Führungsebene
Bewußtheit	Gewinnen von Daten Informationssuche Informationsweitergabe Rückblick auf die Entwicklung des bisher Geleisteten Beobachten der Umwelt
Energie / Handlung	Jeder Versuch, Energie und Interesse für Ideen oder Vorschläge zu aktivieren Unterstützung von Ideen, die von anderen vorgebracht werden Eingehen auf das, was für andere wichtig ist Jeder Versuch, Uneinigkeiten und Konflikte oder konkurrierende Interessen zu identifizieren Untermauerung der eigenen Position Streben nach maximaler Mitwirkung
Kontakt	Einigung auf ein gemeinsames Ziel Gemeinsames Anerkennen der Problemdefinition Anzeichen für Verständnis, nicht notwendigerweise Übereinstimmung Wahl einer möglichen Vorgehensweise
Lösung / Abschluß	Testen; Überprüfen des gemeinsamen Verständnisses Besprechen des Geschehenen Anerkennung dessen, was erreicht wurde und was zu tun bleibt Erkennen der Bedeutung der Diskussion Generalisierung dessen, was gelernt wurde Beginn der Entwicklung von Plänen für Durchführung und Handeln
Rückzug	Pausieren, um die Dinge »sich setzen« zu lassen Reduzieren der Energie und des Interesses für das Thema Hinwendung zu anderen Aufgaben oder Problemen Beendigung der Zusammenkunft

*) Vgl. Zinker und S. Nevis (1981) mit einer ähnlichen Darstellung, die sich auf familiäre Entscheidungsfindungsprozesse bezieht.

Entwicklung oder Effektivität des Systems behindert. In seinem Buch über die Verwendung von Befragungsergebnissen, die über Feedback bei der Organisationsentwicklung gewonnen wurden erkennt Nadler (1977) dies an, indem er darauf eingeht, auf welche Weise der Berater in jedem Stadium des Beratungsprozesses von Daten Gebrauch macht. Tabelle 2.3 gibt einen Überblick über diesen Ansatz, der mit dem hier dargestellten verglichen werden kann, wenn man das Wort »Daten« durch »Bewußtheit« ersetzt.

EINE PHÄNOMENOLOGISCHE DATENKONZEPTION

Die Bedeutung umfassender Bewußtheit, die zu einer wirksamen Aktivierung von Energie und Handlung führt, wird sicher ohne weiteres von denen anerkannt, die sich mit Handlungsforschung und Interventionen durch Befragungsfeedback befassen. Diese Methoden beruhen auf dem Prinzip von »Daten als eine energieliefernde Kraft« und gründen sich auf Annahmen, die denen ähneln, die dem Figur-Grund-Modell des Erlebenszyklusses zugrundeliegen. Die Gestaltkonzeption verfügt jedoch über zwei Elemente, durch die sie zu einer wirksamen Ergänzung für Interventionsmethoden wird, die auf Daten basieren. Das erste besteht darin, daß das Konzept der Bewußtheit, wie es sich aus dem phänomenologischen Ansatz im Gestaltmodell ableitet, umfassender ist als die üblichen Definitionen für Daten oder Information. Letztere suggerieren logische, harte Fakten — Ereignisse, die relativ leicht zusammenzufassen oder zu quantifizieren sind und die lineares Denken oder eine »objektive Realität« implizieren. Die meisten Manager und viele Berater setzen Daten mit äußerlich beobachtbaren Fakten gleich. Diese Neigung hat im Bereich der Organisationsentwicklung zu einer übermäßig rationalen Perspektive geführt. Wie wir jedoch in Tabelle 2.1 sehen können, gehören zu den Gegenständen der Bewußtheit auch Vorstellungen, Phantasien, Träume und Gefühle, jene Ereignisse, bei denen wir dazu neigen, sie als subjektiv oder irrational zu betrachten. Dies sind jedoch reale, mächtige Verhaltensfaktoren — selbst wenn sie vielleicht sehr spezifische und persönliche Aspekte des Verhaltens bezeichnen.

Ein zweiter Beitrag leitet sich aus dem Interaktionszyklus ab. Dieses Konzept sagt aus, daß das, was man als Daten bezeichnet und wie Men-

Tabelle 2.3 **Die Verwendung von Daten in verschiedenen Stadien der Organisationsentwicklung *)**

Stadien der Organisationsentwicklung (aus Kolb & Frohman, 1970)	*Typische Verwendung von Daten*
Erkundung / Einstieg	*Orientierung:* Daten, die gebraucht werden, um ein Gefühl für die Grundmerkmale der Organisation des Klienten zu bekommen und um herauszufinden, ob es eine Basis für eine Beziehung gibt.
Diagnose	*Diagnose:* Daten, die gebraucht werden, um ein umfassendes und tiefreichendes Bild vom System des Klienten zu entwickeln: seine Funktionsweisen, die Einstellungen seiner Beschäftigten, seine Stärken sowie seine Hauptprobleme und ihre Ursachen.
Planung	*Planung von Interventionen:* Daten, die gebraucht werden, um festzulegen, welche Interventionen geeignet sind, wo sie angewandt und wie sie ausgeführt werden sollten.
Handlung	*Motivierung zur Veränderung:* Daten, die gebraucht werden, um Individuen oder Gruppen dazu anzuregen, sich aus ihrer Erstarrung zu lösen oder eine Veränderung einzuleiten, und um den Änderungsprozeß in Gang zu bringen.
Auswertung / Beendigung	*Überwachen und Einschätzen von Interventionen:* Daten, die gebraucht werden, um die Fortschritte der Interventionen während ihrer Ausführung zu verfolgen und um Kosten und Nutzen der Interventionen nach ihrem Abschluß einzuschätzen.

* David A Nadler: Feedback and Organization Development. © 1977
  Addison- Wesley Publishing Company, Inc.,
  Reading, Massachusetts, 1977, S. 17, Abb. 1.2.Abdruck mit Genehmigung des Verlags.

schen auf Daten reagieren werden, bei den verschiedenen Personen, die der gleichen Gruppe oder Arbeitseinheit angehören, erheblich variieren kann. Dieser Ansatz setzt die Vorstellung, daß in jeder zwei oder mehr Personen umfassenden Situation das Niveau der Bewußtheit und der Energie variiert, als gegeben voraus. Die Arbeit des Beraters besteht darin, mit diesen unterschiedlichen Inhalten so umzugehen, als würde es sich um »harte Fakten« und wichtige Feststellung der Realität handeln. Das ermöglicht es, das innere Erleben jedes einzelnen bei der Suche nach einer gemeinsamen Figur, an der sich die Gruppe ausrichten kann, gleich zu gewichten.

DER ABSCHLUSS VON ARBEITSEINHEITEN

Das Konzept vom Zyklus des Erlebens akzeptiert als Prämisse die Wichtigkeit von Daten — oder im Bezugssystem der Gestaltarbeit die Wichtigkeit von Bewußtheit — geht aber insofern darüber hinaus, als es Bewußtheit in Zusammenhang mit der Entwicklung von Handlungen bringt, was wiederum zu Höhepunkten in den Lernerfahrungen führt. Es ist ein Verhaltensmodell, in dem das begrifflich gefaßt ist, was man »eine Arbeitseinheit« nennen könnte. Der Vorteil, Erfahrung als Arbeitseinheit zu betrachten, liegt darin, daß sich Berater so orientieren können, daß sie jede Interaktion mit Klientensystemen im Hinblick auf einen Anfang und ein Ende betrachten können. Der Berater, der den Zyklus als Orientierungsprinzip verwendet, verlangt in jeder einzelnen Sitzung mit einem Klienten eine abgeschlossene Arbeitseinheit. Er achtet fortwährend darauf, wie sich jede Phase entwickelt und was in jeder Phase getan werden muß, damit eine nützliche Erfahrung stattfinden kann. Ob es sich um Einzelberatung, Zwei-Personen-Planung oder eine Gruppensitzung handelt, in jedem Fall besteht das Ziel darin sicherzustellen, daß alle Zyklusphasen angemessen behandelt werden. Aus dem Empfinden des Beraters ergeben sich die Interventionen, die ein geregeltes, angemessenes Durchlaufen des Prozesses verbessern können. Ein wichtiger Aspekt ist hierbei, daß das Klientensystem am Ende der Intervention weiß und akzeptiert, daß eine Arbeitseinheit vollendet wurde. Ein Zyklus ist auf irgendeine Weise abgeschlossen worden: Es besteht eine klare Vorstellung von dem, was getan worden ist, was nicht getan worden ist und / oder was das System zu dem Zeitpunkt nicht bereit ist, in Angriff zu nehmen. Ich gestalte die Arbeit daher so, daß gewährleistet ist, daß die Mitglieder des Systems am Ende der Sitzung Äußerungen machen können, die die Erfahrung zusammenfassen und die Bedeutung der Erfahrung für das Leben des Systems erkennen lassen. Dies gilt für eine einstündige Interaktion ebenso wie für eine dreitägige Klausurtagung oder einen umfassenderen Auftrag.

Auch wenn es natürlich nicht darum geht, daß sich ein Berater in blinder, mechanischer Weise am Zyklus orientiert, kann doch das Versäumnis darauf zu achten, ob eine Phase adäquat behandelt worden ist, bevor man zur nächsten übergeht, katastrophale Folgen haben. Das mußte ich vor etwa 20 Jahren erkennen, als ich mit einer großen Buchhaltungsfirma arbeitete. Meine Kollegen und ich waren von einem stark expandierenden Unternehmen zu den bereits laufenden Bemühungen um Management- und Organisationsentwicklung hinzugezogen worden. Als Vorbereitung für die anlaufenden Teambildungsversuche in den Bereichen, in denen die Managerkollegen das für wünschenswert halten würden, planten und leiteten wir eine drei Tage dauernde Sitzung als Teil der Jahresversammlung aller Managerkollegen — etwa 50 Personen. Bei dieser Jahresversammlung bestand die wichtigste Intervention darin, Daten aus einem Fragebogen weiterzugeben, die aus einer Stichprobe von 25 Prozent der Angestellten und Manager der Firma stammten sowie von den 50 Kollegen, die an der Versammlung teilnahmen. Die Zielvorstellung war, den Kollegen auf der Versammlung zu ermöglichen, ihr Bild von den Interessen des Unternehmens und den persönlichen Bedürfnissen der Belegschaft mit dem zu vergleichen, was von der Belegschaft selbst gekommen war. Nur drei oder vier dieser Managerkollegen waren von uns in die Planung der Versammlung und die Gestaltung der Befragung einbezogen worden. Als wir die Ergebnisse vorlegten, lösten wir damit auf Seiten der Kollegen sehr viel negative Reaktionen aus. Uns wurde vorgeworfen, daß die Daten ungenau seien und daß wir unbrauchbare und möglicherweise falsche Informationen zusammengetragen hätten. Sicher hatte die Information bei ihren Empfängern Energie freigesetzt, doch das Ergebnis war Zweifel und Feindseligkeit gegenüber den Daten, unserer Erhebungsmethode und uns.

Bei der Analyse dieser Situation wurde deutlich, daß die ermittelten Daten unsere Bewußtheit beträchtlich erhöht hatten. Was für uns und die vier Kollegen, die mit uns an der Planung der Intervention mitgearbeitet hatten, zur Figur wurde, war in dem Maße deutlich und scharf, wie die

Daten das zuließen. Wir hatten jedoch nicht genug dafür getan, unsere Bewußtheit dahingehend zu erweitern, inwieweit die gesamte Kollegengruppe in der Lage war, die Daten aufzunehmen oder bereit war, in eine offene Diskussion über die Daten einzutreten. Hätten wir am Anfang mit mehr Kollegen gesprochen und ihnen vielleicht die Ergebnisse der Befragung zur privaten Durchsicht vor der Versammlung zukommen lassen, so hätten wir möglicherweise in einem sichereren Rahmen damit begonnen, ihre Bewußtheit zu erhöhen, oder wir hätten zumindest ihre negative Reaktion im voraus erhalten. Wir hätten am Anfang mehr Kollegen befragen können, um zu sehen, ob sie zu dieser Art von Intervention bereit sind, doch wir steuerten mit einer kargen, begrenzten Bewußtheit weiter auf den Versuch zu, mit unzureichender Unterstützung durch das System des Klienten Energie und Handeln zu aktivieren. Mit anderen Worten, wir veranlaßten die Kollegen zu einer experimentellen Situation, ohne ihre Einwilligung zu dem Experiment oder eine realistische Vorstellung von ihrer Bereitschaft zu haben, sich auf dieses Gruppenexperiment einzulassen. Wir hätten über die Reaktion, die wir erhielten, erfreut sein können, denn sie teilte uns viel über das System unseres Klienten mit, doch wir lösten so viel Negativismus aus, daß nur zwei Bereiche genügend Interesse hatten, zur Teambildung überzugehen. Ein unzureichender Prozeß auf der Ebene der Bewußtheit behindert ernsthaft jede Bemühung, zur nächsten Zyklusphase fortzuschreiten. Wir mußten lernen, daß wir bei unserer Arbeit mit diesem Unternehmen erst ein beträchtliches Stück zurückgehen und viel weniger bedrohliche Mittel zur Bewußtheitserweiterung finden mußten, bevor wir zu Konfrontationssitzungen mit hohem Kontakt übergehen konnten. Es wurde deutlich, daß es einer längeren und variableren Periode der Bewußtheitsentwicklung bedarf, wenn man mit einer großen Gruppe oder einer komplexen Organisationseinheit arbeitet.

Dieses Beispiel läßt sich im Rahmen des Interaktionszyklus des Erlebens folgendermaßen darstellen: Ein Handlungsschritt wurde ausgeführt, der sich auf eine Verbindung einer Teilgruppe der Mitglieder des Systems mit den Beratern gründete. Doch die Bewußtheit der meisten Mitglieder war anders ausgerichtet, und diese Personen waren nicht bereit, in der gleichen Weise Kontakt mit den Daten aufzunehmen, wie dies für die Teilgruppe zutraf.

3. Kapitel

Ein Gestaltmodell der Intervention in Organisationen

DER AKT DER INTERVENTION

Alle Handlungen in der Organisationsberatung können als Interventionen betrachtet werden. Wenn auch die Verwendung des Begriffes »Intervention« schwerfällig ist und etwas Erhabenes impliziert, das in der Beratungsarbeit nicht immer anzutreffen ist, drückt der Begriff doch genau das aus, was mit dem Versuch, einer Organisation zu helfen, gemeint ist: Intervention bedeutet, in ein bestehendes System *hineinzugehen* zu dem Zweck, ihm auf irgendeine Weise zu helfen. Der Berater tut dies vielleicht auf eine Art, die es erlaubt, daß die Arbeit der Organisation mehr oder weniger ohne Unterbrechung weitergeht, doch verändert bereits der bloße Akt, sich unter die Mitglieder, Gruppen oder Objekte oder in die Strukturen einer Organisation zu begeben, die Situation in grundlegender Weise. Interventionsakte — die Durchführung von Beobachtungen, das Einführen von Lernerfahrungen und anderen unterstützenden Verfahren — sind dazu geplant oder verfolgen die Absicht, den laufenden sozialen Prozeß zu beeinflussen. Wenn wir einmal für den Augenblick von der Frage absehen, ob es die Zielvorstellung des Beraters ist, eine Veränderung zu garantieren, so wird jedoch in jedem Fall von dem Intervenierenden erwartet, sich in einer Weise zu verhalten, die zu einer Funktionsverbesserung im System des Klienten beiträgt. Vermutlich dient schon die bloße Anwesenheit des Beraters dazu, die Bewußtheit in bezug auf einige Aspekte des Systems zu erhöhen.

In meinem alltäglichen Sprachgebrauch verwende ich häufiger das Wort »Beraten« als »Intervenieren«, doch bei der Ausbildung von Studenten lege ich den Akzent auf letzteres. Damit will ich dem bei vielen Beratern, insbesondere bei Ausbildungskandidaten und relativ unerfahrenen Praktikern anzutreffenden Mangel an Bewußtheit über das Ehrfurchtgebietende der Unternehmung entgegenwirken. Um ihnen einen Blick für die Bedeutung zu vermitteln, sage ich den Studenten, der beste Weg zu einer richtigen Einschätzung sei, sich vorzustellen, daß ihrer Familie gerade die Diagnose mitgeteilt worden sei, daß sie Probleme habe, und daß man empfohlen habe, für mehrere Monate einen Helfer aufzunehmen, der mit in der Familie lebt, um dort behilflich zu sein. Unsere Empfindungen sind in bezug auf Familieninterventionen viel komplexer und intensiver, als wenn wir es mit Interventionen in der Arbeitssituation zu tun haben. Das Luftanhalten und nervöse Lachen der Studenten als Reaktion auf diese Bemerkung läßt die Bedeutung dessen erkennen, worum es bei jeder Intervention geht.

Es ist außerdem wichtig, sich klarzumachen, daß ein Intervenierender sich *per definitionem* in einem wichtigen Aspekt von den Mitgliedern der Organisation des Klienten unterscheidet. Dieser Unterschied ist eine komplexe Angelegenheit mit entscheidenden Auswirkungen, sowohl was den Respekt vor der Beschränkung dessen betrifft, was ein Intervenierender erreichen kann, als auch hinsichtlich der Möglichkeiten, die ein solcher Unterschied eröffnet. In einem gewissen Grad liegt die Attraktivität eines bestimmten Beraters in den bei ihm wahrgenommenen Fähigkeiten und in der Einstellung dieses Beraters. Diese Kompetenzen werden von einem potentiellen Klienten nicht als notwendig angesehen, wenn sie lediglich Fähigkeiten und Haltungen wiederholen oder wiederspiegeln, die bereits in der Organisation vertreten sind. (Eine mögliche Ausnahme ist vielleicht das direkte Beschaffen »zusätzlicher Hände«, um ein Arbeitsteam aufzustocken, das eine bestimmte, genau umschriebene Aufgabe zu Ende bringen soll.) Wenn andererseits die Werte und Methoden, für die der Berater bekannt ist, weit entfernt sind von dem, was in der Kultur des Klienten als möglich akzeptiert wird, so wird dieser Klient den Berater wahrscheinlich nicht auswählen, oder er wird ein großes Maß an Widerstand dagegen entwickeln, den Berater in optimaler Weise zu nutzen. Wenn geeignete Berater in einem gegebenen System irgendwo zwischen diese Extreme fallen, so können wir annehmen, daß es zu einer konstanten gegenläufigen Dynamik kommt, bei der einerseits Kräfte ins Spiel kommen, damit der Intervenierende »einer von uns« bleibt, und andererseits das bestärkt wird, was verschieden ist. Der kunstvolle Einsatz der Spannung, die durch Gleichheit und Andersartigkeit erzeugt wird, kann sich für den Berater vorteilhaft auswirken. Sie kann aber auch zu einer Hauptquelle für Schwierigkeiten und Beratungsfehlschläge werden, wenn sie nicht geschickt gehandhabt wird. Um aus dieser Spannung das Beste zu machen, muß ein erfolgreicher Berater sich dieser fortwährend bewußt sein und nicht versuchen, sie auszuschalten oder wegzuschieben.

Aus alldem folgt, daß jeder Akt der Intervention als Akt der Anmaßung oder der Vermessenheit seitens des Intervenierenden gesehen werden kann. Neben der Annahme, daß der Berater kraft seiner Erfahrung und seines Rufes in der Lage ist zu helfen, besteht die Annahme, daß der Klient die Situation nicht klar genug erkennt oder nicht klug genug handelt, um ein bestimmtes Problem ohne die Hilfe eines Außenstehenden lösen zu können. Sobald sich die Erkenntnis zu entwickeln beginnt, daß der Berater Einsichten oder Wahrnehmungen hat, die mit Distanz und Objektivität in Zusammenhang stehen, stellt ihn das sofort in irgendeiner Weise über den Klienten. Während ein Klientensystem vielleicht die Andersartigkeit des Beraters bewundert, ist es gleichzeitig sehr ambivalent in bezug auf die Anzeichen von Überlegenheit, die mit einer solchen Erhöhung einhergehen. Wenn man sich dies klar macht und die Tatsache bedenkt, daß der Intervenierende in ein bestehendes soziales System kommt, das über eine Geschichte und ein Muster von Normen und Werten verfügt, so wird deutlich, daß das Annehmen eines Beratungsauftrags die Bereitschaft bedeutet, die Herausforderung und die Belastungen zu akzeptieren, die solche Akte der Anmaßung mit sich bringen. Wie gut die Integration von Autorität und Bescheidenheit gelingt, wird für Erfolg oder Fehlschlag der Beziehung entscheidend sein.

INTERVENTION ALS VERÄNDERUNG VON GRENZEN

Mit dem Voranstehenden ist eine andere Überlegung zum Verständnis des Interventionsaktes verknüpft, wonach dieser positive Schritte einschließt, die die Grenzen zwischen dem System und seiner Umwelt beeinflussen. So kann ein Interventionsakt etwa von einer Person ausgeführt werden, die deutlich außerhalb der normalen Grenzen des Systems, bei dem interveniert werden soll, steht und die auf irgendeine Weise mit dem System verbunden wird. Das klassische Beispiel dafür ist, eine Beratungsfirma zu beauftragen, um die Dienste »externer Berater« in Anspruch nehmen zu können. Abbildung 3.1 zeigt, wie die Grenzsituation für diesen Fall aussieht.

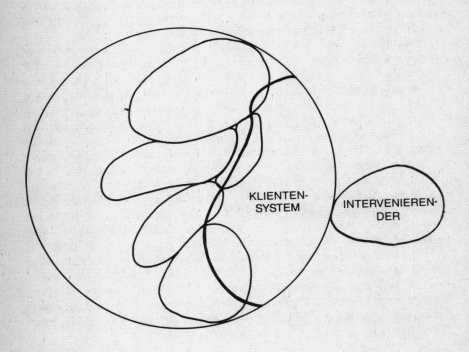

Abbildung 3.1   Der Intervenierende ist außerhalb der normalen Grenze des Klientensystems

Sehr oft tritt auch eine andere Situation auf, bei der eine Einzelperson, die durch eine bestimmte Beziehung oder Rolle mit dem System oder einem Subsystem der Organisation des Klienten verbunden ist, dazu aufgefordert wird, einen bestimmten Teil der Arbeit zu übernehmen. Hierhier gehört das Modell für Belegschaftsmitglieder, die unscharfe operationelle Verantwortlichkeiten haben, und es umfaßt die relativ neue Rolle des internen Beraters. Außerdem bezieht sich dieses Modell auf eine Person, die vorübergehend mit einer bestimmten Sonderaufgabe beauftragt wird, um eine Änderung zu erreichen. Abbildung 3.2 verdeutlicht die Grenzverhältnisse für diesen Fall.

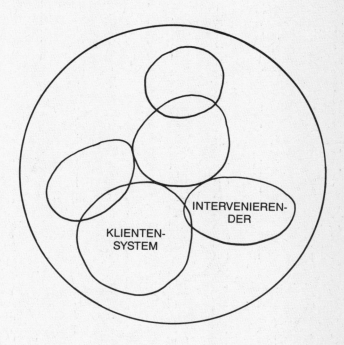

Abbildung 3.2 **Der Intervenierende ist in einer speziellen Rolle innerhalb der Grenze des Klienten.**

Schließlich gehören noch jene Fälle in die Kategorie der »Interventionsakte«, bei denen entweder der Leiter oder ein Mitglied einer Arbeitsgruppe einen Plan oder ein Programm erarbeitet, um eine Veränderung auszulösen. In diesen Fällen befindet sich der Intervenierende offensichtlich innerhalb der normalen Grenze des Systems, er *erhebt* sich jedoch vorübergehend zu einer bestimmten Rolle. Auch wenn es sich hier um normales Arbeitsverhalten zu handeln scheint, ist es doch sinnvoll, es als Intervention zu bezeichnen. Diese Person handelt in dem Augenblick, in dem sie sich über die anderen erhebt, mit der gleichen Art von Anmaßung oder Vermessenheit, die man bei den Intervenierenden findet, die gewöhnlich nicht als volle Mitglieder des Arbeitssystems gelten. Diese Beziehung wird in Abbildung 3.3 dargestellt.

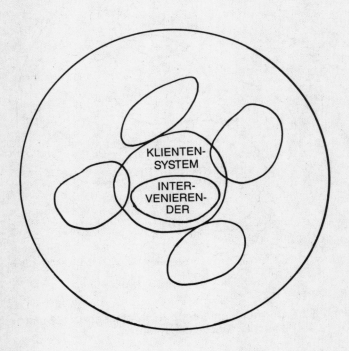

Abbildung 3.3   Der Intervenierende ist ein Mitglied des Klientensystems.

Es wird sich zeigen, daß sich bei diesem Ansatz die Frage nach Grenzen im allgemeinen stellt und das Thema der Marginalität des Beraters aufkommt. Im 9. Kapitel werden wir auf die Frage der Marginalität und der Arbeit an den Grenzen genauer eingehen. An dieser Stelle ist es für uns wichtig zu erkennen, daß es beim Akt der Beratung um das Überschreiten oder Verändern der Grenzen eines sozialen Systems geht. Wer berät oder interveniert, nimmt damit die Position eines Grenzstörers ein.

Die Grenze zwischen Klientensystem und Berater ist nur eine der Grenzen, die dadurch gestört werden kann, daß Klient und Berater versuchen, guten Kontakt herzustellen. Wenn wir uns ein System so vorstellen, daß es aus vielen Subsystemen zusammengesetzt ist (etwa aus einem Produktions- oder Dienstleistungssystem, Entgeltsystemen, Methoden und Verfahren, Beziehungen zu anderen Organisationseinheiten), so können wir uns Grenzen um jedes einzelne Subsystem und zwischen allen denken. Jede Intervention, die dazu dient, die Bewußtheit von solchen Subsystemen zu erweitern, wird wahrscheinlich die Aufmerksamkeit auf diese Grenzen lenken. Die Aufgabe, die Bewußtheit des Klienten zu steigern, erfordert es zu überprüfen, auf welche Weise die vorhandenen Strukturen und Prozesse von dem Klientensystem akzeptiert und anerkannt werden und wie es möglich ist, daß Alternativen nicht bekannt sind oder nicht akzeptiert werden. Der Berater, der hier zu eifrig vorgeht, wird vielleicht Widerstand erzeugen; einer, der nicht genug drängt, wird vielleicht nicht beachtet. In jedem Fall aber kann es für den Klienten kein Lernen geben, ohne daß der Berater versucht, ihn zu einem neuen Blick auf seine Grenzen zu bewegen.

DAS GESTALTMODELL FÜR INTERVENTIONEN

Mit den Definitionen von Intervention und dem Zyklus des Erlebens als Hintergrund sind wir jetzt in der Lage, die wichtigsten Aspekte eines Gestaltansatzes der Organisationsberatung darzustellen. Zwei Hauptziele leiten diesen Ansatz.

1. Die Rolle des Beraters besteht darin, *das Klientensystem zu unterweisen,* und zwar in den Fähigkeiten, die notwendig sind, um den Zyklus des Erlebens zu verstehen und die Prozesse von Bewußtheit, Kontakt usw. besser vollziehen zu können.

2. In dem Prozeß, in dem das Klientensystem Hilfe für die Verbesserung

seiner Funktionsweise erhält, muß der Berater *eine Präsenz bereitstellen,* die sonst fehlt.

Das erste Ziel ähnelt dem aller Beratung — dem Klienten zu helfen, in seinen Funktionen effektiver zu werden. Was diesen Ansatz von anderen unterscheidet, ist der Gebrauch des Zyklus des Erlebens mit seiner Betonung der Phasen der Energieentwicklung und des Handelns, die sich aus der Phase der Bewußtheit herleiten. Der Begriff der vollständigen Arbeitseinheiten ist in diesem Bezugsrahmen ebenfalls von herausragender Bedeutung. Der Zyklus ist ausführlich dargestellt worden, und weitere Abschnitte in diesem Buch werden sich damit beschäftigen, wie er von dem Berater angewandt wird. An dieser Stelle sollen einige Worte über das Bereitstellen einer Präsenz — die zweite Zielvorstellung — folgen.

INTERVENTION ALS DAS BEREITSTELLEN VON PRÄSENZ

Dieses Prinzip bezieht sich im wesentlichen darauf, wer der Berater ist und wie seine allgemeine Orientierung und Auffassung im Hinblick auf die Lösung von Organisationsproblemen aussieht. Für den Gestaltansatz ist der vollständigste Gebrauch der Präsenz entscheidend. Der Berater vertritt nicht nur bestimmte Werte, Haltungen und Fertigkeiten und gibt ihnen Ausdruck, sondern er verwendet sie auf eine Weise, die bei dem Klienten ein Handeln anregen und vielleicht *auslösen* soll, das für eine Arbeit an seinen Problemen notwendig ist. Das bedeutet, daß der Berater generell zugänglicher ist und mehr von seinem Denken und Fühlen erkennen läßt, als es vielleicht in anderen Formen der Prozeßberatung der Fall ist. Das Ziel ist, sich die Gegebenheiten der Andersartigkeit, Marginalität und Anziehung für den Klienten so zunutze zu machen, daß man sich selbst in der wirkungsvollsten Weise einsetzt. So konzentriert sich der gestaltorientierte Organisationsberater in erster Linie auf die *Interaktion mit dem Klienten* als Mittel, durch das eine Entwicklung in Richtung auf eine verbesserte Funktionsweise der Organisation zu erreichen ist. Der Berater steht als ein Modell dafür, wie Probleme angegangen werden können, und hofft, die Energie im System des Klienten durch das Interesse an dieser ansprechenden Art, sich zu verhalten, zu aktivieren.

Der folgende Fall illustriert, wie Präsenz im Dienst der Beratungsbeziehung wirkt. Das Beispiel wurde ausgewählt, um die Wirkung von ausdrucksvollen Interaktionen mit dem Klienten zu zeigen; es soll keine Reaktionsweise nahelegen, von der häufig oder bereits in einem frühen Stadium einer Beziehung Gebrauch gemacht werden sollte.

Fall Eins

Jack, der Direktor einer kleinen, im Familienbesitz befindlichen Firma, hatte mich engagiert, um mit ihm und seinen beiden Brüdern an der Entwicklung ihres expandierenden Unternehmens zu arbeiten. Die anfängliche Arbeit bestand zum großen Teil in recht langatmigen Sitzungen mit Jack allein, die er im wesentlichen mit emotionalen Äußerungen darüber füllte, was mit seinen Brüdern und anderen Managern nicht stimmte. Jack ging in meinem Arbeitszimmer auf und ab und sprach oft in einer solchen Lautstärke, daß mein Kollege und andere ihn in ihren Büros hören konnten. Die meiste Zeit saß ich ruhig da und hörte zu, und gab ihm hin und wieder eine nondirektive Bestätigung oder stellte ihm eine Frage zum Zweck weiterer Klärung. Nach mehreren Sitzungen dieser Art fing Jack an, mich um Rat und um Vorschläge für Handlungspläne zur Verbesserung der Lage zu bitten. In den folgenden Sitzungen weigerte ich mich, zu viele konkrete Vorschläge zu machen, doch gab ich von Zeit zu Zeit mehr inhaltlich orientierte Antworten. Allmählich spürte ich Jacks wachsende Unruhe und Verärgerung über meine Zurückhaltung. Dies erreichte seinen Höhepunkt in einer Sitzung, in der er in meinem Arbeitszimmer auf und ab ging und mir in unmißverständlichen Worten sagte, wie nutzlos ich als Berater sei. Ich hörte mir das an, so lange ich konnte, aber schließlich sprang ich von meinem Stuhl auf und fing an zurückzuschreien, daß ich von seinem Herumwandern und seinen Tiraden genug hätte, daß er überhaupt nicht hören würde, was ich zu sagen hätte, und daß er mir leid täte, weil seine Frustrationstoleranz so gering sei. Ich spreche gewöhnlich leise und verhalte mich eher freundlich, und meine Kollegen zeigten sich überrascht, als sie mir später erzählten, daß das Schreien in mehreren Räumen zu hören gewesen sei. Nachdem ich etwa fünf Minuten lang geschrien und unsere Kommunikation beherrscht hatte, setzte er sich plötzlich hin, ein breites Grinsen erschien auf seinem Gesicht, und er sagte: »Dies ist das erste Mal seit Jahren, daß mir jemand etwas Energisches entgegensetzt.« Kurze Zeit nach dieser Sitzung initiierte ich eine Reihe von Zusammenkünften mit den drei Brüdern, die ich bis dahin alle nur einzeln getroffen hatte. (Vielleicht sollte ich erwähnen, daß ich den Entschluß gefaßt hatte, getrennt auf Gruppensitzungen hinzuarbeiten, weil meine ursprüngliche Einschätzung der Situation war, daß sie erst ihre Bewußtheit davon erweitern mußten, auf welche Weise sie sich mieden oder nicht gut miteinander sprechen konnten.) Es waren sehr schwierige Sitzungen, und ein Fortschritt für die Gruppe stellte sich nur sehr langsam ein. Wenn ich die anderen Brüder dazu ermutigte, ihre Gedanken und Empfindungen mitzuteilen, unterbrach Jack sie oder machte herabsetzende Bermerkungen über ihre Beiträge. Ich setzte in dieser Zeit die Einzelsitzungen mit ihnen fort. In den Sitzungen mit Jack führte ich einen Rhythmus ein, in dem wir uns wechselseitig zuhörten, während wir auf und ab gingen oder ruhig dasaßen. Mein Ziel war, sein dominierendes Verhalten zu unterstützen und ihm gleichzeitig zu demonstrieren, daß wir beide — er ebenso wie ich — sowohl zuhören als auch laut schreien konnten. Meine Aufgabe war es, meinen Wertvorstellungen über das Zuhören treu zu bleiben und ihm zu zeigen, daß es ein sinnvolles Verhalten war. Nach etwa 18 Monaten, in deren Verlauf alle Brüder auch an mehreren »ungewohnten« *Sensitivity Training*-Sitzungen teilnahmen, konnte ich zum erstenmal eine kleine Änderung in ihrem Umgang miteinander feststellen. Jack hörte mehr zu und ließ die anderen reden. Einer der Brüder entwickelte eine offenere und entschlossenere Haltung und lernte, seine Stellung gegenüber Jack zu behaupten. Das verschaffte ihm Jacks widerwilligen Respekt. Über einen Zeitraum von vier Jahren war diese Gruppe weniger streitsüchtig und sehr viel effizienter geworden, doch die grundlegende Dynamik blieb bestehen, und Jack blieb etwas dominierend. Die Brüder lernten, daß sie die anliegenden Fragen gut genug miteinander besprechen konnten, um ein erfolgreiches Unternehmen zu führen, auch wenn sie ihre negativen Gefühle füreinander nie loswerden konnten.

In diesem Fall war die Präsenz des Beraters ein wichtiges Element, um alle drei Brüder für die Möglichkeit zu interessieren, daß unsere gemeinsame Arbeit Früchte tragen könnte. Durch das Bereitstellen fehlender Verhaltensweisen wird ein Modell entwickelt, das die Hoffnung darauf weckt, daß Wachstum oder Wandel möglich ist. In unserem Beispiel wurden mehrere entscheidende Verhaltensweisen hinzugefügt:

1. Für Jack waren Zuhören und Geduld generell etwas Fremdes. Seine Brüder gaben vor zuzuhören, blendeten ihn aber in Wirklichkeit aus; der Berater war deutlich interessiert.
2. Jack hatte nie eine aggressive Antwort auf seine Ausfälligkeiten ge-

hört. Daß der Spieß umgedreht und auf ihn gerichtet wurde, war eine relativ neue Erfahrung für ihn.

3. Den anderen Brüdern lieferte die Standfestigkeit des Beraters gegenüber Jack ein Modell dafür, wie man sich ihm gegenüber behaupten konnte. Zusätzlich erfuhren sie durch häufige Äußerungen des Beraters, die sie dazu ermutigten, Jack zu antworten, oder die Jack dazu ermutigten, sie nach ihren Gedanken oder Gefühlen zu fragen, eine Unterstützung, die vorher gefehlt hatte.

Dieser Fall zeigt deutlich, daß die Gestaltorientierung auch die Orientierung der Prozeßberatung ist, wobei der Berater eher versucht, die Energie des Klienten auf dessen Funktionsweise zu richten und darauf, wie das System seine Probleme angeht, als daß er detaillierte analytische Untersuchungen anstellt und bevorzugte Lösungen empfiehlt. Mit dem Zyklus des Erlebens als Orientierungsprinzip führt dies zu einer starken Konzentration auf die Bewußtheit von sich selbst und das Mitteilen dessen, was in einem geschieht und was im System des Klienten vorzugehen scheint. Gestaltorientierte Beratung erweitert die Verwendbarkeit emotionalen Ausdrucks und das Weitergeben unserer eigenen Humanität in vielfacher Weise, wobei sie sich sehr stark auf die Kräfte des Modellernens und der Erwartung stützt, um Interesse auf seiten des Klienten zu wecken. Bei diesem Ansatz ist es sehr wichtig, Respekt für die Eigenart des Systems zu zeigen, während man gleichzeitig sehr hart daran arbeitet, sich in seiner eigenen Art herauszustellen. Auf diese Weise werden die Andersartigkeiten eines Beraters bereitwilliger dem hinzugefügt, was für den Klienten gegenwärtig akzeptabel ist, anstatt als störend oder bewertend erlebt zu werden.

GRUNDLEGENDE AKTIVITÄTEN EINES GESTALTORIENTIERTEN INTERVENIERENDEN

Das grundlegende Interventionsverhalten, das sich auf eine Gestaltperspektive stützt, können wir zusammenstellen, indem wir dem Fluß des Erlebenszyklus folgen, wobei wir mit Empfindung und Bewußtheit beginnen. Die fünf wichtigsten Aktivitäten könnte man wie folgt kennzeichnen:

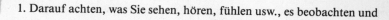

1. Darauf achten, was Sie sehen, hören, fühlen usw., es beobachten und

Ihre Beobachtungen selektiv mitteilen und auf diese Weise Ihre Präsenz etablieren.

2. Auf das eigene Erleben achtgeben (Gefühle, Empfindungen, Gedanken), es selektiv mitteilen und so seine Präsenz etablieren.

3. Die Aufmerksamkeit auf die Energie im Klientensystem und auf das Aufkommen und Fehlen von Themen oder Fragestellungen (gemeinsame Figuren) richten, für die Energie da ist; auf eine Weise handeln, die die Aktivierung von Energie beim Klienten unterstützt (sich verbinden), so daß etwas geschieht.

4. Klare, bedeutsame, intensivierte Kontakte zwischen Mitgliedern des Klientensystems fördern (ihren Kontakt mit Ihnen selbst eingeschlossen).

5. Der Gruppe dabei helfen, ihre Bewußtheit von dem Gesamtprozeß zu erweitern, um Arbeitseinheiten abschließen zu können, und zu lernen, Arbeitseinheiten so abzuschließen, daß für problematische Bereiche unerledigter Geschäfte Geschlossenheit erreicht wird.

Diese grundlegenden Aktivitäten des Beraters sind genau die Fähigkeiten, von denen ein gestaltorientierter Berater wünscht, daß das Klientensystem sie lernt. Während also der Berater vielleicht bestimmte »Übungen« entwirft oder als Beobachter der auf seiten des Klienten laufenden Aktivitäten dient, ist ein primäres Lehrmittel das Demonstrieren persönlichen Verhaltens. Es ist vor allem anderen dieser Schwerpunkt, der dem Gestaltansatz seinen einzigartigen Charakter gibt.

Diese Aktivitäten machen zusammen die wesentlichen Bestandteile des Beratungsprozesses aus. Jede davon hat mit einem Aspekt des sich Einstimmens oder Achtgebens auf das zu tun, was in dem System abläuft, um dann von da aus zur Unterstützung der verfügbaren Energie und effektiven Handelns weiterzugehen. Das Bestreben ist, dem Klienten ein Gefühl für das Wesen eines guten Prozesses sowie eine Möglichkeit zu geben, die typischen Unterbrechungen und Blockierungen des Prozesses besser zu verstehen, die in diesem System auftreten. Aus alldem folgt, daß der Klient dann die Verpflichtung hat, Entscheidungen zu treffen, die sich auf die neu wahrgenommene Bewußtheit beziehen. Dies kann — aber muß nicht — zu dem Entschluß führen, die Struktur und Prozesse zu ändern, mit denen das System seine Aufgaben ausführt.

Die ersten beiden der obengenannten Aktivitäten — sich selbst und andere zu beobachten und sein Erleben selektiv mitzuteilen — sind die Eckpfeiler gestaltorientierter Beratung. Es sind diese Verhaltensweisen, die die anderen drei Aktivitäten ermöglichen. Um erstere gut ausführen zu können, muß der Beobachter zu einem fein geschliffenen Instrument der Beobachtung und Artikulation werden. Dies legt nahe, daß die Entwicklung des Selbst die einzig sinnvolle Möglichkeit ist, um ein erfolgreicher Berater zu werden. Doch ist selbst bei einem hohen Maß an persönlichen Fähigkeiten das selektive Mitteilen eine heikle Kunst. Der folgende Fall veranschaulicht, wie schwer diese Aufgabe sein kann.

Fall Zwei

Bei diesem Fall trug die Tatsache, daß ich mich »getreu« der Gestaltausrichtung verhielt, von dem eigenen Erleben den anderen mitzuteilen, dazu bei, eine schwierige Situation entstehen zu lassen. Zusammen mit zwei Kollegen und einer Kollegin hatte ich den Auftrag übernommen, eine intensive Teambildungswoche mit 50 Personen — alles Frauen — durchzuführen. Die Teilnehmerschaft bestand aus den Angehörigen der Fakultät für Diätetik und Ernährungskunde an einer größeren medizinischen Hochschule und den Kolleginnen, die das Fach Diätetik an dem Krankenhaus unterrichteten, das der Hochschule angegliedert war. In der ersten von zahlreichen Kleingruppensitzungen, bei denen jeweils einer aus dem Beraterteam als Facilitator anwesend war, sagte ich, daß ich diese Rolle noch nie in einer Gruppe eingenommen hätte, die ausschließlich aus Frauen bestand, und daß ich dies zwar einerseits spannend fände, andererseits jedoch etwas Bedenken hätte, wie gut die Sache gelingen würde. An den nächsten beiden Tagen wurde mir jedesmal, wenn ich mit dieser Gruppe zusammentraf, die Frage gestellt, wie ich mich fühlen würde, und sie »hofften«, daß ich meine Angst überwunden hätte. Ganz gleich, wie oft ich ihnen versicherte, daß es mir gut ginge und ich mit meiner Bemerkung nur versucht hätte, eine Norm für das Mitteilen von Gefühlen zu setzen, konnte ich ihre Sorge nicht zerstreuen.

Wenn die Gruppe nicht mit mir befaßt war, verbrachte sie viel Zeit damit, von den eigentlichen Arbeitsfragen abzuschweifen zu Themen wie Damenmode, Kochrezepten u.ä. Mit diesen Deflektionen schienen sie die Lage für mich gleichzeitig einfach und schwer zu machen. Es war zu vermuten, daß ich zu diesen Themen nichts beitragen konnte, und es gab keine Probleme, die meine Mitwirkung erforderten. Zwei oder drei Sitzungen lang saß ich ruhig dabei, nachdem ich erlebt hatte, welche Kraft immer wieder in diese Richtung drängte, doch dann begann ich, das Gespräch zu unterbrechen. Immer unerbittlicher brachte ich zum Ausdruck, daß irgend etwas vermieden würde und daß wir entweder zusammen herausfinden müßten, was es war, oder die Möglichkeit anerkennen müßten, daß unsere Zusammenarbeit für sie oder ihre Institutionen nicht hilfreich sein würde. Nach vielem hin und her kam allmählich heraus, daß sie in mir einen weiteren dieser »männlichen Ärzte-Typen« sahen, die ihre Arbeitswelt dominierten, und daß sie mit mir einfach auf die einzige ihnen bekannte Weise umgingen, in der sie gegenüber diesen Männern Macht erleben konnten. Einige äußerten, daß sie mich nicht ernst nehmen würden, da noch nie ein Doktor irgendwelche Unzufriedenheiten mit ihnen geteilt hätte. Danach wurde ich zum willkommenen Zuhörer einer höchst aufschlußreichen Diskussion über das Verhältnis zwischen Ärzten und Ernährungsberaterinnen bzw. Diätassistentinnen, über die Mann-Frau-Problematik und über die Macht des Underdog. Die Frauen sagten mir, daß sie solche Überlegungen fast nie in Gegenwart von männlichen Vertretern höher qualifizierter Berufe aussprechen würden. Nach dieser Diskussion beschloß die Gruppe, sich mit den Arbeitsthemen zu beschäftigen, die für diese Teambildungssitzungen vorgesehen waren.

Aus diesem Beispiel ergeben sich mehrere Überlegungen. Erstens wird deutlich, daß das selektive Mitteilen unseres Erlebens zu Problemen führen kann, wenn der Zeitpunkt schlecht gewählt ist oder wenn die kulturell bedingten Voraussetzungen der Klienten von denen des Beraters sehr abweichen. So wie das Gestaltprinzip des Mitteilens der persönlichen Bewußtheit oft günstige Reaktionen im Klientensystem bewirkt, kann das Befolgen dieses Prinzips ebenso für den Berater unerwartete oder von ihm unerwünschte Reaktionen erzeugen. Zweitens ist der entscheidende Faktor nicht die unmittelbar auf das Äußern unserer Gefühle folgende Reaktion, sondern die Tatsache, daß die Interventionen des Beraters in dem System in einer Weise Energie freisetzen sollen, die schließlich zu einem Lernprozeß des Systems führt. Das bedeutet, daß der Berater Vertrauen in einen Prozeß haben muß, der sich erst im Laufe der Zeit entfaltet, was die Überzeugung einschließt, daß das Klientensystem Gefühle der Kompetenz erleben und brauchbare Lösungen für seine Probleme erreichen will — auch dann, wenn das System »Widerstand« zu zeigen scheint. So gesehen, haben wir schließlich doch sehr nützliche Arbeit geleistet, und vielleicht hat meine Andersartigkeit einen prositiven Langzeiteffekt gehabt.

WIDERSTAND AUS DER SICHT DES GESTALTANSATZES

Ein weiteres grundlegendes Merkmal für ein Gestaltmodell der Intervention ist die besondere Definition von Widerstand und die Art des Umgangs damit. Der gestaltorientierte Berater geht von der Arbeitshypothese aus, daß es in jedem System ein großes Maß an Ambivalenz bezüglich Veränderung gibt. Wir nehmen an, daß auch dann, wenn Menschen um Hilfe nachsuchen, in ihnen eine Energie wirksam ist, die sich gegen das Annehmen der Hilfe anderer richtet. Nicht anders ging es ursprünglich Freud, der feststellte, daß verzweifelte Patienten, die große Hindernisse überwunden hatten, um ihn aufzusuchen, ihn mit enormen Widerständen konfrontierten, wenn er versuchte, ihnen zu helfen. Der Unterschied liegt beim Gestaltansatz darin, daß diese Ambivalenz als normaler und potentiell nützlicher Zustand angesehen und es hoch bewertet wird, wenn der Klient über starke Kräfte gegen eine Veränderung verfügt, auch wenn davon ausgegangen wird, daß das System besser funktionieren kann, wenn Veränderungen getroffen werden.

Diese Sichtweise hat zur Folge, daß der Widerstand des Klienten respektiert und akzeptiert wird. Die Arbeit eines gestaltorientierten Beraters besteht nicht darin sicherzustellen, daß Veränderungen stattfinden, sondern sie soll dem Klientensystem dabei helfen, *seine Bewußtheit von den Kräften zu erhöhen, die eine Bewegung in Richtung auf einen neuen Standpunkt gegenüber einem Problem oder einer entscheidenden Frage fördern oder behindern.* Die grundlegenden Aktivitäten werden also eingesetzt, um den Klienten darin zu unterstützen, daß er erkennt, was sein Widerstand oder seine Ambivalenz ist. *Das Ziel des Beraters ist, das System bei der Lösung des Dilemmas zu unterstützen, das dieser Ambivalenz zugrunde liegt.* Die Arbeit besteht nicht darin, den Widerstand aufzulösen, sondern darauf zu achten, daß der Klient verantwortungsvoll mit ihm umgeht. Der gestaltorientierte Berater tut dies, indem er auf Manifestationen von Widerstand und den Widerwillen, etwas zu tun, sowie auf Argumente, die für Veränderung sprechen, ein großes Maß an Beachtung richtet. Die Untersuchung des gegenwärtigen Zustandes ist wesentlich, damit der Klient diese Realität kennt und anerkennt. Eine solche Untersuchung zu machen heißt, sich darüber klar zu werden, daß es positive Kräfte sind, die die Dinge so belassen wollen, wie sie sind, und daß Veränderung mehr bedeutet, als Widerstand aufzugeben.

Widerstand wird als Stärke gesehen, als Kraft, die zu respektieren ist. Auf den schützenden, heilenden, kreativen Aspekten von Widerstand liegt in diesem Rahmen besonderer Nachdruck. Im 8. Kapitel werden wir uns mit diesem Thema eingehender befassen. Hier genügt es zu sagen, daß Widerstand aus der Sicht des Gestaltansatzes auf der Grundlage dessen wirkt, was als paradoxe Theorie der Veränderung bezeichnet wurde (Beisser, 1970). Diese Theorie besagt, daß man zunächst, das was *ist*, voll erfahren muß, bevor man all die alternativen Möglichkeiten dessen, was *sein könnte*, erkennen kann. Eine ähnliche Sichtweise drückt sich in V. Frankls (1969) »paradoxen Intentionen« aus. Bei dieser Methode werden Klienten dazu aufgefordert, unerwünschtes Verhalten oder störende Symptome zu verstärken. Dieses Vorgehen zielt darauf hin, Bewußtheit und Eignerschaft des ungewollten Verhaltens deutlich zu machen und dadurch dem Klientensystem zu ermöglichen, selbst zu bestimmen, ob und auf welche Weise es eine Änderung anstrebt.

DAS GESTALTMODELL IM VERGLEICH MIT DEN VON SCHEIN BESCHRIEBENEN MODELLEN

Um das Gestaltmodell besser einschätzen zu können, ist es nützlich, es mit bekannten Modellen zu vergleichen, die von anderen entwickelt worden sind. In seinem Buch *Process Consultation* und in einer später erschienenen Veröffentlichung stellt Edgar Schein (1969, 1977) eine sehr hilfreiche Betrachtungsweise der Modelle oder Ziele der Intervention vor. Er charakterisiert drei Modelle: (1) Ankauf-von-Expertenwissen, (2) Arzt-Patient-Modell und (3) Prozeßberatung. Bei dem Ansatz des Ankaufs-von-Expertenwissen ersucht ein Klient einen Berater um eine ganz bestimmte genau festgelegte Arbeit, die sich auf technische Fragen oder Aufgaben bezieht, die im Zusammenhang mit der Funktionsweise der Organisation stehen. Dabei wird vorausgesetzt, daß der Klient das Problem richtig diagnostiziert hat und es einem Berater, der für die Übernahme dieser Arbeit die entsprechenden Fähigkeiten mitbringt, korrekt mitgeteilt hat. Der Klient akzeptiert die Arbeit und trägt die Verantwortung für die möglichen Konsequenzen. Die Beauftragung einer Beratungsfirma für Computersoftware mit der Entwicklung und Eingabe eines Systems zur Verbesserung der Warenbestandskontrolle ist ein gutes Beispiel für die Anwendung dieses Ansatzes.

Das zweite Modell wird als Arzt-Patient-Modell bezeichnet. Zwar trägt der Berater immer noch die Hauptlast bei der Lösung des Problems, doch bekommt die Beteiligung des Außenseiters nun auf der diagnostischen Ebene größeres Gewicht. Das setzt voraus, daß die Klientengruppe in der Lage ist, dem Berater die richtigen Informationen offenzulegen, so daß dieser zu einer Diagnose kommen kann, und daß der Klient die Bereitschaft und die Fähigkeiten hat, das von dem Berater verordnete »Rezept« auszuführen. Die Praxis der inneren Medizin folgt traditionell diesem Modell.

Das dritte Modell, auf das Schein bei seiner eigenen Arbeit das größte Gewicht legt, ist das der Prozeßberatung. Hier wird vorausgesetzt, daß der Klient Hilfe in Form von Beteiligung bei der Erstellung einer gemeinsamen Diagnose des Problems braucht und zu seinem Nutzen verwendet. Es wird angenommen, daß der Klient letztendlich der einzige ist, der die Form der passenden Lösung oder Änderung kennt und in der Lage ist, die Lösung umzusetzen. Die Aufgabe wird ebenso in einem Ansteigen der Fähigkeit zur Problemlösung für spätere Fälle gesehen wie in der Lösung des unmittelbar gegebenen Problems. Eine weitere Annahme ist, daß die Zustimmung des Klienten zu Lösungen als Folge seiner von Anfang an gegebenen Beteiligung hoch sein wird.

Diese Modelle können im Hinblick auf Phänomene von Systemgrenzen betrachtet und im Zusammenhang mit der weiter unten angeführten allgemeinen Diskussion des Verhältnisses zwischen Intervenierendem und System gestellt werden. Bei dem Ankauf-von-Expertenwissen ist es so, daß der Klient ein »Stück« des Systems für eine gewisse Zeit einem Außenseiter übergibt. Dieses Stück wird dann wieder an die Organisation zurückgeleitet. Bei dem Arzt-Patient-Modell wird der Intervenierende in das System hereingelassen, doch nur teilweise und mit klaren Grenzen bezüglich der zu untersuchenden Bereiche und der zu behandelnden Symptome. Bei dem Prozeßberatungsmodell wird der Berater für eine gewisse Zeit zu einem besonderen Mitglied der »Familie«. In diesem Fall besteht immer die Möglichkeit, daß sich die Grenze hinter dem Intervenierenden oder um ihn herum schließt, wobei sich Druck oder Anziehungskraft in die Richtung entwickelt, zu einem Teil des Systems zu werden. Bei dem Ankauf-von-Expertenwissen oder dem Arzt-Patient-Modell ist die Wahrscheinlichkeit geringer, daß der Berater zu einem integrierten, fortdauernden Teil des Systems wird.

Bei der Diskussion dieser Modelle stellt Schein besonders die Bedeutung der Prozeßberatung heraus und zeigt einige Schwächen der anderen Methoden auf. Ein Hauptargument ist dabei, daß die Daten, die für die zutreffende Diagnose eines Problems gebraucht werden, oft in einer Organisation eingewoben sind und daß Klienten selbst außerstande sind, diese Informationen zu artikulieren. Wenn dem so ist, so birgt das Expertenmodell das Risiko, daß eine Lösung entwickelt wird, die auf einem unzureichend oder ungenau definierten Problem beruht. (Einer der Gründe, weshalb wir oft unseren Wagen in eine Reparaturwerkstatt bringen, nur um ihn kurz darauf wieder hinbringen zu müssen, liegt vielleicht darin, daß der Mechaniker unserer beschränkten Darstellung des Problems gefolgt ist. Während der Reparaturvorgang abläuft, könnten wir zusätzliche Informationen liefern.) Eine weitere Schwäche liegt bei diesem Modell darin, daß der Klient sehr wenig aus dem Prozeß lernt. Der Experte »behebt« den Schaden und gibt uns das reparierte Stück zurück. Diese minimale eigene Beteiligung mag es Klienten erschweren, Energie für die Instandhaltungsarbeit aufzubringen, die nötig ist, damit es zu keinem weiteren Schaden kommt.

Bei dem Arzt-Patient-Modell ist die Situation ähnlich, jedoch komplizierter dadurch, daß der Berater an der Diagnose des Problems stärker beteiligt wird und daß der Klient das »Rezept« für die Lösung ausführen muß. Dies erfordert vom Klienten wie vom Berater ein hohes Maß an gegenseitigem Vertrauen. Bei der Anwendung des Expertenmodells liegt der Schwerpunkt typischerweise stärker in der Notwendigkeit des Klienten, dem Experten zu vertrauen. Nach Ansicht von Schein ist der Erfolg des Arzt-Patient-Modells sehr stark von der Beziehung zwischen Klient und Berater abhängig.

Das Prozeßberatungsmodell versucht, diese Probleme anzugehen, indem es eine Möglichkeit bietet, umfangreicheres und besseres Datenmaterial erreichbar zu machen, und einen Weg zeigt, der es in der Beziehung zwischen Klient und Berater erlaubt, sich über einen Zeitraum hinweg zu entwickeln. Wenn wir den ersten Aspekt als Entwicklung von *Bewußtheit* und den zweiten als *Kontakt* bezeichnen, so erkennen wir, daß das Gestaltmodell deutlich auf einer Linie mit Prozeßberatung liegt. Wie die Prozeßberatung traut auch der Gestaltansatz dem Klienten eine konstruktive Absicht und ein gewisses Maß an Fähigkeiten zur Problemlösung zu. Auch der Gestaltansatz sieht den Klienten als jemanden, der Lernerfahrungen braucht, um zukünftig seine eigenen Probleme allein lösen zu können. Wie bereits angedeutet, liegt der Hauptunterschied zwischen der Gestaltausrichtung und anderen Prozeßberatungen vielleicht lediglich in dem Ausmaß, in dem von einem stark einwirkenden interaktionellen Interventionsstil Gebrauch gemacht wird. Eben dieser Aspekt ist es, der in den meisten Fällen bei dem Modell des Ankaufs-von-Expertenwissen und dem Arzt-Patient-Modell fehlt.

Die bisherige Darstellung soll nicht implizieren, daß die Experten- und Arzt-Patient-Modelle nur begrenzt anwendbar sind oder daß Prozeßberatung das einzige wertvolle Modell ist. Für bestimmte komplexe Probleme technischer Art wird das Expertenmodell genau das richtige sein. Das Gestaltmodell und andere Prozeßmodelle könnte man als Ergänzung zu dieser Vorgehensweise betrachten. Die meisten Experten würden heute sagen, daß ihr größtes Problem bei der Ausführung von Lösungen und nicht beim technischen Know-how liegt. Es ist die Handhabung von Fragen der Ausführung, die der zum Ankauf-von-Expertenwissen herangezogene Berater verbessern muß, indem er ein größeres Maß an Bewußtheit auf Klienten- wie auf Beraterseite über das gesamte Aufgabengebiet hinweg entwickelt, angefangen bei der Bestimmung des Problems und dem Entwurf der Lösung. Das würde die Ambivalenz des Klienten offenlegen sowie weitere Daten für die Diagnose liefern. Ebenso kann eine überzeugende Präsenz — eine, die mehr Interesse auslöst, als das durch jemand möglich wäre, der nichts als ein erstklassiger technischer Experte ist — dabei helfen, Energie im Klienten zu erzeugen, um sicherzustellen, daß die Lösung tatsächlich funktioniert.

Auch im Fall des Arzt-Patient-Modells können gute Prozeßberatungsfähigkeiten einen Beitrag leisten. Ein großer Teil der Organisationsberatung folgt diesem Modell, das irgendwo zwischen dem distanzierten Modell vom »Expertenwissen« und dem Prozeßmodell mit größerer Beteiligung angesiedelt ist und aus der Sicht der Organisation vielleicht weniger Sprengkraft enthält. Die meisten pädagogischen Interventionen fallen in diese Kategorie: Es gibt eine Bedürfniseinschätzung (»ärztliche Diagnose«), gefolgt von einer speziell geplanten Intervention zur Behandlung des aufgedeckten Problems (Rezept). Diese Interventionen können sehr hilfreich sein, wenn sie zur Erweiterung der Bewußtheit genutzt werden oder dazu, eine bestimmte Fähigkeit zu vermitteln. Wie im Fall des Expertenmodells können eine bessere und gründlichere Arbeit in der Bewußtheitsphase und eine überzeugendere Präsenz während der Unterweisungsphase viel dazu beitragen, die Wirkung dieser Interventionen zu vergrößern.

DAS MODELL IM VERGLEICH ZU ARGYRIS'
THEORIE DER INTERVENTION

In einer Reihe von Büchern hat Chris Argyris ein Modell für Lernen und Intervention in Organisationen entwickelt, das für das Feld der Prozeßberatung eine bemerkenswerte Bereicherung darstellt (Argyris, 1970; Argyris & Schon, 1978; Argyris, 1982; Argyris, 1985). Seine Aufstellung der Schlüsselfragen der Intervention in *Intervention Theory and Practice* (1970) ist für das Gestaltmodell von großer Bedeutung. In diesem Buch legt er drei grundlegende Anforderungen der Intervention fest.

1. Das Beschaffen gültiger Daten.
2. Freie, auf Informationen beruhende Entscheidungen des Klienten, so daß dieser seine Autonomie behält.
3. Der Klient trifft seine Entscheidungen so, daß ein hohes Maß an interner Übereinstimmung besteht.

Argyris vertritt klar und entschieden den Standpunkt, daß allein diese drei Aufgaben von Bedeutung sind und daß die Rolle des Intervenierenden darin besteht, so mit dem Klienten zu arbeiten, daß sie erfüllt werden können. Er behauptet weiterhin, daß die Effektivität der Funktionsweise des Klienten mit Hilfe der drei Kriterien eingeschätzt werden sollte und, was er für das Wichtigste hält, daß die Interventionen auf diesen Anforderungen basieren müssen. Er legt dar, daß der Klient lernen sollte, diese drei Aufgaben auszuführen, und daß die Modell- und Lehrfunktionen des Intervenierenden eine entscheidende Rolle spielen. Im Hinblick auf Veränderung macht Argyris die elegante Feststellung, daß dies primär keine Aufgabe des Beraters, sondern eine Entscheidung des Klienten sei, die sich auf eine freie, auf Informationen gegründete Wahl stützt, die der Entwicklung gültiger Daten folgt.

Auch wenn Argyris sein Modell nicht auf der Grundlage der Gestalttherapie, sondern von einem anderen theoretischen Standpunkt aus entwickelt hat, ist die Übereinstimmung seiner Position mit dem Gestaltmodell leicht zu erkennen. In der Gestaltterminologie würde man das Beschaffen gültiger Daten als Erweiterung der Bewußtheit beschreiben, die das Sichtbarwerden klarer Figuren zur Folge hat, denen ein gewisses Maß an Interesse oder Energie beigegeben ist. Die Aufgaben der auf Informationen beruhenden Entscheidung und der Übereinstimmung stehen deutlich im Zusammenhang mit der Handlung-Kontakt-Phase des Erlebenszyklusses. Als Folge der Datenaufnahme bzw. der erweiterten Bewußtheit wird in dem Klienten Energie frei und es kommt zu einer Handlung, um einen Lernerfolg zu erreichen (Vollendung einer Arbeitseinheit). Der Gestaltberater würde dies als guten Kontakt beschreiben und als Assimilation des Lernens, das aus gutem Kontakt folgt. Aus der Sicht des Gestaltmodells ist die Erweiterung der Bewußtheit von dem, was man als »Widerstand« bezeichnen könnte, ein Hauptziel, doch der Entschluß zur Veränderung bleibt in der Verantwortung des Klienten.

In seiner nächsten Arbeit wandte sich Argyris mehr der Untersuchung dysfunktionalen Verhaltens in Organisationen zu. Seine Konzeption vom Unterschied zwischen Theorien, die man vertritt und solchen, nach denen man handelt, zeigt, wie Organisationen verhindern, daß ein Wandel eintritt, indem sie Wege der Problemlösung wählen, die keine Untersuchung grundlegender Werte und Annahmen verlangen (Argyris & Schon, 1978). In einer späteren Veröffentlichung (Argyris, 1985) stellt er Probleme der Strategiebildung und -anwendung in den Mittelpunkt, die ihre Ursache in dem haben, was er »defensive Routine« nennt. Für den Berater, der mit dieser Blickrichtung arbeitet, besteht die Aufgabe eindeutig darin, die Bewußtheit in einer Gruppe durch das Mitteilen bisher unausgesprochener Gedanken und Gefühle zu erweitern und die Teilnehmer dazu zu bringen, Annahmen mitzuteilen und zu überprüfen. Dies hat große Ähnlichkeit mit dem Gestaltansatz, bei dem die Klienten darin bestärkt werden, die Annahmen zu artikulieren, die den Einstellungen und Verhaltensweisen zugrundeliegen, die von dem System akzeptiert bzw. abgelehnt werden. Raimy (1976) sieht in dieser Art der Exploration eine kognitive Therapie und zitiert ausführlich aus einer einzigen Therapiesitzung, in der Fritz Perls einen Klienten 26mal dazu auffordert, eine einzige Annahme zu überprüfen. In seinen Büchern führt Argyris detaillierte, oft Satz für Satz wiedergegebene Berichte über das Verhalten seiner Klienten an und davon, wie er Mitglieder seiner Klientengruppe darin bestärkt, das auszudrücken, was ihnen auch immer einfällt und was sie eigentlich in dem Augenblick nicht hätten sagen wollen.

Es sollte deutlich geworden sein, daß das Modell von Argyris und das

Gestaltmodell eine Prozeßberatung im umfassendsten Sinn darstellen. Sie entsprechen sich auch darin, daß sie zur Arbeit auf der Mikroebene detaillierten, spezifischen Verhaltens auffordern. Der Hauptunterschied in den Ansätzen liegt in der Weise, in der der Berater oder die Beraterin sich selbst einsetzt. Argyris legt als passionierter Forscher und Theoretiker den Akzent auf Verständnis und kognitive Klarheit durch den Gebrauch eines systematischen Rahmens und durch scharfe Beobachtung. Im Vergleich zur Gestaltausrichtung ist der Berater bei seiner Vorgehensweise ein distanzierterer Spieler, der von kontaktvollen, persönlich geprägten Verhaltensweisen als Instrument zur Ablösung von Wandel weniger Gebrauch macht. Beide Modelle stellen die konkrete und grundlegende Bedeutung der Bewußtheit heraus. Der Gestaltansatz legt mehr Gewicht darauf, in dem Klienten durch persönliche emotionale Beteiligung Energie freizusetzen. Wichtiger als die Unterschiede ist jedoch, wie nah diese Modelle beieinanderliegen, die doch von deutlich verschiedenen Richtungen aus entwickelt worden sind.

IMPLIKATIONEN

Das Gestaltmodell stellt eine Erweiterung der Hauptausrichtung in der Prozeßberatung dar. Auch wenn sie primär der Arbeit auf therapeutischem Feld entstammt und den Schwerpunkt auf Einzelarbeit legt, läßt sich die Orientierung, die dem Gestaltansatz zugrunde liegt, ohne weiteres auf ein überzeugendes Modell von Beratung anwenden. Gestaltorientierte Praktiker gleichen in der Anwendung dieses Modells in vieler Hinsicht anderen Organisationsberatern, wenn sie solche Methoden wie auf Daten beruhende Interventionsmodelle, Teamentwicklung und Laufbahnplanung als technische Mittel für die Durchführung organisatorischen Wandels verwenden. Was sie jedoch von anderen unterscheidet, ist der Leitfaden oder Maßstab, der für Gestaltpraktiker bei der Ausführung ihrer Arbeit im Vordergrund bleibt. Die folgenden Fragen sind Indikatoren für die Orientierung, die die Arbeit bestimmt, und haben Vorrang vor der Beschäftigung mit einzelnen technischen oder methodologischen Aspekten oder der Beschäftigung mit Ergebnissen der Interventionen.

- Erhöhe ich die Bewußtheit des Klientensystemes in bezug auf seinen Prozeß, während ich versuche, mit seinen Problemen umzugehen?

• Hilft meine Intervention, indem sie zur Entwicklung von Bewußtheit (Daten oder gültige Informationen) bezüglich der Probleme des Klienten und seiner Funktionsweise führt?

• Stelle ich in jedem Stadium der Intervention eine Präsenz her, die den Prozeß Bewußtheit / Datensammlung / Kontakt unterstützt?

• Stützt sich meine Intervention auf die Energie im Klientensystem, und welches Thema oder welche Fragestellung ist gegenwärtig als Figur im Vordergrund und bearbeitungsfähig, oder lenke ich die Arbeit dadurch, daß ich einen Wert oder eine erwünschte Lösung »aufdränge«?

• Hilft meine Intervention dabei, den Kontakt zwischen Teilen des Systems zu erweitern und ein Lernen über solche Dinge wie Grenzen von Subsystemen und vereinte Bemühungen zur Verbesserung der Effektivität zu fördern?

• Erweitern meine Interventionen das Vermögen des Klienten, die Fähigkeiten, die zum Zyklus des Erlebens gehören, zu verstehen und anzuwenden?

• Was bedeutet diese Intervention für meine Position gegenüber dem System — wo stehe ich hinsichtlich Grenzen und Marginalität? Gebe ich mich »genügend«, »zu viel« usw. hinein?

• Fördere ich die Entwicklung der Fähigkeiten meines Klienten, neue Wege zu sehen, auf denen Probleme des Systems angegangen werden können, insbesondere die Erhöhung der Bewußtheit dafür, was in dem jeweils gegebenen Augenblick erreicht werden kann? Anders gesagt, wie groß ist die Bewußtheit für den Wert, die Dinge so zu belassen, wie sie sind, gegenüber einer Zunahme der Aufgeschlossenheit für das Bedürfnis, Dinge anders zu tun?

Die Aufstellung enthält nur das, was sich aus einem reinen Prozeßberatungsmodell ergibt, und die Leser, deren Arbeit von einem gruppendynamisch / feldtheoretischen Ansatz beeinfluß ist, werden sich als Richtlinien für ihre Arbeit ganz ähnliche Fragen stellen. Noch einmal: Der gestaltorientierte Praktiker stellt diese Fragen nicht nur zur Orientierung, sondern richtet sein Handeln in einer Weise danach aus, daß seine Präsenz einen hoch effizienten Prozeß zur Folge hat, in dessen Verlauf der Klient die Antwort entwickelt.

4. Kapitel

Über Präsenz:
Der Berater als Lernmodell

In den vorausgegangenen Kapiteln wurden zwei Hauptthemen eingeführt, die beide für das Verständnis von Interventionen in Organisationen wichtig sind:

> 1. Der Zyklus des Erlebens: Die Rolle des Intervenierenden ist, dem System des Klienten die Fähigkeiten und Kenntnisse zu vermitteln, die notwendig sind, um den Zyklus des Erlebens zu verstehen und die Ausführung der Prozesse von Bewußtheit, Kontakt usw. funktionell zu verbessern.
> 2. Präsenz: Die Rolle des Intervenierenden ist, eine Präsenz zur Verfügung zu stellen, die sonst im System des Klienten fehlt.

Von der eigenen Präsenz vollen Gebrauch zu machen, ist ein Grundpfeiler des Gestaltansatzes und für seine erfolgreiche Anwendung entscheidend. Die Bedeutung und Implikation dieses wichtigen Begriffes werden in diesem Kapitel entwickelt. Das Konzept der Präsenz wird als Schlüssel zum Verständnis des Lernmodells verstanden, das der Gestaltorientierung inhärent ist.

In dem hier gegebenen Rahmen wird Präsenz als die lebendige Verkörperung von Wissen betrachtet: *Die Theorien und Praktiken, die für wesentlich gehalten werden, um in Menschen Veränderung auszulösen, manifestieren sich durch die Präsenz des Beraters, werden durch sie symbolisiert oder sind in ihr impliziert.* Annahmen darüber, *was* zu lernen ist und *wie* es zu lernen ist, um eine effektivere Funktionsweise zu ermöglichen, werden in das Verhalten des Intervenierenden transformiert, während dieser eine Helferrolle gegenüber dem Klientensystem einnimmt. Eine Kenntnis von den verschiedenen Formen und Abläufen, in denen sich dies zeigt und wie es stattfindet, ist für eine effektive Intervention entscheidend. Tatsächlich könnte man sagen, daß die Art und Weise, in der der/die Berater/in sich dem Klienten präsentiert, eine Aussage darüber darstellt, welche Auffassung diese Person über das Wesen einer guten Funktionsweise vertritt. Für einen gestaltorientierten Berater ist der Zyklus des Erlebens das Modell für eine effektive Funktionsweise.

Es ist sehr schwer, das Konzept der Präsenz zu definieren, das Worte wie Macht, Einfluß, Stil, Charisma und ähnliches anklingen läßt. Doch Präsenz ist nicht nur ein abstraktes Konzept. Sie ist greifbar und offensichtlich, man kann sie sehen und fühlen. Präsenz wird *immer* mit in das Beratungssetting eingebracht, unabhängig davon, ob sich ihr Träger dessen bewußt ist, wie sie variiert oder wahrgenommen wird. Präsenz wird definiert als:

> Das Ausleben von Werten in einer Weise, daß der Intervenierende durch das »Einnehmen einer Haltung« diese wichtigen Konzepte vermittelt. Das, was für den Lernprozeß des Klienten wichtig ist, strahlt der Berater durch seine Art zu sein aus.

Mit dieser Definition sollte deutlich geworden sein, daß Präsenz nicht das gleiche ist wie Stil oder Persönlichkeit, die — obwohl sie Aspekte von Präsenz sind — nicht ausreichen, um ihr Wesen zu bestimmen. Präsenz ist ein Ausleben von Grundannahmen darüber, wie man einander beeinflußt oder hilft. Diese Annahmen können sich explizit in unserer Präsenz zeigen, sie kann aber auch Rätselhaftigkeit und die Forderung ausstrahlen, daß der Klient daran arbeitet, die Annahmen zu verstehen und schließlich zur Einsicht kommt. Stil ist ein eher äußerlicher, doch gleichwohl wichtiger Aspekt von Präsenz. Stil ist die Übermittlung der Botschaft. Stil allein kann nicht hinreichend erklären, was gemeint ist, wenn jemand sagt: »Berater X hat eine starke Präsenz.« Präsenz bedeutet eine gute Integration von Wissen und Verhalten. Indem sie das Hier-und-Jetzt-Verhalten zu einer Darstellung dessen werden läßt, was die Person weiß, wird die Präsenz zu einer starken Kraft. Je überzeugender oder faszinierender das Wissen und seine Darstellung sind, um so reicher ist die Präsenz. Stil mag zur

Darstellung hinzukommen, aber er bedeutet lediglich das Entfalten von Charme, wenn er nicht mit einem internalisierten Wissensgebäude verbunden ist.

Das Verständnis für den Unterschied zwischen Präsenz und Stil ist entscheidend für ein Verständnis von der Kraft des wirklich potenten Vermittlers von Wandel in allen Berufsbereichen, von Führungskräften und Managern ebenso wie von Vertretern heilender Berufe aller Ausrichtungen. In einem kürzlich in der Zeitschrift *Fortune* erschienenen Artikel über die Chrysler Corporation und ihren durch Lee Iacocca erfolgreich eingeleiteten Aufschwung (Flax, 1985) wird eine große Versammlung vom November 1984 erwähnt, bei der ein neuer Wagen vorgestellt wurde:

> Chrysler hatte die 2.300 Arbeiter aus den Werken, von denen viele erst vor kurzem aus der vorübergehenden Entlassung zurückgeholt und umgeschult worden waren, um neue Anlagen bedienen zu können, dazu eingeladen, zusammen mit den üblichen Größen aus Politik und Industrie und den Journalisten dem Ereignis beizuwohnen. Als Iacocca aus dem silbern schimmernden Dodge Lancer stieg, den er in das Scheinwerferlicht gefahren hatte, hörte man von diesen Arbeitern einen tosenden Beifall, den man sonst nur von den Zuschauermassen in einem lateinamerikanischen Fußballstadium kennt, wenn ihre Nationalmannschaft das Feld übernimmt. Da war nicht der leiseste Zweifel daran, für wen sie arbeiten: für den Mann, dem sie ihre Jobs, ihre Wohnungen und die Ausbildung ihrer Kinder verdankten.

Sich diese Szene vor Augen zu führen und daraus zu schließen, daß Iacocca eine starke Persönlichkeit oder »großen Stil« hat, ist sicher richtig, geht jedoch am Kern seines Wesens als Vermittler von Wandel vorbei: Ohne Unterstützung durch eine Vision und ohne eine Theorie darüber, wie man Menschen dafür gewinnt, ein sterbendes Unternehmen zu retten — eine Theorie, die er in seinem Handeln auslebte — wäre er nicht als jemand mit großer Präsenz erkennbar. Seine Kraft liegt darin, daß er seine Überzeugungen und Annahmen über Wandel vollständig mit seinem Verhalten verbunden hat. Vielleicht hätte ein anderer eine ähnliche Vision davon haben können, wie Chrysler zu retten wäre, dem es dann jedoch an den Fähigkeiten gefehlt hätte, diese Vision in eine eindrucksvolle Präsenz umzusetzen. Vision und Stil müssen gut integriert sein, wenn eine Präsenz Bedeutung haben soll.

Wir können dieses Phänomen auch bei erfolgreichen Lehrkräften erkennen, bei denen, die ihren Stoff internalisiert haben und beherrschen und ihn in ihrem täglichen Verhalten »leben« können. Mein eigenes Interesse an Shakespeare und am Theater im allgemeinen wurde von einer Lehrerin angeregt, die in der ersten Stunde eines Kurses über englische Literatur einen Stuhl auf ihren Tisch stellte, dann auf diesen Stuhl kletterte und begann, die erste Szene aus dem ersten Akt von *Macbeth* (die Hexenszene) vorzutragen, während die Klasse ihr gebannt zuhörte. Was Frau Shirley vermittelte, war nicht nur eine Exzentrizität des Stils, sondern die wichtige Tatsache, daß Shakespeare Worte schrieb, die einer Zuhörerschaft laut vorgetragen werden sollten. Ohne eine Theorie des Schauspiels, des Theaters und davon, wie diese Theorien zu vermitteln sind, wäre sie wohl eher als Karikatur oder als etwas verschroben erlebt worden, nicht aber als mächtiger Katalysator für das Erwecken von Interesse am Theater.

Drei Fälle aus meiner Beratungspraxis zeigen, daß Präsenz keine dramatische Qualität haben muß, um zu wirken. Die Bedingungen waren in den beiden ersten Fällen insofern ähnlich, als zu beiden Settings Gruppen von Managern gehörten, die es nicht gewohnt waren, eng miteinander zu arbeiten, und die in einer angespannten Atmosphäre zusammengebracht wurden.

Fall Eins

Vor etwa zehn Jahren hatte ich einen sehr heiklen Fall von Teambildungsberatung übernommen, in den die Geschäftsführungsspitze von zwei Unternehmen, die gerade fusioniert hatten, einbezogen war. Ich war den Geschäftsführern beider Unternehmen bereits bekannt, da ich beide Organisationen schon vor der Fusion beraten hatte (über einen Zeitraum von zwei Jahren in dem einen Fall und mehr als sieben Jahre in dem anderen). Eine Gruppe hatte ihren Sitz an der Westküste, während die Zentrale der anderen in einer Stadt im Osten lag, wo auch die Geschäftsräume des weiterbestehenden Unternehmens sein würden. Obwohl allen Beteiligten zugesichert worden war, daß es keine Stellenstreichungen geben und daß die Geschäftsstelle an der Westküste noch einige Jahre weiterbestehen würde, gab es doch viel Anspannung, Mißtrauen und Verdächtigungen unter den zehn beteiligten Geschäftsführern. Anstatt Sitzungen außerhalb des Firmenbereichs zu vereinbaren, was für diese Gruppe ein radikaler und möglicherweise gefährlicher Schritt gewesen wäre, erhielt ich die Zustimmung des Ausschußvorsitzenden und des Präsidenten (von denen jeder eines der früher selbständigen Unternehmen repräsentierte) dazu, in der Hauptgeschäftsstelle im Osten regelmäßige monatliche Zusammenkünfte mit allen, die zur Geschäftsführungsspitze gehörten, abzuhalten. Dies sollten Arbeitssitzungen sein, in denen ein Teil der Zeit Unternehmensfragen wie Finanzierung und Strategie, und ein anderer Teil einer monatlichen Rückschau auf die Unternehmenssituation gewidmet sein würde. Ich selbst sollte als Prozeßberater fungieren und an allen Zusammenkünften teilnehmen. Zusätzlich sollte ich nach eigenem Ermessen zwischen den Sitzungen Treffen mit Geschäftsführern — einzelnen oder mehreren — vereinbaren, um Fragen, die ein unabhängiges Vorgehen verlangten, oder Konfliktlösungen zu erarbeiten.

Der neu eingesetzte geschäftsführende Vizepräsident sollte den Part der monatlichen Rückschau leiten. Der Ausschußvorsitzende und der Präsident waren gemeinsam für den anderen Teil verantwortlich. Keiner dieser Männer hatte besonderes Geschick in der Leitung von Tagungen, und sie tendierten alle zu lockeren Tagesordnungen, die öffentliche Konfrontationen vermieden. Beide Männer baten mich, bei der Gestaltung der Zusammenkünfte zu helfen und nicht nur als Beobachter oder Prozeßberater anwesend zu sein. Ich erklärte mich bereit, eine Aufgabe zu übernehmen, die in Einklang damit zu stehen schien, daß ich der Gruppe als Urheber des Tagungskonzepts bekannt war: Bei den ersten Zusammenkünften würde ich die Sitzung dadurch einleiten, daß ich mit der Gruppe die Tagesordnung aufstellen und ihr dabei helfen würde, vorrangig zu behandelnde Diskussionspunkte zu ermitteln. Eine Aufstellung aller entscheidenden Themen, die zu behandeln sein würden, sollte den Teilnehmern im voraus zusammen mit Informationsmaterial zugeschickt werden. Im übrigen würde man die Tagesordnung während der Tagungen entwickeln.

Ein anderer möglicher Ansatz wäre gewesen, mit einer intensiveren Interaktion zu beginnen, so daß sich die Gruppe direkt schwierigen zwischenmenschlichen Fragen hätte zuwenden können. Vielleicht war die gewählte Strategie zu vorsichtig und ließ einen großen Teil der Bedenken oder negativen Gefühle unter der Oberfläche. Es ist auch möglich, daß die Rolle, die ich mit der Aufstellung der Tagesordnungspunkte übernommen hatte, unpassend war. Auf jeden Fall wußte ich, daß ich bei diesem Setting besonders behutsam sein mußte, und ich hoffte, daß sich im Verlauf der Behandlung von Themen aus dem Arbeitsbereich in der Gruppe gegenseitiges Vertrauen entwickeln würde und sie im Lauf der Zeit lernen würde, schwierige Themen auf den Tisch zu bringen. Zwei Aspekte standen bei meinen

Überlegungen im Vordergrund: (1) Ich mußte da anfangen, wo der Klient bereit war zu beginnen. (2) Ich war die einzige anwesende Person, der jeder vertraute. Konnte ich mich selbst als Modell für Gelassenheit und Objektivität einsetzen und so vielleicht für eine Rolle als Modell dienen, die sonst fehlte? Würde eine solche Präsenz im Lauf der Zeit größeres Vertrauen auslösen und den Schaden vermeiden, den ein provokativeres Vorgehen vielleicht verursachen könnte?

Die Rolle, jedes Treffen zu eröffnen, indem ich auf einem Podium stand und als Katalysator fungierte, habe ich in sechs Sitzungen eingenommen. Es wurde bald deutlich, daß dies nicht mehr nötig war und die Gruppe durchaus selbst ihre Tagesordnung aufstellen konnte, sobald der Präsident die Sitzung eröffnete. Im Verlauf von 18 Monaten fand eine Menge anderer Arbeit statt, um aus diesem Team eine neue Einheit zu machen, doch hat ein Treffen der gesamten Gruppe außerhalb des Unternehmensbereichs niemals stattgefunden. Ein großer Teil meiner Arbeit zwischen den Sitzungen zielte darauf hin, Menschen zur Zusammenarbeit zu führen und mir die Freiheit zu nehmen, Tagesordnungspunkte für die monatlichen Zusammenkünfte zur Sprache zu bringen. Zwei Jahre später arbeitete diese Managementgruppe auf einem hohen Effizienzniveau, und nur einer der Geschäftsführer hatte auf Grund von Meinungsverschiedenheiten seinen Abschied genommen. Fünf Jahre später leitete die gleiche Führungsgruppe ein sehr erfolgreiches Unternehmen.

Fall Zwei

Vor kurzem half ich im Rahmen meiner Arbeit mit dem Präsidenten und dem geschäftsführenden Vizepräsidenten einer größeren Abteilung eines Elektronikunternehmens bei der Planung und Leitung einer viertägigen Klausurtagung, an der die 23 Topmanager der Firma teilnahmen. Mein Engagement als Berater hatte sieben Monate vorher begonnen, als die beiden obersten Führungskräfte mich darum baten, ihnen beim Aufbau ihrer Stellung als »Präsidium« zu helfen. Diese Männer hatten ihre Posten sechs Monate zuvor im Verlauf einer Umorganisation in der Gesellschaft übernommen — ein Schritt, der teilweise auf einen Beschluß zurückging, der heftiger Konkurrenz zwischen einzelnen Gruppen und einer starken Cliquenbildung entgegenzuwirken. Dies war nicht zufriedenstellend erreicht worden, und es bestand ein Bedürfnis nach weiteren Verbesserungen in der Abteilung und nach der Entwicklung einer neuen Strategie. Es gab immer noch einige Ressentiments aus der Zeit der Umorganisation. Der unmittelbare Anstoß zu dieser Klausurtagung stammte aus einer Umstrukturierung von Rollen und Informationsflüssen, die der Präsident und der geschäftsführende Vizepräsident einen Monat vor der Zusammenkunft veranlaßt hatten.

Es wurde beschlossen, daß die Tagung der Strategieplanung gewidmet und ein Prozeß eingeleitet werden sollte, den der Planungsleiter und sein Strategieberater erarbeitet hatten, wobei konkrete Schritte zur Förderung dieses Prozesses vorgesehen waren. Auch wenn etliche Teilnehmer bereits an verschiedenen Aspekten dieses Prozesses gearbeitet hatten, war hier doch seit der letzten Umstrukturierung nichts mehr geschehen. Auch hatten diese Manager bislang nicht als Gesamtgruppe an einer Planungstagung teilgenommen. Der Plan für das Treffen war sehr einfach: Alle Teilnehmer wurden gebeten, sich auf die Diskussion verschiedener Planungsfragen vorzubereiten, die im Zusammenhang mit ihrem unmittelbaren Verantwortungsbereich und mit den Zielen der Abteilung als Ganzer standen. Etwa die Hälfte von ihnen wurde gebeten, ein kurzes Referat vorzubereiten, das einen Überblick über ihr Arbeitsgebiet geben sollte, wie Marketing, Finanzen, Herstellungsverfahren oder Forschung und Entwicklung. All dies war von dem Präsidenten und dem geschäftsführenden Vizepräsidenten mit Hilfe ihres Planungsstabes vorbereitet worden. Ich hatte weder Vorinformationen über Inhalte noch irgendwelche Kontakte zu den anderen Tagungsteilnehmern mit Ausnahme des Planungsleiters. Einige Teilnehmer wußten von meiner Arbeit mit dem Topmanagement, doch kannten sie mich vor der Tagung nicht persönlich.

Das Treffen wurde von dem Präsidenten und dem Vizepräsidenten eröffnet. Die Planung verlangte einen Wechsel zwischen Referaten und kleinen Arbeitsgruppen, die aus Personen bestanden, die infolge der letzten Umstrukturierung jetzt miteinander zu tun hatten. Meine Teilnahme bestand größtenteils darin, daß ich den Arbeitsplan erklärte, als Zeitnehmer fungierte, als Beobachter bei Sitzungen anwesend war und gelegentlich Anmerkungen machte, jedoch nur zu dem Zweck, das klären zu helfen, was mitgeteilt worden war. An einem Abend traf ich mich mit dem Präsidenten und dem Vizepräsidenten, um ihnen bei der Planung der abschließenden Sitzung zu helfen. Außerdem unterhielt ich mich während der freien Zeit mit Teilnehmern und nahm mit ihnen die Mahlzeiten ein.

Ich kann mich an keine andere Veranstaltung erinnern, bei der ich so sehr im Hintergrund blieb. Von mir gab es keine wesentlichen Darbietungen, und ich machte keine großen Anstrengungen, um ein hohes Maß an Kontakt zu fördern. Mein Beitrag bestand darin, daß ich eine Struktur lieferte und eine beruhigende Präsenz bot, die die Funktion hatte, den Teilnehmern — Präsident und Vizepräsident eingeschlossen — die Gewißheit zu vermitteln, daß das, was eine sehr schwierige und unangenehme Zusammenkunft hätte werden können, erfolgreich über die Bühne gehen würde. Am Schluß sagten Personen, die vorher noch nicht zusammengearbeitet hatten, daß sie es als Bereicherung empfänden, sich kennenzulernen, und mehrere äußerten, daß dies die beste Tagung gewesen sei, die sie seit Antritt ihrer Arbeit bei der Gesellschaft erlebt hätten. Sieben wichtige Aufgaben für ein weiteres Vorgehen wurden ermittelt, und für sechs Wochen später wurde eine Folgesitzung geplant, um die Weiterführung der Arbeit in den festgelegten Gruppen zu besprechen.

Mit dieser Tagung war nur ein Anfang gemacht worden. Meine Präsenz, die der Überzeugung Ausdruck gab, daß Menschen lernen können, effizienter zu sein, wenn die positive Erwartung da ist, daß sie dies können, und wenn zur Unterstützung dieses Lernens gute Strukturen vorgegeben werden, hatte es ermöglicht, den Prozeß einzuleiten.

Fall Drei

Nachdem ich mehrere Jahre für ein Unternehmen gearbeitet hatte, bei dem während dieser Zeit nur wenig Veränderung eingetreten war, stellte ich eines Tages den Hauptgeschäftsführern in einer heiteren Stimmung die Frage, warum sie immer noch um meine Dienste nachsuchten (und dafür bezahlten), wo es doch den Anschein hatte, daß ich nur einen geringen oder gar keinen Beitrag leistete. Die Antwort des Verwaltungsdirektors war: »Aber Sie verstehen nicht! Stellen Sie sich nur vor, um wie vieles schlimmer die Lage wäre, wenn wir Ihre Mitarbeit nicht hätten!«

Als ich dieser Äußerung nachging, hörte ich von anderen Managern auf verschiedenen Ebenen, daß die Atmosphäre, wenn ich erschien, ruhiger war, daß man zwangloser miteinander umging und daß sie nach den Sitzungen weniger erschöpft waren. Es wurde deutlich, daß meine Präsenz sie darüber rückversicherte, wer sie waren und wie sie handelten, was sie bis dahin vielleicht noch nicht für sich selbst tun konnten.

PRÄSENZ BEIM LEHREN

Die Beispiele aus diesem und dem vorausgegangenen Kapitel zeigen, daß der Einfluß der Präsenz manchmal durch bestimmte dramatische Ereignisse herausgestellt wird, sich jedoch ebenso aus allgemeinen oder unbestimmten Verhaltensmustern ableitet. Auf welche Weise Ideen ausgedrückt werden, von welcher Qualität die entfaltete Energie ist und welche Werte einer Person wahrgenommen werden, all dies trägt zur Präsenz bei. Präsenz wird nicht erzeugt, sie ist etwas, das jeder in jedem Augenblick entfaltet, unabhängig davon, ob man sich dessen bewußt ist, worauf andere ansprechen oder nicht. Eine Präsenz ist jedoch höchst wirkungsvoll, wenn sie ein überzeugendes Modell oder eine überzeugende Lerntheorie verkörpert. Während einige Lernmodelle für die Beeinflussung von Verhaltensänderungen bei Erwachsenen zweckmäßiger sind als andere, ist der entscheidende Punkt, daß der Berater ein Modell internalisiert hat, das sich über längere Zeit hinweg als zweckmäßig erwies.

Das Modell der Unterweisung im Chassidismus, von dem die Zaddikim Gebrauch machen, ist in diesem Zusammenhang aufschlußreich. In *The Early Masters* (1975) erörtert Martin Buber das Wesen dieser Unterweisungen und wie sie weitergegeben wurden in der Form legendenhafter Geschichten durch und über die Zaddikim, eine Gruppe religiöser Führer, die im 17. Jahrhundert im osteuropäischen Judentum auftraten. Wie Buber zeigt, vermitteln die einzelnen Episoden dieser Legenden die Bedeutung des Lebens. In dieser Theorie der Erziehung ist einer der Grundpfeiler das Erzählen von Geschichten. Jeder Zaddik fungiert als Leitfigur bei der Suche seiner Nachfolger nach einem besseren Umgang mit ihrem Dasein und ihren alltäglichen Problemen. Die Geschichten zeigen eine große Vielfalt an Inhalten und Metaphern, doch die zentrale Botschaft ist, daß das Leben bewältigt werden kann, wenn der einzelne sein leidenschaftliches Interesse an dem, was geschieht, behält und sich eine begeisterte Freude erhalten kann. Die »Theorie der Erziehung«, mit der der Zaddik arbeitet, vermeidet Bekehrertum oder moralisierendes Predigen. Wie Buber (1975) aufzeigt: »Der Zaddik bestärkt seinen Chassidim in den Stunden des Zweifels, aber er infiltriert ihn nicht mit der Wahrheit.« Ob ein bestimmter Zaddik den einen oder anderen Stil hat — die Vielfalt an Persönlichkeitsstilen unter den Zaddikim wird durch die von Buber in diesem und anderen Büchern skizzierten Persönlichkeitsprofile reichlich belegt — in jedem Fall ist es die Kombination von Stil und einer aktualisierten Lerntheorie, die seiner Präsenz Kraft verleiht. Wenn ein Zaddik sagt: »Ich habe die Thora aus allen Gliedern meines Lehrers gelernt,« so gibt uns das einen Einblick darin, wie die einflußreiche Präsenz des Lehrers aus dieser Integration hervorgeht.

STIL ALS ELEMENT DER PRÄSENZ

Stil bezieht sich auf die einzigartige Weise, in der eine Person so etwas kombiniert wie Stimme, Worte, Gesten, Kleidung oder Aufmachung, emotionale Stimmung und allgemeines Verhalten. Unser Stil ist ein wichtiger Aspekt der Präsenz. Wir brauchen uns nur anzusehen, wie unterschiedlich Menschen in eine Stiuation hineingehen und sich selbst einbringen, um zu erkennen, wie wichtig Stil bei der Gestaltung von Präsenz ist. Aber sich auf das *Auftreten* zu konzentrieren, als wäre es gleichbedeutend mit Präsenz, hieße, nur auf das Kolorit zu achten oder eine Theorie der Beeinflussung auf die Art von Daten zu gründen, die uns über erste Eindrücke informieren. Wenn das Auftreten und die Theorie darüber, wie andere beeinflußt werden, nicht ein starkes, kohärentes Ganzes bilden, wird es der resultierenden Präsenz an Kraft fehlen. Wenn wir uns Jesse Jackson oder Präsident Reagan ansehen oder beobachten, wie sie Sprache verwenden, wie ihr allgemeines Auftreten ist usw., so können wir deutliche Unterschiede in ihren sehr verschiedenen Stilen erkennen. Ihre Stile unterstützen die Darstellung dessen, woran sie glauben, und ihre starke Präsenz wird sichtbar. Jeder von ihnen hat eine Präsenz entwickelt, bei der die Überzeugungen über das Wesen des Menschen und über menschlichen Wandel völlig übereinstimmen mit der Art, in der er sich als Person ausdrückt. Man könnte die Vermutung anstellen, daß Präsident Carter deshalb als Führer weniger erfolgreich war, weil er nicht zu einer Integration seines Stils und seiner Theorie des Wandels gefunden hat und so keine überzeugende Präsenz entwickeln konnte, oder daß die Integration, die er erreichte, den Erwartungen der Menschen zu sehr zuwiderlief, um großen Einfluß haben zu können.

Bei den professionellen Helfern wuchs das Interesse am Einfluß des Stils als einem Aspekt der Präsenz vor etwa 25 Jahren, als die existentiellen Therapien mündig geworden waren und die *human potential movement* aufkam. Das Entstehen der Encountergruppenbewegung und der Organisationsentwicklung als Beruf hat zahlreiche Experimente über Interventionsstile angeregt und zu einer Erweiterung der Konzeptionen über die erfolgreiche Haltung professioneller Helfer geführt. Unklarheiten über die Unterscheidung zwischen Stil und Präsenz haben jedoch zu der verbreiteten Auffassung geführt, Präsenz entstehe aus dem vollen Ausdruck dessen, was / wer man ist. »Der sein, der ich bin«, »alles heraushängen lassen« und »einander alles ehrlich mitteilen« wurde für viele zur Parole. Aus- und Weiterbildungsprogramme und Organisationsinterventionen wandten sich davon ab, die Rolle der Theorie zu betonen, wobei sie insbesondere die Annahmen der eher orthodoxen Denkrichtungen zurückwiesen. Das Pendel schwang zurück von dem, was vielleicht ein übermäßig rationaler, intellektueller Ansatz war, und bewegte sich auf eine Betonung des Austauschs mit Klienten im Hier-und-Jetzt zu. Auch wenn eine Korrektur eindeutig nötig war, scheint doch das Pendel allzuweit zugunsten der Betonung von Ausdrucksfähigkeit und emotionaler Umerziehung als Schlüssel zur Verbesserung der Effektivität in menschlichen Systemen ausgeschlagen zu sein. Die Fähigkeit, »Klienten aufzuweichen«, Charisma zu zeigen oder ein Vorbild für Spontaneität und Individualität zu sein, wurde in nicht geringem Maß zu einer Theorie für individuellen und organisatorischen Wandel. Viele professionelle Helfer schienen vergessen zu haben, wie wichtig die *Bedeutung* ist, wenn der Klient die starken Erfahrungen, die gestaltet wurden, wirklich assimilieren und aus ihnen lernen soll. In diesem Zusammenhang ist interessant, daß die Untersuchung von Yalom und Lieberman (1973) über die Wirkung verschiedener Führungsstile in Encountergruppen gezeigt hat, daß die Gruppenleiter, die ein Vorgehen bevorzugten, bei dem die Klienten eine Lernerfahrung abschließen konnten, indem sie das für sie persönlich Bedeutsame herauszogen, zu signifikant besseren Ergebnissen kamen als charismatische Führer oder solche, die dieses Vorgehen nicht bevorzugten. Zwar wurde der Versuchsplan dieser Untersuchung von einigen in Frage gestellt, doch ist auf jeden Fall zu bemerken, daß seit dieser Veröffentlichung ein Wandel stattgefunden hat in Richtung auf eine bessere Integration von erlebnisorientierten Ansätzen mit solchen, die stärker begrifflich orientiert sind auf ein organisationsbezogenes Lernen hin.

PRÄSENZ IM KONTEXT DES GESTALTANSATZES

Eine Zusammenfassung des bisher Dargestellten ergibt: Präsenz entwickelt sich aus- und ist erlebbar als Integration einer tief erfaßten und gut assimilierten theoretischen Basis und einer Weise, sich darzustellen, die diese Lerntheorie oder Theorie des Wandels verwirklicht. Der Intervenierende wird tatsächlich zu einer lebendigen Verkörperung der Theorie. Die Art dieser Integration und wie sie ausgeführt wird bestimmen Qualität und Kraft der Präsenz.

Vor diesem Hintergrund können wir uns nun einer Analyse dessen zuwenden, was Präsenz im Rahmen eines Gestaltansatzes bedeutet und wie sie sich bei erfolgreichen Praktikern zeigt. Wenn es ein Hauptziel des gestaltorientierten Beraters ist, eine Präsenz bereitzustellen, die im Klientensystem fehlt, so stellt sich die Frage, welche Art von Präsenz zweckmäßig ist und welche theoretischen Annahmen helfen können zu bestimmen, was zweckmäßig ist. Und wenn es die Rolle des Beraters ist, dem Klientensystem beim Erwerb von Fähigkeiten zu helfen, in welcher Weise unterstützt dann seine Präsenz dieses Bemühen?

Die Antworten auf diese Fragen ergeben sich aus der Betrachtung von zwei Forderungen, die an eine erfolgreiche helfende Beziehung zu stellen sind:

1. Die Notwendigkeit für den Berater, interessant genug zu sein, um eine Bindung mit dem Klientensystem eingehen und aufrechterhalten zu können.
2. Die Notwendigkeit zu verstehen, an welcher Stelle im Zyklus des Erlebens das Klientensystem in seiner Funktionsweise ineffektiv ist oder aus einer erhöhten Bewußtheit oder der Entwicklung von Fähigkeiten Nutzen ziehen kann.

Die erste dieser Forderungen schließt ein, daß der Berater sich selbst in einer Weise darstellt, die bei dem Klienten ein Interesse daran entstehen läßt, Bemühungen in Richtung auf ein besseres Verstehen seines eigenen Prozesses zu unternehmen. Dieses Interesse gründet sich auf das Vorhandensein einer überzeugenden oder beeindruckenden Präsenz, auf das Wachrufen von Neugier beim Klienten, die sich auf den Berater ebenso wie auf das Klientensystem selbst richtet. Es ist fraglich, ob ohne eine eindrucksvolle Präsenz zu diesem Zeitpunkt ein tragfähiger Vertrag zwischen Intervenierenden und Klienten entwickelt werden kann. Fehlt diese Präsenz zu diesem Zeitpunkt, so führt dies meist zu nur kurzfristigen oder vorzeitig beendeten Verträgen. Ohne eine minimale Kontaktebene, ohne daß der Klient in einem gewissen Maß von dem Berater »berührt« ist, wird das System wahrscheinlich nichts einsetzen, um zu lernen. Dies ist das Stadium der Bereitschaft zum Lernen. Auch wenn es für den unerfahrenen Praktiker so aussehen mag, daß in diesem Arbeitsstadium Stil das wichtigste Erfolgselement ist, so wird doch die Kraft seiner Präsenz begrenzt sein, wenn der Berater nicht zumindest ansatzweise eine Vision von dem, was zu lernen möglich ist, sichtbar macht. Eine Ausnahme hiervon ist das seltene Phänomen des Intervenierenden mit starker charismatischer Ausstrahlung, der die Aufmerksamkeit des Klienten mit einem Vortrag oder einer »Darstellung« so zu fesseln versteht, daß allein die Anwesenheit dabei eine vollständige Lernerfahrung ermöglicht.

Die zweite Forderung führt uns zu der Frage, *was* der Intervenierende lehren und / oder das Klientensystem lernen sollte. Dies verlangt von dem Berater einerseits Kenntnisse über Bewußtheit, Aktivierung von Energie, Kontakterweiterung usw., andererseits eine allgemeine Blickrichtung auf das Leben im und Lernen vom gegenwärtigen Augenblick und das Lernen attraktiver Werte. Hieraus entsteht eine Kohärenz, eine Integrität, die viel mehr einschließt als das gefällige Entfalten von Anmut und Intelligenz.

Diese Forderung verlangt einen Praktiker, der den Zyklus des Erlebens als Orientierungsprinzip durch eigene Erfahrungen als Klient sowie als Berater internalisiert hat. Man darf nicht nur intellektuell davon überzeugt sein, daß diese Theorie der Bewußtheit ein wirksamer Ansatz ist, man muß den Wert des Bewußtheitsprozesses als fundamentale biologische Orientierung in sein körperliches Sein assimiliert haben. Auf diese Weise wird das Bewußtheitsmodell zu einer Grundlage, der Stil beigegeben wird, um Präsenz zu erzeugen.

Wie diese Integration stattfindet, ist großenteils ein Geheimnis, so wie alle Assimilationsprozesse schwer zu fassen sind. Man erlebt eine starke Präsenz mit einem Gefühl der Anerkennung, wie man sie für ein gelungenes Kunstwerk empfinden würde: In jedem Fall ist es sehr schwer, eine detaillierte Analyse der Komponenten zu geben, die sich zu der Gesamterfahrung summieren. Und doch kann man bei Künstlern bestimmte Darstellungsfähigkeiten oder ein ästhetisches Empfinden erkennen, und es gibt wirkungsvolle Lernerfahrungen, um so etwas zu üben und zu entwickeln. Es gibt keinen Grund, daran zu zweifeln, daß dies auch für Systemberater möglich ist, die eine Form der Kunst ausüben, die von anderer Qualität ist als etwa die von Malern.

Um die Bedeutung von Präsenz in vollem Umfang erfassen zu können, mag ein Blick auf Untersuchungen über Heiler, Weise, Gurus und andere hilfreich sein. Studien über Buddha (unbekannter Autor, 1974) und Konfuzius (Legge, Jahresangabe nicht bekannt) und die Werke von Martin Buber (1947, 1975), Elie Weisel (1973), Sheldon Kopp (1971, 1972) und Joseph Adelson (1961) sind in diesem Zusammenhang aufschlußreich. Wir hören von Schamanen, Gurus, Weisen, Priestern, Magiern, Zaddikim, esoterischen Heilern, Naturforschern und anderen mehr. Konfuzius gilt als Weiser, und »die Anhänger von Konfuzius, die in sein Herz geschaut haben, um den rechten Weg zu finden, werden dann von den Regeln des 'richtigen Verhaltens' gelenkt« (Legge). Buddha, ein Weiser und wie Konfuzius kein Anhänger einer Glaubenslehre, »sagt nicht, warum wir leben, sondern wie wir leben sollen. Er lehrt uns eine Art zu leben, einen Weg, wie wir uns über Leid und Mühen des Lebens erheben können, um die vollkommene Glückseligkeit im Nirwana zu erreichen...« (1974). Der Guru wiederum wird als »fernab aller Regeln oder Tradition« gesehen, als »geistiger Führer« oder als »jemand, der religiöse Unterweisung« gibt. Kopp (1971) zitiert Parazelsus, der gesagt hat, daß »ein Guru nicht die nackte Wahrheit sagen soll,« ein Ausspruch, der auf eine andere Präsenz zielt als die des mehr aufdeckenden Weisen. Wie der Guru arbeitet der Schamane (vielleicht sind sie ein und derselbe) mit komplexen Metaphern und verwendet Kostüme, Requisiten und Rituale, womit er auf ein Wissen hinweist, das gewöhnlichen Menschen verborgen ist. Kopp erinnert uns daran, daß Schamanismus ursprünglich den spontanen Verlust des Selbst bedeutete.

Für den Magier scheinen die Rituale des Schamanen im Vordergrund zu stehen. Der Naturforscher unserer Tage ähnelt einem Weisen, der die Unterstützung von Wissenschaft und Empirie hat (z. B. der Arzt). Der Zaddik scheint, wie bereits angedeutet, irgendwo zwischen dem Weisen und dem Guru seinen Platz zu haben. Er hilft seinen Nachfolgern, den »rechten Weg« zu finden, doch er führt sie anhang von Geschichten, die reich an Metaphern sind.

Eine Untersuchung der verschiedenen Methoden, die diese »weisen Männer« ebenso wie erfolgreiche Vermittler von Wandel in allen möglichen Berufsbereichen vertreten, läßt erkennen, daß sich mehrere Faktoren als Quelle ihrer Kraft feststellen lassen:

- »*Stimmigkeit*« Ein nahezu allumfassendes Gefühl, in der Rolle eines Künstlers (im besten Sinn des Wortes) zu Hause zu sein, mit einem Verständnis für die Fähigkeiten der zeitlichen Abstimmung, der Modulation, der Projektion usw.
- *Explizites gegenüber mysteriösem Verhalten.* Die Fähigkeit, eine ausge-

prägte Haltung auf dem Kontinuum einzunehmen, das an dem einen Ende Vernunft, das Erkennbare, das Empirische enthält — das, was explizit gemacht werden kann — gegenüber dem Mysteriösen, dem Intuitiven oder »Imaginativen« am anderen Ende.

• *Narzißtische gegenüber kollektiver Identität.* Die Fähigkeit, eine ausgeprägte Haltung auf dem Kontinuum einzunehmen, dessen eines Ende eine narzißtische Orientierung betont, die die Aufmerksamkeit auf den »Weisen« und seine *persönlichen Talente* lenkt, gegenüber einer Orientierung, bei der sich die Aufmerksamkeit auf den »Weisen« als *Repräsentanten oder Mitglied* einer einflußreichen Schulrichtung oder Gruppe richtet.

• *Klinischer gegenüber kontaktstarkem Modus.* Die Fähigkeit, eine ausgeprägte Haltung auf dem Kontinuum einzunehmen, an dessen einem Ende ein emotional neutraler, »klinischer« Modus mit der Betonung der Distanz steht, so daß eine korrekte Diagnose und Lösung des Problems möglich wird, gegenüber der Betonung des Wertes, bei dem Lernenden zu sein, und der Erregung, die es bedeutet, eine »Reise zusammen zu machen«.

Auch wenn noch weitere Faktoren eine Rolle spielen mögen, gehören diese doch zu den Kernfragen, die man untersuchen muß, wenn man verstehen will, was Präsenz bedeutet. Diese Faktoren sind es, die unsere Lernziele und die Individualität unseres Ausdrucks miteinander verbinden.

STIMMIGKEIT

Vielleicht ist das Gefühl, ein fähiger Künstler zu sein, eine Vorbedingung für die anderen Faktoren. Jene, die in den Augen der anderen Präsenz haben, scheinen das zu tun und zu sein, wozu sie bestimmt sind. In ihrer Art zeigt sich weder Rechtfertigung noch Befangenheit, und sie machen auch keinen Gebrauch von den Übertreibungen eines Scharlatans oder Rollenspielers. Ob sie zurückhaltend und introvertiert sind oder sich extravertiert geben, in jedem Fall drückt ihre Präsenz ein *Recht* aus, dort zu sein, wo sie sind. (Es ist gut möglich, daß dies der wichtigste Faktor in der Präsenz des Zaddik ist; nach Buber (1975) bedeutet der Begriff »der Geprüfte« oder »einer, der die Probe bestanden hat«, was das verdiente Recht zu dieser Präsenz impliziert.) Zweifellos war der größte einzelne Faktor, der bei Iacoccas Erfolg bei Chrysler eine Rolle spielte, daß man von Anfang an in ihm die geeignetste Person für diese Arbeit sah. Bei den bekannten Organisationsberatern zeigt die Präsenz von Richard Beckhard ein großes Maß von dieser »Stimmigkeit«. Auf dem Feld sozialen Wandels werden Martin Luther King und Saul Alinsky zu denen gezählt, die »die Probe bestanden haben«. Herausragende Psychotherapeuten aller Schulrichtungen drücken dies in ihrer Präsenz aus.

»Stimmigkeit« gehört zu den schwierigsten Dingen, die es für einen unerfahrenen Berater zu lernen gibt. Sie schließt die Fähigkeit ein, über die Angst vor dem, was geschieht und wie damit umzugehen ist, hinauszugehen, und führt, wenn man sie erreicht hat, zu überzeugendem, interessantem Verhalten, nicht aber zur Perfektion. Hat man sie einmal erreicht, ergeben sich eine gute Zeiteinteilung und das Abstimmen der Interventionen an die jeweiligen Gegebenheiten aus einem intuitiven Gespür für das Angemessene, und nicht aus einem Suchen über Versuch und Irrtum. »Fehler« kommen vor, doch werden sie als unvermeidlicher Bestandteil eines umfassenden Prozesses erlebt, nicht aber als unerfahrenes Umhertasten mit Identität und Selbstdarstellung.

EXPLIZITES GEGENÜBER MYSTERIÖSEM VERHALTEN

Der zweite Faktor, die Bevorzugung des Expliziten gegenüber dem Mysteriösen, unterscheidet die Art der Intervention des Weisen / Naturforschers von der des Gurus / mystischen Heilers. Die Vorgehensweise des Weisen / Naturforschers gründet sich auf den klugen, wohlüberlegten Gebrauch von Wissen, von Gesetzen und dem, was sich kodifizieren läßt. Dieser Ansatz betont die Analyse, die Diagnose und die Verwendung normativer, verordnender Lösungen. Das Herstellen von Zusammenhängen und die Interpretation von Phänomenen sind häufige Verhaltensweisen bei Intervenierenden dieser Art und werden als die Fähigkeiten betrachtet, die sich der Klient aneignen soll. Kurz gesagt, die Präsenz des Weisen / Naturforschers enthält als obersten Wert den besten Ausdruck empirischen Wissens. In diesem Sinn sind es die Lehren der Vergangenheit, die »überkommenen Weisheiten«, die die Aura um den Weisen / Naturforscher ausmachen.

Der Guru / mystische Heiler hingegen konzentriert sich mehr auf das, was weniger offensichtlich und weniger leicht zu sehen oder zu fühlen ist. Der Modus ist poetischer, reich an Metaphern und Symbolen aller Art. Die Unterweisung geschieht eher durch den Gebrauch von Dilemma, Paradoxon und Rätsel als mittels der linear-assoziativen Methode des Weisen / Naturforschers. Dem Guru / mystischen Heiler entspricht die Arbeit mit Träumen und Phantasien, und die Klienten werden zu großem Respekt gegenüber ihren eigenen Phantasien angehalten. Wenn der Weise / Naturforscher die Vergangenheit verwendet, um Wahrscheinlichkeitsvoraussagen für die Zukunft zu machen, so macht der Guru / mystische Heiler Gebrauch von der Prophezeiung, die wenig direkten Bezug zu beobachtbaren, externen Ereignissen hat, sondern auf die Überantwortung an eine innere Vision zurückgeht. Der Guru / mystische Heiler nimmt gegenüber dem Dasein einen kosmologischen Standpunkt ein und versucht, Grenzen zu erweitern und zu überwinden; der Weise / Naturforscher ist mehr daran interessiert, das zu untersuchen und zu lehren, was vom Menschen beeinflußt werden kann.

Die oben dargestellten Perspektiven sind leicht in der Präsenz bekannter Praktiker der Organisationsentwicklung zu erkennen. Edgar Schein, Chris Argyris und Harry Levinson sind Beispiele für Personen, die eine höchst wirkungsvolle Präsenz entwickelt haben, die großenteils einer Haltung entstammt, die nahe an dem Ende des Kontinuums angesiedelt ist, das der Weise / Naturforscher einnimmt. Im 6. Kapitel wird dargestellt, auf welche Weise diese Berater bei der Einschätzung von Organisationen arbeiten. Auch wenn der Guru / mystische Heiler unter Organisationsberatern weniger oft anzutreffen ist, sehen wir ihn doch bei denen, die von östlicher Philosophie, Sufismus und so weiter beeinflußt worden sind. Carl Whitaker, ein bekannter Familientherapeut, ist überzeugend in seiner Art des imaginativen oder mysteriösen Umgangs mit Klienten. Paul Goodman ist ein ausgezeichnetes Beispiel für jemanden, der in seiner Präsenz eine praktikable Kombination beider Haltungen internalisiert hat. Sein umfangreiches Wissen in verschiedenen Bereichen benutzt er, um seine Klugheit zu zeigen, und ebenso verwendet er poetische Formen in eindrucksvoller Weise. Will Schutz und Elaine Kepner beziehen Kraft aus ihrer Fähigkeit, beide Seiten des Kontinuums zu zeigen.

NARZISSTISCHE GEGENÜBER KOLLEKTIVER IDENTITÄT

Der dritte Faktor, das Bevorzugen einer narzißtischen gegenüber einer kollektiven Identität, hat damit zu tun, ob sich die gezeigte Präsenz auf persönliche, einzigartige Eigenschaften als Kraftquelle konzentriert oder ob in der Personifizierung eines Faches oder eines Wissensstoffes, die gleichzeitig von vielen anderen vertreten werden, die Quelle des Einflusses gesehen wird. Wie Adelson (1961) ausführt, gibt es viele verschiedene Kollektivitäten und damit eine Vielzahl von Haltungen, die eingenommen werden können. Die Identifikation mit der Psychoanalyse und eine Haltung, die sich auf ein Bild davon stützt, wie sich der ideale Psychoanalytiker verhalten sollte, wird zu einer Präsenz führen, die sich von der unterscheidet, die sich auf eine Identifikation mit der Verhaltensmodifikation Skinners oder mit der Kulturanthropologie gründet. Daher wird man vielleicht die Werte, die sich aus der Zugehörigkeit zu einer Gruppe oder Schule ergeben, ablehnen, unterdrücken oder übergehen zugunsten der Werte, die in einem selbst Platz haben. Die narzißtische Präsenz lenkt die Aufmerksamkeit auf den Berater, und wir lernen, indem wir diesen in seinem Tun beobachten, während er sich auf faszinierende und anziehende Weise mit Ideen und Menschen befaßt.

Heftiger Stolz und Unabhängigkeit sind Qualitäten, die sich in der narzißtischen Präsenz ausdrücken, und Lernende reagieren oft auf diese oberflächlichen Erscheinungen oder identifizieren sich mit ihnen eher als mit den dahinter liegenden Kämpfen und der Originalität und Selbständigkeit, die es braucht, um solche Autonomie zu erreichen. Die Reaktion vieler Menschen auf Fritz Perls ist ein Beispiel dafür, wie der naive Schüler diesen Unterschied verfehlen kann. Viele reagierten auf Perls' darstellende Eigenschaften, auf den Aspekt von »Ich tue meine Sache, und du tust die deine«, anstatt auf den Kern seiner Haltung. Wenn man versuchte, dadurch zu lernen, daß man mit Fritz Perls *zusammen war,* anstatt zu versuchen, ihn zu *imitieren,* so konnte man — vielleicht besser als von jedem anderen — lernen, daß es *wenn man bereit ist, den Preis an Schmerz, Einsamkeit und ähnlichem zu bezahlen, dann möglich ist zu lernen, als Person man selbst zu sein und ganz hinter dem zu stehen, woran man glaubt, sowohl im beruflichen wie im persönlichen Leben.* Von der narzißtischen Präsenz zu lernen, wird also erst dann zum Problem, wenn man versucht, eine vollkommene Kopie zu werden, und alle Lernfortschritte an dem kopierten Meister mißt. Wird bei diesem Berater jedoch nur die sehr attraktive, lebendig dargestellte Lebensweise gesehen, so kann er für den Lernenden zu einer echten Quelle der Inspiration werden.

Im Gegensatz dazu betont eine Orientierung in Richtung auf kollektive

Identität den Wert, das zu sein, wofür man steht, und stellt eine Disziplin oder Konvention in den Vordergrund. Adelson (1861) ordnet hier die Präsenz des »Priesters« an. Dieser Ansatz neigt zur Unterstützung eines eher unpersönlichen Auftretens mit sehr viel weniger Selbstenthüllung, als bei der mehr narzißtisch orientierten Präsenz zu finden ist. Wie bei dem Weisen / Naturforscher, mit dem diese Blickrichtung eng verbunden ist, ist die Präsenz dieses Beraters eine Verkörperung der Wichtigkeit von Konzepten, Inhalten und wahrscheinlich einer erprobten und für wahr befundenen Doktrin. Der Vorteil dieser Präsenz ist, daß der Lernende eine geschlossene Theorie in Handeln umgesetzt sieht und nicht den Widersprüchen und der Verworrenheit ausgesetzt ist, die ohne die Unterstützung durch ein allgemein anerkanntes Wissensgerüst auftreten können. Das Problem der Präsenz dieses Intervenierenden liegt darin, daß er dazu neigt, dem Klienten die Botschaft zu vermitteln, daß Flexibilität oder Nonkonformismus bei der Anwendung einer bestimmten Disziplin ein Lernen ernsthaft beeinträchtigen wird. Somit ist die Botschaft des kollektiv orientierten Beraters das Ausüben eines etablierten »Handwerks«, während die Präsenz des narzißtischen Beraters nahelegt, daß eine starke persönliche Wirkung wichtiger ist, als ein bestimmtes Abzeichen oder eine Mitgliedskarte zu besitzen.

KLINISCHER GEGENÜBER KONTAKTVOLLEM MODUS

Der vierte Faktor, das Bevorzugen eines objektiven, »klinischen« Vorgehens gegenüber dem Modus, emotional beteiligt zu sein und den Klienten bei seiner Exploration zu begleiten, hilft dabei, den Unterschied zwischen vielen gestaltorientierten Beratern und jenen, die nach dem Modell des Ankaufs-von-Expertenwissen arbeiten, faßbar zu machen. An einem Ende des Kontinuums liegt der Schwerpunkt auf der Distanz. Der Berater ist nicht sehr persönlich beteiligt, sondern bezieht Kraft aus einer objektiven Wißbegier und einem nüchternen Auftreten, die eine unerschütterliche Integrität versprechen, wenn sie gut eingesetzt werden. Am anderen Ende steht ein starkes Engagement mit mehr Ausdruck von Gefühlen und persönlichem Erleben. Es kann leicht zu einer weitgehenden Indentifikation mit dem Klientensystem oder mit bestimmten Mitgliedern des Systems kommen (dies kann zu einem Problem werden, wenn sich eine starke Bindung entwickelt). Der klinische Modus hat in dieser Hinsicht einen

Vorteil, da er verhindert, daß es zu dysfunktionaler Konfluenz in der Beziehung zwischen Berater und Klient kommt. Außerdem erlaubt er dem Berater, schwierige Dinge auszusprechen, wobei er zur Unterstützung »harte« Daten verwendet und durch emotionale Beziehungen nicht behindert wird.

Da Organisationen gewöhnlich aufgabenorientiert sind und Berater dazu einsetzen, bestimmte Symptome zu mindern, besteht oft ein starker Sog hin zum klinischen Modus. Als Reaktion darauf haben viele Praktiker eine Präsenz entwickelt, die zu verstehen gibt, daß die Dinge in einem angemessenen Zeitraum wieder in Ordnung gebracht werden können. Der klinische Modus bedeutet, daß sich, wenn die richtigen Fakten gegeben sind, Diagnose und »Heilmittel« ohne weiteres zeigen werden. Die kontaktvolle Präsenz tendiert dahin, weniger auf ein begrenztes Ziel ausgerichtet zu sein und Versprechungen weniger in Form bestimmter Ergebnisse zu machen. Sie stützt sich vielmehr auf das Entwickeln tiefen Vertrauens in das offenbar große Engagement des Beraters, den Klienten bei dem zu begleiten, was vielleicht ein harter Kampf werden wird. Carl Rogers zeigt diese Fähigkeit in meisterhafter Form.

SCHLUSSFOLGERUNG

Wenn wir uns die oben dargestellten Faktoren noch einmal vor Augen führen, ist es wichtig zu erkennen, daß jeder Position fundamentale, nachdrücklich vertretene Annahmen darüber zugrunde liegen, was am besten geeignet ist, Lernvorgänge im Klientensystem auszulösen. Sei es, daß er eine kollektive oder eine narzißtische Identität zeigt, explizit oder mysteriös ist, sich »klinisch« oder kontaktvoll gibt, in jedem Fall steht die Präsenz des Beraters für pädagogische Werte und Prinzipien. Bei der Darstellung der verschiedenen Modi wurden alle Haltungen unterstützt und es wurde vermieden, eine Form von Präsenz den anderen vorzuziehen. Wir haben hier eine Auffassung von Präsenz vertreten, wonach diese eine Theorie des Lernens und der Einflußnahme auf eine Weise mit individuellem Ausdruck integriert, daß der Intervenierende entscheidende Werte und Arten, in der Welt zu sein, verwirklichen kann. Wenn es eine wichtige Aufgabe des Intervenierenden ist, eine Präsenz zur Verfügung zu stellen, die sonst in dem System fehlt, so folgt, daß ein effektiver Berater in der

Lage sein sollte, sich von einer Präsenz zur anderen zu bewegen. Dies ist ein Ideal, dem sich die meisten Praktiker im besten Fall nur annähern können. Während man lernen kann, in bestimmten Augenblicken explizit und in anderen mysteriös zu sein, kommt die Kraft der Präsenz aus der Kohärenz und tiefen Verinnerlichung grundlegender Werte und Visionen, etwas, das nur über viele Jahre eigener Entwicklung erreicht werden kann. Bloßes Rollenspiel wäre verhängnisvoll und würde Zweck und Wirkung des Lernens am Modell zunichte machen. Drei Folgerungen weisen einen Weg aus diesem Dilemma:

1. Das Gefühl, in der Rolle des Intervenierenden »richtig« und zu Hause zu sein, vermittelt schon an sich große Kraft, unabhängig von stilistischen Spielarten oder Unterschieden in der Theorie darüber, wie gelehrt werden sollte.

2. Da viele Organisationen auf der Ebene der Bewußtheit größere Schwierigkeiten als an anderen Punkten des Zyklus des Erlebens haben, wird jede Präsenz, die vorführt, welche Bedeutung es hat, sich des Prozeßgeschehens bewußt zu sein, wichtigen Einfluß haben.

3. Kein einzelner Berater kann einem System alles geben, was es braucht. Vielleicht bedarf es für optimales Organisationslernen zahlreicher Präsenzen, die verschiedene Lerntheorien vorführen. Dies könnte ein Argument für die Forderung nach vielfältigen Präsenzen bei jeder Systemintervention sein.

5. Kapitel

Die von einem kompetenten Berater erwünschten Fähigkeiten

Leben kann durch die Art, in der Informationen vermittelt werden, stark beeinflußt oder sogar zerstört werden. Es ist eine Tatsache, daß Patienten in unterschiedlichem Maß über die Fähigkeit verfügen, mit der Wahrheit zu leben, und manchmal kann die Wahrheit eine Behandlung erschweren und beeinträchtigen. Wahrheit, zum falschen Zeitpunkt oder unzulänglich vermittelt, kann zwei entscheidende Bestandteile der Behandlung zunichte machen — Hoffnung und den Willen zum Leben. Da in dieser Welt nach Watergate jeder das Stigma, ein Lügner zu sein, vermeiden möchte, sehe ich mich gezwungen zu sagen, daß es hier nicht um die Frage geht, *ob* man die Wahrheit mitteilen soll, sondern *wie* man sie mitteilen soll. Dr. Oliver Wendell Holmes hat es für seine Medizinstudenten in die Worte gefaßt, daß erfolgreiche medizinische Praxis nicht die Lüge verlangt, sondern die Fähigkeit des Arztes, »die scharfen Kanten der Wahrheit abzurunden«. Wahrheit kann so mitgeteilt werden, daß sie einen Patienten innerlich stärkt oder zerstört. Sie kann eine Herausforderung bedeuten oder einen Vernichtungsschlag einleiten.
Norman Cousins: *The Healing Heart. (1983)*

Eine der Eigenschaften, die erfahrene Professionelle von Berufsanfängern oder nicht professionell Tätigen unterscheidet, ist die Tiefe und Weite ihrer Bewußtheit im Bereich ihres Spezialgebiets. Die Reihe der Stimuli, auf die reagiert wird und die die Bildung von Figuren von Interesse zur Folge haben, ist bei dem erfahrenen Professionellen von bedeutend größerem Umfang. Tatsächlich zielt die Ausbildung der professionell Tätigen im wesentlichen darauf hin, diese Bewußtheit zu erweitern. Ein wichtiges Merkmal der Ausbildung von Professionellen aller Bereiche ist, daß der Studierende etwas über Bewußtheit lernt und sie erweitert.

Ein Aspekt dieser Bewußtheit ist, daß erfahrene Personen wissen, welche Fragen sie sich bei der Ausübung ihrer Arbeit stellen müssen. Diese Fragen beziehen sich auf das, was auf jeder Stufe des Prozesses erforderlich ist.

- Werden Daten zu diagnostischen Zwecken oder zur Identifikation von Problemen benötigt?
- Verfüge ich über eine ausreichende Bewußtheit darüber, was in dem Klienten und in mir selbst vorgeht?
- Wie steht es bei mir um die Bereitschaft zu einer bestimmten Intervention?
- Ist im Klientensystem genügend Energie für die Arbeit vorhanden, die nötig ist, damit Wachstum geschehen kann?
- Welcher Art ist meine Beziehung zu dem Klienten? Fördert sie eine Entwicklung des Klienten?
- Was kann ich im Augenblick am besten tun, um hilfreich zu sein?

Je tiefer und weiter die Bewußtheit des Praktikers ist, um so geschickter und vielfältiger sind die Fragen, die er sich stellt. Ob dieser Prozeß des Fragens nun explizit ist oder intuitiv und unartikuliert, alle erfahrenen Praktiker machen von ihm während ihrer Arbeit Gebrauch. In *The Reflective Practitioner* untersucht Donald Schon (1983), wie sich dieser Prozeß bei Fällen entwickelt, die er fünf verschiedenen Berufsrichtungen entnommen hat. Er nennt den Prozeß »Reflexion in der Aktion«, und es geht darum, wie Praktiker denken, während sie handeln. Zwar erweitert diese Arbeit unser Verständnis der Berufspraxis, doch erläutert Schon nicht, welche Bewußtheitsinhalte der Praktiker vor dem Handeln hat, sondern befaßt sich hauptsächlich mit der Natur des Denkprozesses hinter der Fragestellung.

Ein Gestaltansatz zielt mehr auf die Bewußtheit, die der Selbstbefragung vorausgeht, und auf das spezifische Verhaltensrepertoire, mit dem als Reaktion auf die Antworten zu den Fragen gearbeitet wird. Der Schwerpunkt liegt eher bei den Fähigkeiten der Bewußtheit und des Handelns als auf den Fragen, obwohl man den Gestaltprozeß der Bewußtheit als Form der Selbstbefragung betrachten könnte. Wenn er die Fähigkeiten des Beobachtens anwendet, unternimmt der Berater den fortlaufenden Versuch, Daten aufzunehmen, die bei der Beantwortung von Fragen der oben erwähnten Art helfen können. Alle Ansätze der praktischen Arbeit lassen erkennen, daß man ohne Selbstbefragung nicht effektiv wirksam sein kann. Das besondere Merkmal gestaltorientierter Ausbildung ist, daß sie den Akzent auf das Entwickeln erhöhter Bewußtheit legt, was dabei hilft, die Art der Befragung deutlich zu machen oder zu lenken. Da der Gebrauch des Selbst (Präsenz) für die Gestaltpraxis zentral ist, liegt der Schwerpunkt bei den Fähigkeiten des Mitteilens, der Unterstützung der Aktivierung von Energie (Zusammentreffen) und der Förderung von Kontakt. Auf den folgenden Seiten dieses Kapitels wird eine große Zahl spezieller Fähigkeiten aufgezählt und diskutiert, die einen kompetenten Berater auszeichnen.

Die Fähigkeiten, die für eine erfolgreiche Anwendung des Gestaltansatzes notwendig sind, ergeben sich aus dem Gebrauch des Zyklus des Erlebens als Orientierung für den Klienten und für uns selbst. Während sich die in Frage kommenden Phänomene oft schwer durch bestimmte Begriffe operationalisieren lassen, ist es wichtig zu versuchen, konkrete, spezifische Verhaltensweisen zu identifizieren, die die Basis für die Effektivität von Klient und Berater bilden. Indem er persönlich ein Modell für dieses Verhalten gibt, erhöht der Berater den Lernerfolg des Klientensystems. Ausgehend von der Arbeit von Fritz Perls, hat die klassische Gestaltmethodologie die Arbeit auf den mikroskopischen Verhaltensebenen von Bewußtheit und Kontakt in den Vordergrund gestellt. Tatsächlich gilt schon lange als ein Kriterium für eine erfolgreiche Entwicklung des Klienten im Umgang mit schwierigen Problemen das Fortschreiten von ursprünglichen Phasen der Unklarheit, Verwirrung, Verallgemeinerung und ähnlichem zu spezifischen Handlungen oder Aussagen. In den meisten grundlegenden Darstellungen wird dieser Punkt diskutiert, so bei Polster und Polster (1973) sowie bei Kepner und Brien (1970), die im Zusammenhang mit dieser Vorgehensweise von einer »Phänomenologie des Verhaltens« sprechen. Diese Autoren betrachten phänomenologische Ereignisse als tatsächliches Verhalten.

Diese Perspektive impliziert nicht, daß jedes interessante oder eindrucksvolle Verhalten potentiell nützlich ist, wie es unerfahrene Praktiker glauben lassen könnten, die zu der Annahme neigen, daß ein kongruenter persönlicher Stil das Ziel ist und daß derjenige erfolgreich ist, der »authentisch« oder »er selbst« ist. Die Perspektive versucht vielmehr, sich an den Tätigkeiten auszurichten, die den Lernprozeß des Systems fördern, den der Zyklus des Erlebens impliziert. Von diesem Standpunkt aus wird die Frage eher eine der taktischen Entscheidung: Welches Verhalten ist zu einem bestimmten Zeitpunkt zweckmäßig? Die hier aufgeführten Fähigkeiten stellen ein Repertoire möglicher oder verfügbarer Verhaltensweisen dar, aus dem der Intervenierende etwas herausgreifen kann. Diese Verhaltensweisen sind es, die es dem Klientensystem ermöglichen, daß sich neue Bewußtheit auf eine Weise entwickelt, daß sie aufgenommen und »verdaut« werden kann.

Im 3. Kapitel wurden fünf grundlegende Aktivitäten eines gestaltorientierten Beraters skizziert.

1. Darauf achten, was Sie sehen, hören, fühlen usw., es beobachten und Ihre Beobachtungen selektiv mitteilen und auf diese Weise Ihre Präsenz etablieren.

2. Auf das eigene Erleben achtgeben (Gefühle, Empfindungen, Gedanken), es selektiv mitteilen und so eine Präsenz etablieren.

3. Die Aufmerksamkeit auf die Energie im Klientensystem und auf das Aufkommen und Fehlen von Themen oder Fragestellungen (gemeinsame Figuren) richten, für die Energie da ist; auf eine Weise handeln, die die Aktivierung von Energie beim Klienten unterstützt (sich verbinden), so daß etwas geschieht.

4. Klare, bedeutsame, intensivierte Kontakte zwischen Mitgliedern des Klientensystems fördern (ihren Kontakt mit Ihnen selbst eingeschlossen).

5. Der Gruppe dabei helfen, ihre Bewußtheit von dem Gesamtprozeß zu erweitern, um Arbeitseinheiten abschließen zu können, und zu lernen, Arbeitseinheiten so abzuschließen, daß für problematische Bereiche unerledigter Geschäfte Geschlossenheit erreicht wird.

Die im folgenden aufgeführten Fähigkeiten des Verhaltens beziehen sich auf diese grundlegenden Aufgaben und dienen dazu, Beobachtung, Mitteilung, Aktivierung von Energie, Verstärkung von Kontakt und so weiter zu verwirklichen. *) Sie wurden nach den Hauptaufgaben, für die sie in erster Linie stehen, zusammengestellt, obwohl viele der Kategorien für mehr als eine Aktivität zu verwenden sind. Es ist wichtig, bei der Durchsicht dieser Liste nicht aus den Augen zu verlieren, daß sich diese

---

*) s.S. 115

Fähigkeiten sowohl auf das Verhalten des Beraters als auch auf die Fähigkeiten beziehen, die für eine verbesserte Funktionsweise des Klienten entscheidend sind. Der Berater macht von ihnen Gebrauch, um eine Entwicklung des Klienten bezüglich der vorliegenden Probleme zu erreichen, und ist für das System ein Lehrer dieser Fähigkeiten.

ERFORDERLICHE VERHALTENSKOMPETENZEN*

Fähigkeiten, die sich auf Beobachtung, Wahrnehmung, Aufnahme der Rohdaten des Erlebens beziehen

Zu dieser Kategorie gehören die Handlungen und Einstellungen, die die Bewußtheit vergrößern. Es sind diese Verhaltensweisen, durch die man erfährt, was in anderen und in einem selbst vorgeht. Aus diesem Grund können wir sie uns als die Fähigkeit vorstellen, Bausteine richtig zusammenzustellen, also jene Handlungen, aus denen alles andere folgt. Da dies eine Phase des »Aufnehmens« ist, sind viele der angeführten Verhaltensweisen dazu bestimmt, die Offenheit und Sensibilität des Beraters zu erhöhen, im Gegensatz zu eher aktiven, auf Motorik bezogenen Fähigkeiten. Einige der folgenden Fähigkeiten ergeben sich aus Werten und Einstellungen und zeigen sich in sehr subtiler Weise. Es sind erlernte Verhaltensweisen, die zum größten Teil mit der Überzeugung zu tun haben, daß Geduld und minimale Reaktionen oft sehr nützlich sind.

A. Die Fähigkeit, in der Gegenwart zu bleiben und die Aufmerksamkeit auf den gerade ablaufenden Prozeß zu richten, mit Vertrauen in natürliche Entwicklungsabläufe

1. In der Lage sein, im Umgang mit Klienten geduldig und aufnahmefähig zu sein, besonders in den Anfangsstadien einer in Angriff genommenen Arbeit.

---

*) Eine kürzere Liste wurde erstmals vor etwa zehn Jahren von C. Wesley Jackson, einem langjährigen Fakultätsmitglied am Gestalt Institut von Cleveland, als Versuch erarbeitet, Verhaltensziele für die Ausbildung professioneller Helfer festzulegen. Ich bin ihm für die Anregungen durch seine Arbeit sehr zu Dank verpflichtet.

2. In der Lage sein, Verwirrung und Mehrdeutigkeit zu tolerieren, ohne sich gedrängt zu fühlen, etwas zu organisieren.

3. Ein geringes Bedürfnis danach haben, massive Dinge geschehen zu lassen oder einen Vorgang zu forcieren.

4. Die Verantwortung übernehmen und Respekt zeigen für eigene Gefühle von Frustration, Langeweile, unerfüllten Erwartungen.

5. In der Lage sein, auf die Kräfte und potentielle Bereitschaft der Personen zu vertrauen, die anscheinend nicht zu erreichen sind (z. B. diejenigen, die am wenigsten aktiv oder positiv auf Ihre Interventionen reagieren).

6. Sich deflektiven Verhaltens bei sich selbst und bei anderen bewußt sein (ablenkendes Verhalten, Themenwechsel, »Kriegsgeschichten« erzählen usw.).

7. Anerkennen, daß es nicht einfach ist, mit einer unerledigten Situation, einem schon lange bestehenden Problem oder Konflikt umzugehen; Toleranz für den Prozeß des Durcharbeitens in Systemen jeder Art und Größe.

8. Vermeiden von »Tricks«, um Dinge zu beschleunigen.

9. In der Lage sein, den Unterschied zwischen den verschiedenen Stadien des Zyklus des Erlebens zu erkennen und die Aufmerksamkeit des Klienten für eine gegebene Ebene zu unterstützen, ohne zum nächsten Stadium zu drängen.

10. Auf den jedem lebendigen System inhärenten Wunsch vertrauen, gut zu funktionieren und gesund zu sein; erkennen, daß destruktive Systeme für die Lage ihrer Dinge verantwortlich sind.

11. Ihre Aufgabe als die der Erziehung, nicht der Errettung verstehen; in der Lage sein, aus einer Haltung »kreativer Indifferenz« heraus zu arbeiten.

B. Erhebliche Sensibilität für sensorische und physische Funktionen bei sich selbst und bei anderen

1. In der Lage sein, für das Erleben offen zu bleiben: Mühelos und ohne sich anzuspannen oder zu denken sehen, hören, fühlen, schmecken können usw.

2. Gute sensorische Unterscheidungsfähigkeit haben; eine Reihe von Reizen aufnehmen und verwenden können und Schwankungen in der Intensität des Erlebens erkennen können.

3. Sich seiner eigenen sensorischen blinden Flecke oder unterentwickelten Fähigkeiten bewußt sein (z. B., können Sie besser sehen als hören?).

4. In der Lage sein zu spüren und zu verfolgen, wie andere ihre Sinne benutzen; erkennen können, wann jemand desensibilisiert zu sein scheint oder sensorischen Input verleugnet.

5. Körperfunktionen akzeptieren; sich mit seinem eigenen Körper wohl fühlen.

6. Sich einer Reihe von Gesten, Haltungen, Bewegungen bei sich selbst und bei anderen bewußt sein und sensibel darauf reagieren.

7. In der Lage sein, Stimmqualität und Wortinhalt voneinander zu trennen und eine Reihe von Qualitäten zu erkennen (z. B. Tonfall, Tonhöhe, Gefühl).

8. Sich der Indikatoren für Spannung bewußt sein; gewahr werden, wenn einer oder mehrere der Anwesenden ihre Muskulatur anspannen oder in anderer Weise »zurückhalten«.

9. Verständnis haben von der Beschaffenheit guter Atmung und Körperzentrierung; sich der Bedeutung der Atmung für die Unterstützung von sich selbst und von anderen bewußt sein.

10. Auf der Ebene von Gruppensystemen in der Lage sein, Interaktionsmustern des Sprechens, Zuhörens, Berührens usw. nachzugehen.

11. In der Lage sein zu hören, zu sehen, intuitiv zu erfassen, was Menschen in einem bestimmten Augenblick von Ihnen wünschen oder erwarten.

C. Häufiges Einstellen auf Ihre emotionalen Reaktionen und die der anderen

1. Guten Kontakt zu den Gefühlen haben; verschiedene Gefühle bei sich selbst und bei anderen erfahren können.

2. Zu einem großen Bereich des verfügbaren Empfindens Zugang haben; in bezug auf Qualität und Intensität unterscheiden können.

3. Sich der eigenen emotionalen blinden Flecke, unterentwickelten Gefühle oder Bereiche der Ablehnung bewußt sein.

4. In der Lage sein, den Unterschied zu erkennen zwischen Konfrontation durch den direkten Ausdruck starker Gefühle und den Gebrauch von Sticheleien, Sarkasmen, Spott usw. als Vermeidung von echten Gefühlen.

5. Fähig sein, komplexe emotionale Muster in kleinen Systemen oder Gruppen zu erfassen; die interaktionellen Aspekte von Stimmungen, emotionalen Zuständen usw. wahrnehmen können.

6. Die Beziehung zwischen Depression oder blockierter Aggression erkennen.

Fähigkeiten, die sich auf das Mitteilen
des Erlebens durch den Berater beziehen

In diese Kategorie fallen die Verhaltensweisen, durch die das Erleben artikuliert und anderen mitgeteilt wird. Es sind die Handlungen, die aus der Bewußtheit folgen und die sich auf die Rohdaten der Beobachtung von uns selbst und anderen stützen. Außerdem werden diese Handlungen zu zusätzlichen Quellen der Bewußtheit für Klient und Berater. Wenn sie gut vorgebracht werden — prägnant, klar und zeitlich gut abgestimmt — wird die Bewußtheit des Klienten stimuliert. Der Berater bekommt zu hören und zu fühlen, wie es ist, sein inneres Erleben mitzuteilen, das zu sagen, was vielleicht nur zum Teil formuliert war, bevor die Handlung gewagt wurde. Es sind die Verhaltensweisen der Entwicklung von einer rezeptiven Haltung zu größerer Beschäftigung mit dem Klientensystem, die jedoch nicht die volle Kraft haben, die ein intensiver Kontakt verlangt.

D. Die Fähigkeit, Daten und Interpretation voneinander zu trennen und Wert auf urteilsfreie Beobachtungen zu legen

1. In der Lage sein, bei der Beobachtung sowie bei der Artikulation des Beobachteten so dicht wie möglich bei den »rohen«, unmittelbar gegebenen Daten zu bleiben.

2. Die Fähigkeit haben, Ereignisse in urteilsfreier Weise zu kommentieren.

3. In der Lage sein, zwischen »deskriptiven« und »wertenden« Beobachtungen bei sich selbst und bei anderen zu unterscheiden.

4. Die Fähigkeit haben, eingenommene Standpunkte vorsichtig auszudrücken, im Gegensatz zu dogmatischen Gewißheiten.

5. Einsicht in die Annahmen oder Voreingenommenheiten haben, aus denen heraus Sie handeln.

6. In der Lage sein, interessante Feststellungen zu machen, die für ein beobachtetes Ereignis mehr als eine Interpretation erlauben oder implizieren; dem Klienten mehrere »Hypothesen« anbieten.

7. Die Fähigkeit haben, Formulierungen oder Vermutungen über die Motivation anderer als leitende Hypothesen für sich selbst zu verwenden, und nicht als Behauptung von »Wahrheiten«, die mitgeteilt werden sollen; solche Feststellungen nur dann anbieten, wenn der Klient ernstlich daran interessiert zu sein schein, sie zu hören.

E. Fähigkeit, Dinge knapp, klar und direkt auszudrücken

1. In der Lage sein, klar und gewandt zu sprechen.
2. Von anderen leicht zu verstehen sein.
3. Verwenden von Metaphern, Gleichnissen und anderen poetischen Formen; Gebrauch einer farbigen und kraftvollen Ausdrucksweise.
4. Aufrechterhalten der Kongruenz von Worten, Körperbewegung und Gesten.
5. Knapp und präzise sein, Inhalte bündig und prägnant übermitteln können.
6. Mit seinen Äußerungen beim Thema bleiben.
7. Sich in vielfältiger Weise auf Orte, Namen, Dinge und persönliche Erfahrungen beziehen können und davon Gebrauch machen, um die Perspektive oder den Kontext Ihrer Äußerungen zu erweitern.
8. Geschickt darin sein, schwierige oder schmerzhafte Beobachtungen, Gefühle oder Einsichten auszudrücken; in der Lage sein, in einer taktvollen, direkten, aber nicht angreifenden Weise »das Unsagbare zu sagen«.

F. Sich Ihrer Intentionen, dessen, was Sie tun oder sagen wollen, bewußt sein, zusammen mit der Fähigkeit, anderen klar zu erkennen zu geben, was Sie von ihnen wollen oder erwarten

1. Sich klar ausdrücken, wenn Sie andere auffordern, etwas zu tun, oder wenn Sie Fragen stellen.
2. In der Lage sein, Beobachtungen so vorzubringen, daß Klienten sie verwenden können; Probleme klar darlegen können.
3. Ein Gefühl dafür haben, worauf Ihr Tun hinzielt, auch wenn Sie verwirrt oder unsicher sind.
4. In der Lage sein, genaue Angaben zu machen, wenn Sie sich für Klienten Experimente überlegen; Aufgaben stellen, die klar und durchführbar sind.
5. Die Fähigkeit haben, den Kern eines Problems anzugehen und zu erreichen; dazu, wie der Klient sein Thema oder Problem artikuliert, beitragen können, indem man klare, hilfreiche Richtlinien für die nächsten Schritte gibt.
6. Einsicht haben in die Kongruenz dessen, was Sie fühlen oder wahrnehmen, und wie dies dem Klienten vermittelt werden kann.
7. In der Lage sein, ein Dilemma in einer Weise aufzuzeigen, die zu »nützlicher Frustration« auf seiten des Klienten führt.

Fähigkeiten, die sich auf die Aktivierung und Abstimmung von Energie im Klientensystem beziehen

Diese Kategorie umfaßt sowohl einstellungsmäßige Haltungen als auch offenere Verhaltensäußerungen. Diese Fähigkeiten sind insofern Gegenstücke zu denen des Mitteilens, als sie entsprechend der Art, in der der Berater seine Energie und Erregung einsetzt oder zurückhält, ausgeführt werden. Bei einigen davon geht es klar um das Kontrollieren oder Ausklammern dessen, was der Berater erlebt, wodurch der Prozeß des Klienten die Möglichkeit bekommt, mit wenig oder ohne Einmischung durch den Berater weiterzulaufen. Andere haben mit aktiveren Eingriffen in den Prozeß zu tun. In jedem Fall aber stehen all diese Fähigkeiten im Zusammenhang mit der Handhabung von Energie in dem System. Wenn die Energie leicht zu aktivieren ist, gibt es weniger Grund zur Intervention. Wenn das System nicht in der Lage zu sein scheint, mit der Stärke der aktivierten Energie umzugehen, oder wenn das System auf der Basis von eingeschränkter Bewußtheit oder einem Pseudozusammentreffen handelt, wird der Berater vielleicht den Wunsch haben, aktiver zu werden, indem er dabei hilft, die Dinge zum Zweck der Überprüfung oder zur besseren Angleichung an die Gegebenheiten zu verlangsamen.

G. Fähigkeit zu erkennen, wo sich der Klient zum jeweiligen Zeitpunkt befindet, und dies bei der Arbeit mit dem System berücksichtigen

1. Sensibel für Fragen der zeitlichen Abstimmung sein; sich zurückhalten oder warten können, um Beobachtungen zu machen.

2. In der Lage sein, dem Prozeß des Klientensystems zu erlauben, sich gemäß seiner Eigenart zu entwickeln; in dem System, das Sie nicht gut kennen, verankert bleiben.

3. Die Fähigkeit haben, eigene Bedürfnisse ruhen zu lassen, um mit anderen weitergehen zu können.

4. In der Lage sein, sich auf Bewußtheit, Spannungen und die Energie des Klienten zu stützen, während Sie Ihr eigenes Interesse und Ihre Energie hinzufügen.

5. In der Lage sein, bei der Zunahme des Widerstandes auf seiten des Klienten geduldig und doch aktiv zu sein.

6. In der Lage sein, auf einer Bewußtheitsebene zu bleiben, wenn der Klient nicht bereit ist weiterzugehen.

7. Die Sensibilität und die Fähigkeit haben, andere zunehmend und in

angemessenen Schritten dahin zu führen, ihr Tempo und ihre Anstrengung zu erhöhen, dabei Versuche von »Sofortlösungen« vermeiden.

8. Klienten, die Widerstand zeigen, nicht als Feinde betrachten, die überwunden werden müssen; mit Klienten nicht konkurrieren und sie nicht einschüchtern.

9. In der Lage sein, Interaktionen zwischen Mitgliedern des Klientensystems umzuwandeln, zu überwachen und eventuell zu unterbinden, um unzweckmäßige Kontakte oder vorzeitigen Abschluß zu verhindern.

H. Fähigkeit, sich emotionalen Situationen mit einem Minimum an persönlicher Abwehrhaltung zuzuwenden und sie zu akzeptieren

1. In der Lage sein, Konflikte und Wut zu verkraften.
2. In der Lage sein, Nähe und Zuneigung zu tolerieren und zu akzeptieren.
3. In der Lage sein, Schweigen zu ertragen.
4. In der Lage sein, Spannung zu tolerieren.
5. Die Fähigkeit haben zu wissen, wann emotionale Situationen gebremst oder entschärft, und wann sie verstärkt und entwickelt werden müssen.
6. Wissen, wann das Recht einzelner, gegen den Gruppendruck Widerstand zu leisten, unterstützt werden muß, falls sie das wollen.
7. Kritik an der eigenen Person tolerieren, ohne als Reaktion darauf aggressiv zu werden; bei dem eigenen »Widerstand« oder der eigenen Verwundbarkeit bleiben.
8. In Kontakt mit Klienten bleiben können, auch wenn man persönlich aufgebracht oder ängstlich ist; eigene Gefühle »ausklammern« können, um sich ihnen später zuzuwenden.
9. In der Lage sein, Konflikte zwischen Personen sich offen entwickeln zu lassen und sie zu unterstützen, ohne herbeizustürzen und sie zu schnell zu unterbinden oder zu lange zu warten und zuzulassen, daß sie außer Kontrolle geraten.
10. Die Fähigkeit haben, Menschen anerkennen und mit ihnen umgehen zu können, die mehr Streß entwickeln oder entwickelt haben, als sie bewältigen können, oder die in Gefahr sind, vor anderen ernsthaft die Fassung zu verlieren.

Fähigkeiten, die sich auf die Verstärkung des Kontakts beziehen

Hier geht es um die Verhaltensweisen, die das Engagement bis zu dem Punkt fördern, an dem Menschen sich mit starker Beteiligung miteinander befassen und in Interaktion treten. Diese Verhaltensweisen stehen in engem Zusammenhang und überschneiden sich mit denen, die bei der Aktivierung und Abstimmung von Energie gebraucht werden. Wie bei der Handhabung von Energie handelt der Berater so, daß der Kontakt verstärkt wird, wenn er sich zu entwickeln scheint. Indem er sich sehr werbend verhält, motiviert der Berater den Klienten dazu, Kontakt herzustellen. Dieser Appell wirkt so eindringlich, daß sich der Klient für das interessiert, was der Berater anzubieten hat. Ist der Appell jedoch zu stark, kann es sein, daß er die Versuche des Beraters, den Kontakt zwischen den Mitgliedern des Klientensystems zu verstärken, beeinträchtigt. Wie bei der Handhabung von Energie wird es auch hier Zeiten geben, wo sich der Berater so verhält, daß der Kontakt verringert oder moduliert wird. Das ist dann von besonderer Bedeutung, wenn sich die Mitglieder des Klientensystems darin unterscheiden, welche Art von Kontakt sie zu einem gegebenen Zeitpunkt haben wollen.

I. Fähigkeit, zu anderen guten Kontakt herzustellen

1. Die Eigenschaft haben, sich für einen großen Bereich menschlichen Verhaltens interessieren zu können.

2. In der Lage sein, ungezwungen und ruhig zu bleiben, wenn andere nah an Sie herankommen oder Sie besser kennenlernen wollen.

3. Verstehen können, daß es vorteilhaft ist, wenn Sie Ihre Gefühle und Phantasien mitteilen.

4. Verstehen können, welchen Unterschied es bedeutet, Fragen zu stellen und Aussagen zu machen.

5. Ihren besonderen Rhythmus im Kontakt, oder ihr Bedürfnis nach Kontakt mit anderen und Ihr Bedürfnis nach Kontakt mit sich selbst verstehen und respektieren können.

6. Sich auf die Sprache der Gefühle verstehen: Über ein umfangreiches Vokabular verfügen, mit dem Unterschiede im Erleben ausgedrückt werden können (z.B. der Unterschied zwischen Traurigkeit und Niedergeschlagenheit).

7. Die Fähigkeit haben, Ihre Gefühle authentisch auszudrücken und nicht als »Trick« einzusetzen.

8. In der Lage sein zu erkennen, wann das Ausdrücken Ihrer Gefühle nicht funktional ist; zurückhalten können, wenn dies nötig ist, und zerstörerische Offenheit vermeiden können.

J. Fähigkeit, die eigene Präsenz als sehr attraktiv, aber nicht als charismatisch zu präsentieren

1. Sicherstellen, daß die eigene Individualität deutlich wird, aber nicht zu sehr dominiert.
2. Relativ wenig Projektionen Ihrer Bedürfnisse auf andere zeigen, aber in bezug auf Ihre Werte und auf das, was Sie lehren, »an der Front« sein.
3. In der Lage sein, eigenes Erleben in einer förderlichen, nicht zerstörerischen Weise mitzuteilen.
4. Anderen Raum zugestehen, um das Geschehen zu beeinflussen, ohne Ihre Leitung abzutreten.
5. Persönlich »da« sein, aber für die Klienten kein »Kumpel« sein.
6. Die Klienten mit den kreativen, innovativen Seiten Ihrer Lebensform bekanntmachen, sie aber nicht als »den Weg« verkaufen.
7. Die Fähigkeit haben, andere dafür zu interessieren, Ihnen zuzuhören oder mit Ihnen zusammenzusein, ohne ihre Abhängigkeit von Ihnen zu fördern.
8. Im Umgang mit Klienten Freundlichkeit zeigen; wenig Bedürfnis haben, Ihre Kenntnisse oder Fähigkeiten zur Schau zu tragen, und großzügig mit anderen teilen können.
9. Eine starke Persönlichkeit zeigen, aber in Ihren Beziehungen mit anderen nicht bedrohlich sein.

K. Die Eigenschaft, während der gleichen Arbeitssitzung sowohl hartnäckig als auch unterstützend sein zu können

1. Sich dessen bewußt sein, daß Konfrontation engen, direkten Kontakt bedeutet und nicht Aggression oder Liebe.
2. Die Fähigkeit haben, starke Gefühle oder Gedanken in einer direkten, eindringlichen, dabei aber umsichtigen Weise mitzuteilen.
3. Die Fähigkeit haben, mit einem Klienten offen verschiedener Meinung zu sein, ohne streitsüchtig oder spaltend zu sein.
4. Warme Gefühle zum Ausdruck bringen können, ohne überschwenglich zu sein.
5. Lob, Anerkennung oder Wertschätzung für das ausdrücken können, was andere getan haben, ohne schmeichlerisch zu sein.
6. In der Lage sein, Enttäuschung über das Verhalten von Klienten zum Ausdruck zu bringen, ohne strafend zu sein.
7. Menschen physisch oder verbal berühren können, wenn dies wirklich

hilfreich ist; erkennen können, wann dies zu unterlassen ist.

8. In der Lage sein, Menschen hart zu drängen, ohne sich von dem Eindruck ihrer Zerbrechlichkeit davon abbringen zu lassen.

9. In der Lage sein, schmerzliche oder peinliche Wahrnehmungen über die Klienten zu artikulieren, und dann den Klienten in seiner Reaktion großzügig unterstützen können.

Fähigkeiten, die im Zusammenhang mit dem Abschluß und der Vollendung von Arbeitseinheiten stehen

Diese Kategorie enthält die Fähigkeiten, die die pädagogische Natur der Arbeit zum Ausdruck bringen und die auf die Bedeutung hinzielen, die das Erleben jedes Aspekts der Arbeit oder der Intervention als Ganzer hat. Sie umfaßt darüber hinaus die Handlungen oder Einstellungen, die den Kontext, in dem die Arbeit ausgeführt wird, anerkennen oder in Rechnung stellen. Obwohl in dieser Arbeitsphase die Verhaltensweisen förderlich sind, die der Mitteilung und der Verstärkung des Kontakts dienen, ist es an dieser Stelle die Aufgabe des Beraters, auf die Abnahme der Energie zu reagieren, zu der es kommt, wenn die Arbeit abgeschlossen ist, und dem System auch dabei zu helfen, daß es erkennt, was noch nicht erreicht oder zu Ende gebracht worden ist. Die Zusammenfassung dessen, was stattgefunden hat, die Generalisierung oder Anwendung des Gelernten und Pläne oder Maßnahmen für eine weitere Arbeit sind die Themen, um die es bei diesen Verhaltensweisen geht.

L. Fähigkeit, dem Klientensystem dabei zu helfen, die Bedeutung dessen zu erfassen, was es mit dem Berater erlebt hat

1. Die Fähigkeit haben, sich Interventionen auszudenken, die sich auf zu bewältigende Fragen beziehen, so daß der Klient ein Gefühl der Durchführbarkeit haben kann.

2. Ein gutes Gespür für die Zeiteinteilung hinsichtlich dessen haben, was innerhalb einer gegebenen Arbeitsperiode erreicht werden kann.

3. Wissen, an welches Stadium des Zyklus des Erlebens man sich zu einem bestimmten Zeitpunkt am besten wenden sollte, um die besten Ergebnisse zu erreichen.

4. Erkennen, wie wichtig die Rücknahme der Energie ist, nachdem die Arbeit getan wurde; das Bedürfnis anerkennen, ein Erlebnis erst zu assimilieren, bevor man zu einem anderen weitergeht.

5. In der Lage sein, jede Phase des Kontakts mit dem Klienten auf solche Weise abzuschließen, daß das System einen nächsten Schritt oder eine bestimmte Fähigkeit, die es anwenden oder ausbilden will, klar vor Augen hat.

6. In der Lage sein, den Klienten dabei zu helfen, die Bedeutung ihres Erlebens zu erfassen, ganz gleich, worum es sich dabei handelt; wissen, wie man Zeit und Kraft dafür zurückbehält, dem Erlebten eine »kognitive Krone« aufzusetzen.

7. Die Fähigkeit haben, im geeigneten Augenblick zu belehren; in der Lage sein, das Klientensystem inhaltlich bereicherndem Material oder breiteren Wertauffassungen auszusetzen, ohne den Lernprozeß des Klienten zu unterbrechen.

M. Anerkennen der wichtigen Probleme des Kontextes, in dem die Systemintervention erfolgt

1. Für sich klargestellt haben, daß es Ihre Rolle ist, Prozeßinterventionen dazu zu verwenden, die Art und Weise, in der das System seine Arbeit ausführt, zu verbessern.

2. Mit den Entwicklungsstadien verschiedener Arten von Systemen vertraut sein und die Interventionen auf das jeweilige Stadium des Systems abstimmen können.

3. Sich der möglichen Konsequenzen auf anderen Ebenen bewußt sein und sie berücksichtigen, wenn man eine Intervention auf einer bestimmten Ebene oder in einem Teil des Systems macht.

4. Sich der eigenen Fähigkeiten, Stärken und Grenzen bezüglich der Eigenart des Problems oder des Klienten bewußt sein; Gebrauch verschiedener Techniken oder Methodologien der Systemberatung.

5. Die dynamische Qualität der Intervention in einem lebendigen sozialen System erkennen; sich der Veränderlichkeit des Klienten und des Kontraktes fortwährend bewußt sein.

6. In der Lage sein, in einer marginalen Rolle zu bleiben und die Grenzverhältnisse im Fortgang der Arbeit mit zu bedenken; fähig sein, ein funktionelles Gleichgewicht zwischen starker Akzeptanz durch den Klienten und nichtkonfluenter Bindung zu erreichen.

Fähigkeiten, die im Zusammenhang mit der Würdigung von Beratung als Ausführung einer Form der Kunst stehen

Die Verhaltensweisen, die in diese Kategorie fallen, ergeben sich nicht unmittelbar aus einer Gestaltperspektive. Sie gelten für alle Methoden der

Veränderung sozialer Systeme. Sie sind jedoch für den Gestaltansatz besonders relevant, weil sie gut zu einem phänomenologischen Standpunkt passen. Die einzelnen Items erkennen an, daß die Realität nicht einfach durch linerares rationales Denken erfaßt werden kann und daß es etwas Absurdes hat zu glauben, daß man ein soziales System wirklich beeinflussen kann. Nicht zuletzt stellt diese Kategorie die kreative Natur der Arbeit heraus.

N. Bewußtheit der ästhetischen, transzendenten und kreativen Aspekte der Arbeit als Berater

1. Ein Gefühl der Ehrfurcht angesichts des Projektes besitzen.
2. Ein starkes Empfinden von Neugier oder Spielerei für die Ereignisse des Lebens haben.
3. Die Fähigkeit haben, von Ironie, Paradoxien, Rätseln und Humor Gebrauch zu machen.
4. Die Bedeutung von Phantasie und Imagination anerkennen.
5. In der Lage sein, einen gewissen Sinn für Mystizismus mit einem kognitiven, rationalen Ansatz zu integrieren.
6. Für Verweise oder Beispiele aus bildender Kunst, Musik, Theater, Technologie usw. aufgeschlossen sein und sie anwenden können.
7. Die Fähigkeit haben, ein weites Feld von Alternativen erreichen und anwenden zu können.
8. Für Möglichkeiten offen sein; eher einen eklektischen Standpunkt einnehmen, als ein dogmatischer Anhänger sein.
9. In der Lage sein, sowohl einem Gefühl der Macht als auch der Demut in bezug auf das, was Sie zu tun versuchen, Raum geben zu können.

ENTWICKLUNG UND ANWENDUNG VON FÄHIGKEITEN

Im Rückblick auf diese Verhaltensweisen und Einstellungen, sollten wir uns einige Fragen stellen.

- Handelt es sich um Persönlichkeitszüge oder um Fähigkeiten?
- Wie kann man diese Qualitäten oder Fähigkeiten erwerben?
- Sind einige dieser Merkmale wichtiger als andere?
- Gibt es irgendwelche Richtlinien oder Kriterien, die die Wahl des Beraters unter diesen Verhaltensweisen bestimmen können?

Diese Fragen sind nicht leicht zu beantworten. Ein paar Anmerkungen können jedoch nützlich sein. Um eine oder alle dieser Qualitäten entfalten zu können, gibt es keinen Ersatz für eine fast angeboren zu nennende Neugier auf die Rohdaten menschlichen Erlebens, auf die eigenen ebenso wie auf die anderer. Offenbar haben die Entwicklungsgeschichten von Beratern ein vielfältiges Empfindungsvermögen und Dispositionen zur Folge, in der oben aufgeführten Weise zu handeln. Jemand, der ein großes Interesse daran entwickelt hat, sich selbst und andere zu beobachten, und dieses in den Beruf eines professionellen Helfers umgewandelt hat, wird damit eine Grundlage haben, auf die er aufbauen kann.

Wichtiger, als die geeignete Persönlichkeit zu haben, ist es jedoch, ob man die Notwendigkeit einsehen kann, diese Fähigkeiten zu lernen, sich darin zu üben und über die eigene Leistung Feedback zu erhalten. Ein Mensch mag eine gewisse angeborene musikalische Begabung haben, doch es braucht Jahre des Lernens und der Übung, um ein guter Musiker zu werden; das gleiche gilt, wenn man ein guter Berater, gleich welcher Richtung werden will. Beim Gestaltansatz schließt der Hauptbereich von Studium und Praxis den Gebrauch von sich selbst als Instrument ein. Man muß eine außergewöhnliche Beobachtungs- und Artikulationsfähigkeit entwickeln, um diese Methode erfolgreich anwenden zu können. Man kann die Fähigkeiten lernen, wenn man bereit ist, den Preis an Zeit und Mühe dafür zu bezahlen. Viele erfolgreiche Berater, die mit anderen Ansätzen arbeiten, besitzen beachtliche Fähigkeiten in einer großen Zahl der oben angeführten Bereiche — Fähigkeiten, die sie aus ihrem Interesse am Beobachten und Verstehen und aus ihrer Erfahrung damit entwickelt haben.

Es gibt zwei Wege, auf denen diese Fähigkeiten entwickelt werden können. Der erste steht im Zusammenhang mit persönlicher Entwicklung. Zu lernen, bewußt da zu sein, in der Lage zu sein, sich selbst in der Welt in eine solche Position zu bringen, daß alle möglichen Arten von Erfahrungen aufgenommen und anerkannt werden können, wird durch die Teilnahme an verschiedenen Programmen zur Förderung persönlichen Wachstums erheblich unterstützt, eingeschlossen Psychotherapie, Encountergruppen, Meditation und Verfahren, die sich mit Körperprozessen befassen, wie die von Feldenkrais und Alexander. Außerdem haben viele Menschen die Erfahrung gemacht, daß eine Schulung in bildender Kunst, Musik, Theater oder Tanz für sie bei der Entwicklung der Fähigkeiten des Beobachtens und Mitteilens sowie für das Erkennen der Bedeutung von Präsenz im allgemeinen von großem Nutzen war.

Der zweite Bereich für die Entwicklung dieser Fähigkeiten ist der der Übung in Settings, die Feedbacks zulassen. Es gibt keinen Ersatz für praktische Erfahrungen, die ein Experimentieren in Verbindung mit irgendeiner Art von Feedback bieten. Dies kann in einem formellen Ausbildungsprogramm oder bei der Beratungsarbeit mit einem Partner geschehen, der hinsichtlich des Gebrauchs von Konzepten und spezifischen Verhaltensweisen gutes Feedback geben kann. Eine der wirksamsten Anordnungen dieser Art ist, zwei Personen als Berater arbeiten zu lassen, wobei eine jedoch der Berater des anderen ist, der wiederum als Berater des Systems fungiert. Der Beobachter-Berater oder Feedback-Berater spricht während des direkten Kontaktes mit dem Klienten nur zu dem arbeitenden Berater. Die Absicht ist dabei, zu erreichen, daß der arbeitende Berater sich fortwährend dessen bewußt bleibt, was er tut, und die Annahmen herauszustellen, aus denen dieses Verhalten folgt. Dieses Arrangement paßt besser zu einem Ausbildungs- oder Assistenzsetting als zu einem, das ein großes Maß an Erfahrung erfordert. Wenn jedoch in beiden Settings davon Gebrauch gemacht wird, hat es sich für Klienten als wertvoll erwiesen zu hören, daß der Berater viele Dinge laut ausspricht, die gewöhnlich nicht explizit gemacht werden. Es vermehrt die Mitteilungen des Beraters und vergrößert tendenziell die Bewußtheit des Klienten.

Die Präsentation dieser Eigenschaftsliste bietet keine Richtlinien für die Wahl einer bestimmten Haltung oder Verhaltensweise in einer gegebenen Situation, sondern liefert vielmehr ein Repertoire, aus dem eine Auswahl getroffen werden kann. Eine gewisse Orientierung in dieser Hinsicht enthalten die *Kategorien A* mit der *»Fähigkeit, in der Gegenwart zu bleiben,«* und *G* mit der *»Fähigkeit, zu erkennen, wo sich der Klient zum jeweiligen Zeitpunkt befindet«*. Indem er in der Lage ist, im gegenwärtigen Augenblick verankert zu sein und im Hier-und-Jetzt zu bleiben, ist der Berater in Berührung mit der Situation und kann sich danach verhalten. Das wird sich nicht immer als erfolgreich erweisen, doch wenn das Verhalten irgendeine Auswirkung auf den Klienten hat, wird der Berater bald herausfinden, daß etwas anderes gebraucht wird. Auch ist es wichtig zu erkennen, daß einige der aufgezählten Verhaltensweisen bei bestimmten Klienten vielleicht nie oder nur selten angewandt werden. Bei den meisten Settings in Organisationen gibt es starke Normen, die die Äußerung von

Gefühlen, Phantasien und anderem persönlichen Erleben kontrollieren. Das Kennzeichen eines klugen Praktikers ist die Fähigkeit, sich dessen bewußt zu sein und sich im Umgang mit solchen Grenzen angemessen zu bewegen.

Es ist einzuräumen, daß dies keine vollständige Liste ist und daß man noch viele weitere Items hinzufügen könnte. Insbesondere solche sind kaum vertreten, die sich auf die Anwendung von Techniken und auf die Planung von Systeminterventionen beziehen.* Die angeführten Fähigkeiten haben damit zu tun, wie sich der Berater verhält, wenn er eine große Zahl von Dingen tut, die die tatsächliche Arbeit eines Beratungsauftrages ausmachen. Der Schwerpunkt liegt im wesentlichen darauf, wie man sich selbst einsetzt, um die Prozesse des Zyklus des Erlebens modellhaft vorzuführen und um die Bereitschaft im Klientensystem zu erhöhen, sich mit seinen Problemen zu befassen. Gerüstet mit der Fähigkeit, diese Handlungen anzuwenden, ist der Berater in der Lage, Methoden und Techniken mit einem hohen Grad an Wirkung einzusetzen.

---

* Leser, die nach einer Darstellung der Technik der Organisationsberatung, die auf einem Prozeßansatz beruht, suchen, werden verwiesen auf die Bücher von Burke (1982), Beckhard (1969), Beckhard und Harris (1977), (Levinson (1972), Dyer (1977), Nadler (1977), Schein (1969) und Weisbord (1978).

6. Kapitel

Der Gestaltprozeß der Bewußtheit bei der Einschätzung von Organisationen

Die Hauptthese dieses Kapitels ist, daß das Verständnis des Gestaltprozesses der Bewußtheit die Art der Einschätzung verändert, die Fülle der bei der diagnostischen Arbeit gesammelten Daten vergrößert und zu einem Interventionsverhalten führt, das dem Berater großen Einfluß und Akzeptanz einräumt. Der Gestaltprozeß der Bewußtheit kann die bekannten Modelle der Organisationsdiagnose so erweitern, daß er die Wirksamkeit anderer analytischer Methoden erhöht und nicht verringert. Das Ergebnis ist ein integratives Handlungsmodell, das dem Berater den vollen Gebrauch des Selbst in dem Einschätzungsprozeß erlaubt.*

Die führenden Praktiker im Bereich der Organisationsentwicklung legen großes Gewicht auf sorgfältige diagnostische Arbeit als Grundpfeiler ihres methodischen Vorgehens und haben wichtige Modelle und Methoden entwickelt, die der Sammlung von Daten und den entscheidenden Stellen der Dysfunktion von Organisationen gelten sowie dem Bedürfnis nach Veränderung und geeigneten Ansatzpunkten und Strategien entsprechen. Beckhard (1974, 1977), der als einer der ersten klar die Notwendig-

---

* Da »Diagnose« Krankheit und Beziehungen von Ursache und Wirkung impliziert und »Einschätzung« eine Bewertung der Bedeutung von Dingen ist, ziehe ich den letzteren Begriff vor, wenn es darum geht, daß sich ein Berater ein Urteil über ein System bildet. Ich will jedoch im folgenden die diagnostische Terminologie verwenden, um damit der Tatsache zu entsprechen, daß fast alle Praktiker den Begriff »Diagnose« verwenden.

keit für ein Modell der Veränderung erkannte, das sich fest auf eine Diagnose gründet, hat ein sehr nützliches und beständiges Schema für die Betrachtung eines Systems und die Ausführung erfolgreicher Änderungsplanung entwickelt. Levinson (1972) hat einen sehr detaillierten Plan für eine von ihm so genannte »Organisationsuntersuchung« erarbeitet, der wichtige Beratungsempfehlungen für die Zeit vor dem Abschluß einer vollständigen Datensammlungsphase enthält. In ähnlicher Weise haben Nadler (1974), Mahler (1974) und andere die Bedeutung von Interventionen, die auf Daten beruhen und die Möglichkeiten, dem Klienten Untersuchungsergebnisse vorzulegen, als wichtigen Bestandteil der Beratungsbeziehung herausgestellt. Diese Verfahren folgen gewöhnlich dem Untersuchungsmodell der bahnbrechenden Arbeit im Bereich der Untersuchung von Organisationen von Likert und seinen Mitarbeitern am *Institute for Social Research* (1961). Weisbords »*six-Box model*« (1976, 1978) sieht ähnlich aus, ist jedoch so angelegt, daß der Beratungsprozeß früher beginnen kann; die Diagnose dient dem Zweck, Energiequellen aufzuspüren, damit die Arbeit stattfinden kann.

Um den Ansatz dieser Versuche, Organisationen zu untersuchen, umfassend würdigen zu können, ist es hilfreich, Ziel und Definition von Diagnose genauer zu betrachten. Nach Levinson (1972) ist das Ziel, eine Organisation zu untersuchen, um ihren »Gesundheitszustand« einzuschätzen und entscheiden zu können, ob etwas und — gegebenenfalls — was getan werden muß, um zu helfen. Es ist deutlich, daß sich sein Modell an eine medizinisch-psychiatrische Vorgehensweise anlehnt und auf der Untersuchung von Krankheiten und Fehlfunktionen beruht:

> Das am weitesten systematisierte Untersuchungsverfahren für ein lebendiges System ist das, was für die körperliche und psychiatrische Untersuchung einer Person verwandt wird ... die Extrapolation schien mir um so passender zu sein, als mein ganzes Bemühen, mehr über geistige Gesundheit in der Industrie zu lernen, einem klinischen, insbesondere psychoanalytischen Standpunkt entstammt. (S.X)

Dieses Modell stimmt überein mit der Definition von Diagnose als Mittel, die Art eines krankhaften Zustandes zu bestimmen, und es steht im Einklang mit einem deterministisch ausgerichteten wissenschaftlichen Ansatz, Verhalten zu verstehen, zu erklären und vorauszusagen. Es geht hier um die Suche danach, das *Richtige* zu tun, unterstützt von der Implikation, daß Ursache und Wirkung bestimmt werden können und daß andere Handlungen *falsch* wären, wenn die Diagnose stimmt. Zudem steht und fällt das traditionelle diagnostische Modell mit dem fachmännischen Können des Beraters; er muß in irgendeiner Weise aktiv die wichtigen Daten herausfinden und aus den in der diagnostischen Phase gesammelten Daten die richtigen Schlußfolgerungen (Interpretationen?) ziehen. Dies ist natürlich das klassische medizinische Modell und die Grundlage für das, was Schein (1969, 1977) als »Arzt-Patient-Beratungsmodell« bezeichnet hat.

DIAGNOSE ALS HYPOTHESENBILDUNG

Eine flexiblere Auffassung von Diagnose ist, sie als Hypothesenbildung zu betrachten. Diese Perspektive impliziert, daß sich komplexere Krankheiten oder Organisationsprobleme nicht ohne weiteres für einfache Analysen von Ursache und Wirkung eignen und daß die Daten, die nötig sind, um diese Probleme zu verstehen, nur dadurch gewonnen werden können, daß man sich für einige Zeit in sie vertieft. Bei diesem Vorgehen nähert sich der Berater sukzessive dem Verständnis eines Problems, indem er Daten sammelt, die zu einer Hypothese führen, die irgendeine Art von »Behandlung« anzeigt, daß er dann die während dieser Behandlungsphase gesammelten Daten verwendet, um zu einer späteren Hypothese zu kommen, und so weiter. Es kann also sein, daß eine Handlung, die auf einer Diagnose beruht, nicht zu einer Lösung führt und daß eine weitere Suche angestrengt wird, um das bisher Verfehlte zu finden. Dieser Prozeß unterscheidet sich nicht von dem irgendeines Forschers, der auf dem Weg zu einer Entdeckung zahlreiche Experimente durchführt. Was die Situation beim Umgang mit Problemen eines sozialen Systems komplizierter macht, ist, daß potentiell eine ungeheure Menge an Daten oder Bewußtheit zur Untersuchung vorhanden ist. Der Berater muß Entscheidungen darüber treffen, welche Figuren er aus einem komplexen Hintergrund entwickeln will.

Wenn wir uns die Diagnose als Prozeß der Hypothesenbildung vorstellen, ist es wichtig zu verstehen, wie ein effektives Gleichgewicht zwischen einem ununterbrochenen, unvoreingenommenen Bewußtheitsfluß und der Übertragung der Bewußtheitsdaten in bearbeitungsfähige Hypothesen aussieht. Das Dilemma des Beraters ist, daß beide notwendig sind, doch daß das Gleichgewicht inmitten von lebendigen, dynamischen Situationen hergestellt werden muß, die Fragen der Zeit, des Zugangs zur Organisation und der Beschränkungen durch Verträge beinhaltet.

Um den Prozeß der Hypothesenbildung besser zu verstehen, können wir zwei Ansätze miteinander vergleichen, die man als Gegensätze oder Extreme betrachten könnte. Der erste Ansatz legt den Akzent auf das Sammeln beobachtbarer äußerer Daten und das Entwickeln von Schlußfolgerungen aus entscheidenden Ereignissen. Diese Methode legt Wert auf die Fähigkeit des Beobachters, so schnell wie möglich brauchbare Zusammenhänge herzustellen; je schneller eine Hypothese gebildet werden kann, um so besser. Der erfahrene Praktiker kann mit einer begrenzten Datenmenge, verbunden mit der Fähigkeit zum analytischen Denken und der Weisheit seiner Erfahrung, recht schnell zu einer bearbeitungsfähigen Hypothese kommen. Dem liegt die Annahme zugrunde, daß sich brauchbare Daten bereits früh zeigen und daß auch begrenzte Bewußtheit oder eingeschränktes Wissen zu zweckmäßigen Lösungen führt, wenn ein Experte damit konfrontiert wird. Vielleicht manifestiert sich in dem linearen, sequentiellen Modus dieser Vorgehensweise die Funktion der linken Gehirnhälfte, wie diese Bewußtseinsform von Ornstein (1977) und anderen beschrieben wurde.

Ich werde diesen Ansatz als »Sherlock-Holmes-Modell« bezeichnen.* Als Meisterdetektiv liefert Sherlock Holmes eine Darstellung des analytischen Wissenschaftsmodells, das sich am Ende des 19. Jahrhunderts herausbildete. Die folgenden Zitate von Holmes aus Baring-Goulds (1967) Kommentar der Geschichten von A. Conan Doyle sollen dies verdeutlichen:

> Der ideale Folgernde ... würde, wenn man ihm ein einziges Faktum in all seinen Zusammenhängen zeigen würde, daraus nicht nur auf die Kette von Ereignissen schließen, die zu ihm hingeführt haben, sondern gleichfalls auf all die Folgen, die sich daraus ergeben würden. Wie Couvier nach der Betrachtung eines einzigen Knochens ein ganzes Tier korrekt beschreiben konnte, so sollte der Beobachter, der ein Glied in einer Reihe von Ereignis-

---

*) Marcello Truzzis Aufsatz über »Sherlock Holmes as Applied Social Scientist« (1976) hat mir dazu verholfen, diese Analogie zu sehen.

sen genau verstanden hat, in der Lage sein, all die anderen, sowohl die vorausgegangenen wie die nachfolgenden, exakt anzugeben.

»Daten, Daten, Daten,« rief er ungeduldig. »Ich kann keine Ziegeln ohne Lehm machen.«

Es ist von entscheidender Bedeutung, ... daß Sie Ihr Urteil nicht von persönlichen Eigenschaften verfälschen lassen. Ein Klient ist für mich nur eine einzelne Größe, ein Faktor in einem Problem. Emotionale Qualitäten stehen im Widerstreit mit klarem logischen Denken.

Ich verschwende keine Worte und gebe meine Überlegungen nicht bekannt, wenn ich mich gerade mit einem Fall befasse.

Ich beanspruche für mich das Recht, auf meine eigene Art zu arbeiten und meine Ergebnisse zu meinem Zeitpunkt bekanntzugeben — vollständig und nicht etappenweise.

GERICHTETE GEGENÜBER UNGERICHTETER BEWUSSTHEIT

Sherlock Holmes macht keine wilden Spekulationen, die sich auf spärliche Daten gründen; er ist ein scharfsinniger, sorgfältiger Beobachter. Er sagte: »Es ist ein Kardinalfehler, Theorien aufzustellen, bevor man alle Daten kennt« (Baring-Gould, 1967). Doch der wichtigste Faktor für Holmes ist seine Fähigkeit zu schlußfolgerndem Denken, die Kraft seines Geistes darauf zu verwenden, aus begrenzten Informationen die richtige Folgerung zu ziehen. Holmes nimmt diese begrenzten Informationen und entwickelt den übrigen Teil der Geschichte in seinem Kopf. Er benutzt seinen Verstand dazu, weitere Daten dazu zu zwingen, sich zu zeigen. In der Sprache der Gestalttherapie wird dies als der Prozeß der *aktiven, gerichteten Bewußtheit* bezeichnet. Da sich dieses Vorgehen zum großen Teil auf fachmännisches Können und Vertrauen in die eigenen Gedankengänge stützt, bauen diese Praktiker in großem Maß auf Logik und analytisches Denken. Damit ist die Überzeugung verbunden, daß wenige entscheidende Fakten zu dem richtigen Schluß führen können und daß es um so besser ist, je schneller dies getan wird.

Diesem Modell kann man einen zweiten Prozeß der Hypothesenbildung gegenüberstellen. Dieser Prozeß stützt sich auf *offene, ungerichtete Bewußtheit*. Er beruht auf der Behauptung, daß man Daten nicht dazu zwingen kann, in Erscheinung zu treten, und daß man sich erst in eine Situation vertiefen und warten muß, bis sie sich zeigen. Die Betonung auf das Beobachtungsvermögen ist nicht geringer als bei dem ersten Prozeß, doch besteht hier die Annahme, daß der Beobachter nicht weiß, wohin er seine Aufmerksamkeit richten soll, bevor nicht mehr Informationen zur Verfügung stehen. Wie bei Scheins (1977) Ausführungen über den Wert der Prozeßberatung wird angenommen, daß die wichtigen Daten in dem System eingewoben und einer beliebigen Person zunächst nicht ohne weiteres zugänglich sind. Es handelt sich also um eine nicht fokussierende Vorgehensweise mit der Tendenz, alles als gleichwertig zu behandeln und sich zurückzuhalten, Figuren von Interesse zu bilden. Informationen werden in einer eher diffusen Weise verarbeitet, und es wird versucht, den Input so lange zu vergrößern, bis eine Art von Integration möglich ist. Es kann gut sein, daß dies eine Form der Funktion der rechten Gehirnhälfte ist (vgl. Ornstein, 1977, S. 21).

Wenn Sherlock Holmes die Methode der gerichteten Bewußtheit verkörpert, so kann der Kriminalinspektor Columbo, der Held der gleichnamigen Fernsehserie, für die ungerichtete Vorgehensweise stehen. Anders als Holmes, der planvoll, präzise, scharfsinnig, überlegen in Wahrnehmung und logischem Denken, rational und deduktiv orientiert ist, stellt sich Columbo dar als naiv, planlos, langsam in seinen Bewegungen, scheinbar ungerichtet in seiner Wahrnehmung und unklar, wenn nicht geradezu unlogisch. Er ist unordentlich in seiner Erscheinung (und nicht sauber und gepflegt wie Holmes), scheint nicht mit einem vorher festgelegten besonderen Leitfaden wichtiger zu überprüfender Variablen zu arbeiten, noch scheint er zu wissen, wohin er von einem Augenblick zum nächsten gehen wird. Während man Holmes nie einen falschen Schritt machen sieht — es sei denn, er wird vorübergehend von einem klugen Kopf (beispielsweise Dr. Moriarty) überlistet — scheint Columbo die meiste Zeit zu stolpern und zu taumeln.

Man könnte sagen, daß sich Columbo wie ein Schwamm verhält, indem er in seine Umgebung eintaucht, alles aufsaugt und auf wichtige Hinweise wartet, die unweigerlich dabeisein werden. Holmes dagegen erinnert an einen gut abgerichteten Jagdhund, der die Situation angreift und nicht ruht, bevor er die Teile in seinem Kopf zusammengestellt hat. Columbo bringt den beteiligten Personen und der einbezogenen Umwelt bei oder überredet sie, Daten »preiszugeben«, während er zu ihnen Kontakt herstellt. Holmes unterrichtet sich selbst, indem er seine Umgebung *kontrolliert*; Columbo *erlaubt* sich selbst, sich unterrichten zu lassen. Holmes stellt selten einen engen, persönlichen Kontakt mit dem Übeltäter her; Columbos Methode beruht im wesentlichen auf wiederholten persönlichen Kontakten. Eines der Markenzeichen eines Falles von Columbo ist die von dem Übeltäter ausgedrückte Verärgerung darüber, daß ihm die gleiche Frage wiederholt gestellt wird, oder die an ihn gerichtete Bitte Columbos, Situationen noch einmal durchgehen zu dürfen, auf die er schon mehr als einmal zurückgekommen ist.

Leser, die in der Wissenschaftsphilosophie bewandert sind, werden erkennen, daß die Methode von Holmes eine Anwendung der Wissenschaft des 19. Jahrhundert ist, die technische Entdeckungen mit logischer Analyse verband. Die Methode Columbos ist eine Anwendung des Existentialismus des 20. Jahrhunderts und seiner Betonung der Unsicherheit, des Seins und der Phänomene im Hier-und-Jetzt.

DER GESTALTPROZESS DER BEWUSSTHEIT

Der Gestaltprozeß der Bewußtheit erkennt die Bedeutung der gerichteten Bewußtheit ebenso an wie die der ungerichteten. Beide Ansätze werden in Tabelle 6.1 beschrieben. Wie der Tabelle zu entnehmen ist, beschreibt die *aktive, gerichtete Bewußtheit* die Verfahren, die von Organisationsentwicklungsberatern und Aktionsforschungspraktikern am häufigsten angewandt werden, mit dem Akzent auf strukturierter, gelenkter Befragung von Mitgliedern des Klientensystems. Der gestaltorientierte Berater wendet diese Verfahren an, betont jedoch auch nachdrücklich die *offene, ungerichtete Bewußtheit* und Versuche, die die Bildung von Hypothesen für eine längere Zeitspanne in der Schwebe halten. (In diesem Zusammenhang ist zu erwähnen, daß jedes System oder Modell, das von zuvor festgelegten Bereichen der Organisationsuntersuchung ausgeht, impliziert, daß man schon vor dem Beginn der Untersuchung Hypothesen darüber hat, was zu untersuchen wichtig ist). Offene, ungerichtete Bewußtheit ist ein Versuch, Voreingenommenheit zu reduzieren und so naiv wie möglich zu bleiben, während man mit der Diagnose beschäftigt ist.

Wenn wir die Nützlichkeit der offenen Columbo-Methode anerkennen können, müssen wir uns fragen, warum diese Methode von Organisationsberatern bis heute vergleichsweise wenig angewandt wird. Warum wird das Aufsaugen nach der Art eines Schwammes im Vergleich zu gerichteter Bewußtheit als von sekundärer Bedeutung betrachtet? Es hat

Tabelle 6.1   Der Gestaltprozeß der Bewußtheit

Aktive, gerichtete Bewußtheit	*Offene, ungerichtete Bewußtheit*
Geht in die Welt	Läßt die Welt zu sich kommen
Zwingt etwas, sich zu zeigen	Wartet darauf, daß sich etwas zeigt
Verwendet eine Struktur, einen Bezugsrahmen, der dahin lenkt, was er gern sehen, hören will usw.	Untersucht, ohne in bezug auf das, was er sehen, hören will usw. irgendwie organisiert oder »voreingenommen« zu sein
Auf Befragungen ausgerichtet; strebt nach einem engen, klaren Blickfeld	Behält ein Blickfeld bei, das möglichst viel Peripherie einbezieht; wenig Vordergrund und alles gleich bedeutsam
Sieht die Dinge im Rahmen von Kenntnissen darüber, wie sie funktionieren, was in einem normativen Sinn vorhanden ist und was fehlt	Ist naiv bezüglich dessen, wie Dinge funktionieren; hofft, etwas Neues darüber herauszufinden
Suchender Gebrauch der Sinnesmodalitäten	Rezeptiver Gebrauch der Sinnesmodalitäten
Unterstützt die Arbeit durch inhaltiche Werte und konzeptionelle Vorlieben	Werte sind prozeßorientiert, tendieren dahin, frei von Inhalten zu sein

den Anschein, daß das naturwissenschaftlich-medizinische Modell von vielen als das für die Diagnose in Organisationen angemessene Paradigma übernommen worden ist. Viele der frühen Praktiker sind entweder nach diesem Modell ausgebildet oder dadurch beeinflußt worden und sehen die Diagnose als Anwendung ihrer Untersuchungsmethoden. Ein wichtiger Aspekt dieses Modells ist der der Unpersönlichkeit und Rationalität in der Durchführung von Beobachtungen. Dies ist durch die bloße Tatsache unterstützt worden, daß Jahre der Forschung und Beratung vieles an Konzepten und Daten darüber erbracht haben, wie Organisationen gut oder nicht gut arbeiten. Der Praktiker, dem dieser Wissensfundus zur Verfügung steht, muß nicht immer wieder an einem Nullpunkt anfangen. Die Methode der gerichteten Bewußtheit bezieht dieses Wissen mit ein, so daß

Hypothesen, in denen es enthalten ist, die diagnostische Arbeit beschleunigen können. Schließlich ist für viele Praktiker die Diagnose eine intellektuelle Aufgabe oder Herausforderung und nicht eine Gelegenheit, sich mit dem Klientensystem zu befassen oder darin einbezogen zu werden. Auch die Methoden teilnehmender Beobachtung von Ethnomethodologen, die sich selbst über lange Zeiträume in eine Kultur hineinbegeben, sind dazu bestimmt, die Kultur zu untersuchen, nicht aber dazu, die Interventionen zu verbessern.

In diesem Zusammenhang ist die Arbeit von Levinson (1972) interessant. Vielleicht ist seine Methode der Organisationsdiagnose die gründlichste, die bis heute entwickelt wurde. Nicht nur, daß sein Fallstudienschema sehr umfassend ist, auch die Methode ist so angelegt, daß viele Monate nötig sind, um die Daten für die Diagnose zu sammeln. Außerdem verlangt er ausdrücklich, daß diese Arbeit geschehen muß, bevor dem Klienten eine Diagnose und Empfehlungen mitgeteilt werden. Es ist ihm anzurechnen, daß er fest zu seiner Überzeugung steht, daß man Daten nicht erzwingen oder mit beschränkten oder unvollständigen Informationen tätig werden sollte. Während andere ähnliche diagnostische Wegweiser entwickelt haben, stützt sich der von Levinson auf eine feste theoretische Grundlage — die der Psychoanalyse — und ist vielleicht die beste Methode aktiver, gerichteter Bewußtheit, die man finden kann. Die Methode berücksichtigt auch offene, ungerichtete Bewußtheit, und Levinson tritt dafür ein, daß der Berater in gewissem Umfang ungezielt herumgehen sollte. (Tatsächlich ist es unwahrscheinlich, daß irgendein guter Beobachter sechs oder acht Monate in einer Organisation verbringen wird, ohne zufällig, vom Finderglück gesegnet, sehr wichtige Daten mitzubekommen, nach denen in einem Fallstudienschema nicht gefragt wurde.) Leider tendiert Levinsons Methode dahin zu vernachlässigen, wie der Berater mehr von sich selbst Gebrauch machen kann und in welcher Weise Intuition bei der Interpretation der ungeheuren Menge zusammengetragener Informationen förderlich sein kann. Durch das Hinzufügen der Arten von Daten, zu denen man durch ein eher rezeptives Vorgehen kommt, und durch die Erweiterung des Konzepts von Daten in der Richtung, daß es näher an das der Bewußtheit herankommt (so wie sie im 2. Kapitel definiert wurde), könnte seine Methode bereichert werden.

Die Vorstellung, daß es mehr als eine Möglichkeit gibt, unser Wissen über etwas zu erweitern, steht im Zusammenhang mit der Arbeit von

Charles E. Lindblom und David Cohen (1979) über berufliche Sozialforschung. Sie unterscheiden zwischen analytischer und interaktiver Problemlösung, wobei sich letztere auf Verhalten bezieht, das eine Handlung so stimulieren soll, daß es zu einem Ergebnis kommt, ohne daß ein analytisches Verstehen oder eine durch Analyse gefundene Lösung erforderlich ist. Nach ihrer Darstellung sind die Möglichkeiten, die bei interaktiver Problemlösung angewandt werden, größtenteils Interaktionen zwischen Personen, während analytische Formen in großem Maß auf Denkprozessen von Individuen beruhen. Entsprechend unserer These werden diese beiden Formen komplementär und nicht als sich notwendigerweise gegenseitig ausschließende Bemühungen verstanden. Zu nennen ist hier auch Lotte Bailyns (1977) Konzept von Forschung als kognitivem Prozeß im Gegensatz zu Forschung als validierendem Prozeß.

Weitere Unterstützung erhält diese Anschauung durch die Untersuchungen des holländischen Psychologen A. Van deGroot (deGroot, 1965; Newell & Simon, 1972) über die Bewußtheitsprozesse von Schachmeistern. Er fand heraus, daß die Meister in detaillierter, analytischer Weise vorausdenken, sich jedoch von Anfängern durch ihre Fähigkeit unterscheiden, wiedererkennbare Stimulusmuster von größerer Komplexität ins Gedächtnis zurückrufen zu können. Diese Muster oder »chunks«, wie Newell und Simon sie genannt haben, scheinen die Basis für intuitive Beurteilungen durch die Meister zu sein, Beurteilungen, die Weiterführungen oder Verbindungen einbeziehen, die sie nicht artikulieren können. Meister unterscheiden sich von Anfängern durch die Anzahl möglicher Züge, die sie überprüfen, doch ist das nicht der Hauptfaktor für ihren größeren Erfolg. Was sie am deutlichsten unterscheidet, ist, daß sie sich darin geübt haben, immer wieder zu der Grundposition zurückzukehren, von der aus sie ihre Analyse begonnen haben, und es, anstatt einen Zug zu forcieren, dem nächsten Zug erlauben, sie »anzuspringen«. A. Van deGroot bezeichnete dies als den Prozeß progressiver Vertiefung.

Schließlich steht die hier vertretene Perspektive insofern im Zusammenhang mit Lewins Modell der Aktionsforschung, als beide Ansätze die Sammlung von Daten eher als Teil eines fortdauernden, zyklischen Prozesses verstehen, denn als etwas, das erledigt werden muß, damit die »eigentliche« Arbeit beginnen kann. Beide empfehlen eine langsame, versuchsweise, sukzessive Verbesserung der Formulierung von Hypothesen. Der Hauptunterschied ist, daß diese Vorgehensweise mehr Gewicht auf offene, ungerichtete Bewußtheit legt, als dies die meisten Praktiker der Aktionsforschung tun, die dem Prozeß der *aktiven, gerichteten Bewußtheit* den Vorzug zu geben scheinen.*

ÜBERDENKEN VON ANNAHMEN ÜBER DIE ZIELE DIAGNOSTISCHER ARBEIT

Um die Perspektive für die Organisationseinschätzung über das übermäßige Vertrauen in aktive, gerichtete Bewußtheit hinaus zu erweitern, müssen mehrere Annahmen überprüft werden:

1. Daß es das Ziel der Diagnose ist, bestimmte kausale Faktoren zu erkennen, die, wenn sie einmal identifiziert sind, den Verlauf der Beratung bestimmen. In komplexen Systemen können dies viele Faktoren sein, die aufeinander bezogen sind und so die Funktion des Systems bestimmen. Bei einer derartigen Situation kann es also sein, daß diese Annahme unrealistisch ist. Viele der modernen Anschauungen über Krankheit und Gesundheit, wie die verschiedenen Betrachtungsweisen ganzheitlicher Medizin, lassen darauf schließen, daß diese Annahme in bezug auf individuelle Systeme ebenfalls in Frage gestellt wird. Eine zweckmäßigere Annahme könnte sein, daß es das Ziel der Diagnose ist, das System so umfassend wie möglich zu untersuchen, bis die miteinander zusammenhängenden Faktoren aufgedeckt werden. Für einen solchen Prozeß ist die Bezeichnung *Einschätzung* passender als Diagnose.

2. Daß die Diagnose ein gesonderter Schritt ist, der der Intervention vorausgeht. Solches Denken führt zu einem künstlichen Abbruch eines sehr komplexen Prozesses, der abläuft, während die Diagnose stattfindet. Man kann sich dies leicht so vorstellen, daß im Verlauf einer Intervention neue Daten erzeugt werden, die in der der Intervention vorausgegangenen diagnostischen Phase nicht vorhanden waren. Berater reagieren gewöhnlich »überrascht« auf solche Vorgänge, die alle implizieren, daß eine vorausgegangene Diagnose modifiziert werden muß. Tatsächlich verlangt die Methode der Aktionsforschung einen fortlaufenden Prozeß der Planung einer Intervention auf Grund einer modifizierten Diagnose, die auf den

---

* Der interessierte Leser wird auf die Arbeiten von Lewin (1946), Shepard (1960) und Whyte und Hamilton (1964) verwiesen, die Diskussionen des Modells der Aktionsforschung enthalten.

aktuellsten verfügbaren Daten beruht. Dies ist für erfahrene Kliniker nicht neu, von denen viele aufgehört haben, sich bei dem Feststellen von Krankheiten auf klassische Krankheitslehren zu stützen, da solche Etikettierungen sie daran hindern, die Dynamik ihrer Klienten voll zu erkennen und zu verfolgen. Anna Freud hat einmal bemerkt, daß ihre Diagnose eines Falles erst zu dem Zeitpunkt abgeschlossen war, an dem die Therapie beendet war. Von einem solchen Standpunkt aus kann man ebenso argumentieren, daß die Diagnose der Intervention folgen kann, wie umgekehrt.

3. Daß unsere persönlichen Empfindungen, Gefühle und inneren Zustände verglichen mit äußeren Beobachtungen und der mentalen Verarbeitung solcher Daten für den diagnostischen Prozeß weniger nützlich und möglicherweise sogar nachteilig sind. Selbstbewußtheit ist eine der Möglichkeiten, unsere äußere Welt einzuschätzen oder als Handlungsgrundlage zu benutzen. Wenn ich meinen Klienten zu mehr Engagement ermuntern will, im Gegensatz dazu, das System genau zu kennzeichnen und zu verstehen, so ist eine der nützlichsten Informationsquellen, die mir für die Auswahl einer Handlung zur Verfügung stehen, dem bedeutendes Gewicht zu geben, was in mir abläuft, während ich mit dem System in Kontakt stehe. Rationalität und Unpersönlichkeit können mit Subjektivität und persönlichem Engagement ein organisches Ganzes bilden.

4. Daß die Aufgabe des Beraters darin besteht, das Problem zu diagnostizieren und die geeignete Lösung vorzuschlagen (und möglicherweise auszuführen). Dies unterscheidet sich erheblich von der Annahme, daß es die Aufgabe des Beraters ist, den Klienten darin auszubilden, die Arbeit der Diagnose und der Ermittlung und Ausführung der Lösung besser zu erledigen. Wenn dies zutrifft, so verändert sich das Ziel der Einschätzung und der Intervention dahingehend, Menschen darin zu unterweisen, Daten preiszugeben. Der offene, ungerichtete Ansatz geht davon aus, daß der Berater zunächst nicht weiß, welche Daten entscheidend sind, und sich nicht darum kümmert, welche Daten ihm das System anbietet, solange der Prozeß der Interaktion mit dem System die Daten erbringt, die nötig sind, um die Blockierungen des Systems aufzuheben und seine Enrgie so zu aktivieren, daß es seine Probleme selbst bestimmen und lösen kann.

Wenn ich hier das Columbo-Modell im Kontrast zu demjenigen von Holmes entwickelt habe, so will ich damit nicht nahelegen, daß das sich aus dem Rationalismus des 19. Jahrhunderts herleitende medizinisch-naturwissenschaftliche Paradigma schlecht ist oder daß es wegfallen sollte. Es wäre unklug zu versuchen, in ein komplexes Arbeitssystem hineinzugehen, ohne sich die Arten von Prozessen und Strukturen anzusehen, von denen uns unsere Erfahrung sagt, daß sie wesentliche Aspekte einer gesunden Funktionsweise sind. Ich will vielmehr zum Ausdruck bringen, daß der einseitige Gebrauch aktiver, gerichteter Bewußtheit einer Beraterrolle Vorschub leistet, die mehr der des abgesonderten, für sich stehenden Wissenschaftlers entspricht als der des »Produzenten-von-Wandel-durch-Engagement«. Das medizinische Modell ist bis zu dem Punkt von großem Wert gewesen, wo es unwissentlich den Blick des Praktikers auf Organisationsdiagnose und -intervention eingeschränkt hat. Das Modell ist in verschiedener Hinsicht einschränkend für praxisorientierte Aktionsforschungsberater:

1. Die Methode enthält eine übermäßige Betonung dessen, was in der Vergangenheit geschehen ist, und der Ursache-Wirkung Beziehungen gegenüber dem, was hier-und-jetzt geschieht (deterministische Orientierung gegenüber existentieller Orientierung).

2. Ein rationaler, analytischer Modus, der die Bewußtheit des Beobachters einschränkt, indem er den Prozeß in begrenzte oder durch Voreingenommenheit verzerrte Bahnen lenkt, wird überbewertet (ein Punkt, mit dem wir uns weiter unten noch beschäftigen werden).

3. Das intellektuelle Verstehen des Problems, bevor ein Übergehen zur Handlung zugelassen wird, wird übermäßig betont, was den Intervenierenden auf eine teilweise unbeteiligte Position gegenüber dem Klienten beschränkt und die Marginalität des Beraters in höherem Maße verstärkt, als zweckmäßig ist.

4. Bis jetzt hat diese Methode das Sammeln von Daten durch Befragungen und Interviews gefördert und die Anwendung teilnehmender Beobachtung und unauffälliger Messungen, wie sie von ethnographisch Orientierten angewandt werden, reduziert.

5. Trotz der Behauptung von Befürwortern dieses Modells, daß sie in dem System, das sie untersuchen, ebenso nach Stärken wie nach Schwächen Ausschau halten, tendiert das Modell dahin, sich übermäßig auf die Krankheit im Vergleich zur Gesundheit des Systems auszurichten.

INTEGRATION DER BEIDEN MODELLE

Der Gestaltansatz über die Bewußtheit bezieht die *aktive, gerichtete Bewußtheit* (Holmes) ebenso ein wie die *offene, ungerichtete Bewußtheit*

(Columbo). Der gestaltorientierte Berater ist darin geschult, beide Formen anzuwenden. Keiner der bewußtheitserhöhenden Ansätze ist dem anderen vorzuziehen; gute Praxis verlangt, zwischen »Fokus« und »Schwamm« hin- und herpendeln zu können, dabei unsere Grenzen so offen wie möglich haltend, um alle Daten von uns selbst und von anderen aufnehmen zu können. Solches Vorgehen scheint am besten unterstützt zu werden, wenn man davon ausgeht, daß es nicht das Ziel der Einschätzung ist, das Problem zu bestimmen, um eine Lösungsintervention zu machen, sondern die Fragen und Themen zu finden, die das Interesse des Beraters auslösen und seine Enrgie anregen, und zu sehen, welche davon das Interesse und die Energie des Klientensystems mobilisieren. Eine Intervention wird dann ein Prozeß der »Bearbeitung« dieser Bewußtheiten auf beiden Seiten.

Einige Beispiele für offene, ungerichtete Bewußtheit in der Organisationseinschätzung mögen helfen, ihre Nützlichkeit deutlich zu machen:

Fall Eins

Vor etwa drei Jahren wurde ich gebeten, mit einer Tochtergesellschaft einer meiner Klienten zu arbeiten. Diese regionale Organisation führt sieben große Warenhäuser und einen zentralen Einkaufs- und Lagerbetrieb, die die Erdölfelduntersuchungen und die Bohrindustrie versorgen. Nachdem wir eine Einschätzungsphase vereinbart hatten, begann ich eine Rundreise durch die einzelnen Niederlassungen, lediglich ausgerüstet mit einigen Vorkenntnissen über die Organisation und ihre Arbeit und einigen allgemeinen Bereichen, die ich mir zur Einschätzung der augenblicklichen Funktionsweise anschauen wollte. Nachdem ich in der dritten Niederlassung ein Interview abgeschlossen hatte, ging ich nach draußen zu der Verladerampe und wartete auf den Warenhausmanager, der sich zu seinem Interview verspätete. Einer der Direktoren, der zufällig aus einem anderen Anlaß auf dem Gelände war, bot mir an, für mich nach dem Mann zu suchen, da ich ihm noch nicht begegnet war und nicht wußte, wie er aussah. Da es ein sonniger Frühlingstag war, ging ich über das Lagergelände und beschäftigte mich mit den gerade stattfindenden Aktivitäten. Ich bemerkte einen hohen Lastwagen, den zwei Männer mit Rohren beluden, woraufhin sie einstiegen, den Motor anließen und langsam losfuhren. Der Direktor kam auf den Hof gelaufen, winkte mit beiden Armen und rief dem Wagen zu, daß er anhalten sollte; der Warenhausmanager war einer der beiden Männer, die im Begriff waren rauszufahren und eine Lieferung an eine Bohrinsel zu machen. Keine noch so ausführlichen Interviews hätten mir das vermitteln können, was diese Szene zum Ausdruck brachte. Meine inneren Reaktionen auf den Mangel an Disziplin, den dieses Ereignis ausdrückte, trugen unermeßlich zu den Daten darüber bei, wie zumindest die Aufgabe eines Warenhausmanagers definiert wurde.

Fall Zwei

Bei der Durchführung eines Interviews, das fast fünf Stunden dauerte und ein Essen einschloß, wurde mir plötzlich klar, daß mein Informant nicht mehr als ein Dutzend Fragen beantwortet hatte, indem er vom Thema der Befragung immer wieder abgewichen war. Nach zwei Stunden wurde mir schmerzlich bewußt, wie müde und schwerfällig ich mich fühlte. Das Top-Management hatte den Informanten mir gegenüber als einen seiner besten jüngeren Manager hoch gelobt und als jemanden hingestellt, der mir mit seinen Anschauungen über die Organisation und ihre Arbeitsweise sehr hilfreich sein könnte. Nach dem Essen sagte ich schließlich, daß ich hart gearbeitet hätte, um auf Fragen, die mir sehr direkt zu sein schienen, Antworten zu bekommen. Diese Feststellung wurde mit einer weiteren nicht zur Sache gehörenden, Kontakt vermeidenden Äußerung beantwortet. Da ich sehr geübt darin bin, mit relativ fremden Personen in schwierigen Situationen guten Kontakt herzustellen, legte ich dieses Mißerfolgserlebnis bei dem Bemühen, einen mehr als oberflächlichen Kontakt mit einer Person herzustellen, von der angenommen wurde, daß sie sehr wichtig für den Versuch einer Veränderung der Organisation sei, in den ich gerade einstieg, für einen späteren Gebrauch beiseite. Ich hatte mehrere Seiten mit Aufzeichnungen über die Arbeitsweise der Organisation, von denen jedoch keine für mich von so großem Interesse war wie die kontaktarme Form dieses langen Austausches.

Fall Drei

In Seminaren über die Durchführung von Organisationseinschätzungen fordere ich die Studenten gewöhnlich zu einer Übung auf, bei der sie einige Zeit ohne die Aufforderung zur Sammlung bestimmter Daten an einem Ort verbringen sollen, nur mit der Bedingung, all ihre Sinne aufnahmebereit zu halten und keine Fragen zu stellen oder sich in anderer Weise mit irgend jemandem zu unterhalten. Bei der Aufgabe geht es einfach darum, Dinge auf ihr Erleben wirken zu lassen, worum es sich auch immer handeln würde. (Wenn sie ihre Erlebnisse mitgeteilt haben, bitte ich die Studenten, eine Liste mit Fragen aufzustellen, denen sie gerne nachgehen würden, wenn sie an dem gleichen Schauplatz weitere Einschätzungen vornehmen sollten.) Hier sind einige typische Reaktionen auf diese Übung.

● Nach dem Umhergehen in dem Kulturzentrum einer großen Stadt im Mittelwesten: »Am zwingendsten war der Eindruck, wie wenige Leute herumgingen.«... »Ich fühlte mich, als wäre ich von einer diskreten, isolierten Bastion umgeben.«... »Die Bauten sind attraktiv, aber sehr verschieden voneinander, als wären sie einfach irgendwie aneinandergereiht worden.«

● Nach dem Umhergehen in einem Gebäude, in dem eine sehr erfolgreiche pädagogische Einrichtung untergebracht ist: »Das Mobiliar macht einen billigen Eindruck.«... »Die privaten Arbeitsräume sind in Stil und Einrichtung alle sehr verschieden.«... »Ich hatte ein Gefühl von verblassender Eleganz, vielleicht auch von vornehmer Armut.«

● Nach längerem Sitzen in einem Gebäudekomplex, der die Abteilung einer Universität enthält: »Ich bin in den letzten beiden Jahren oft zu irgendwelchen Zwecken in dem Gebäude gewesen, aber ich habe nie darauf geachtet, was an den Wänden ist; sie sind größtenteils mit alten Zeitungsausschnitten bedeckt.«

Der gestaltorientierte Berater von Systemen sieht die Funktionen von Einschätzungen in folgendem:

1. Elemente entwickeln, die zur Figur werden können; nach etwas suchen, für das Sie und der Klient Interesse haben: Was beschäftigt mich? Was beschäftigt den Klienten?

2. Persönlich gut grundiert sein; die eigene unumgängliche Verwirrung, Unsicherheit, Angst usw. reduzieren, wenn man sich in ein neues System hineinbegibt.

3. Anfangen, dem System beizubringen, wie es Ihnen Daten geben kann; ein wertfreies Modell für die Belohnung aller Daten geben, die Menschen bereit sind zu äußern und öffentlich zu machen.

4. Die gegenwärtige Bewußtheitsebene des Klienten aus seinem Prozeß des Umgangs mit dem (den) vorliegenden Problem(en) einschätzen.

5. Daten selektiv mitteilen als Mittel der Herstellung eines guten Kon-

takts mit dem Klientensystem; die eigene Präsenz spürbar machen.

6. Das Potential für eine nützliche Arbeitsbeziehung durch den Versuch überprüfen, ein kleines Stück Arbeit als Teil der Einschätzung fertigzustellen.

Dieses Modell enthält gezielte diagnostische Techniken und fügt einige wichtige Komponenten hinzu. Das Engagement für das zu untersuchende System ist sowohl offener als auch kontaktstärker, und es mißt den Empfindungen, Gefühlen und anderen Bewußtheitsinhalten des Beraters große Bedeutung bei. Es verlangt eine gut entwickelte Fähigkeit, sich selbst ebenso wie das Klientensystem wahrzunehmen und zu beobachten. Zusätzlich verlangt es die Bereitschaft und Fähigkeit, mit seinen Beobachtungen persönlich »an der Front« zu sein, Daten als Basis der Hypothesenbildung zu behandeln, anstatt sie für sichere Schlüsse zu verwenden, und die Einschätzung als etwas zu sehen, das während der Interaktion zwischen Berater und System fortwährend abläuft. Dieser Beraterstil erfordert ein großes Maß an Betroffenheit und ist auf die Aktivierung von Energie im Klienten ausgerichtet (denken Sie daran, daß Columbo seine potentiellen Gegner immer in irgendeiner Weise stimuliert, aufrüttelt oder motiviert). Es ist ein integratives Modell, bei dem Berater und Klient zusammen daran arbeiten, etwas zu ändern. Es geht insofern einen Schritt über ein klassisches Prozeßberatungsmodell hinaus, als die Verwendung des vollen Selbst und der aktiven Präsenz des Beraters eine Schlüsselkomponente darin ist.

Abbildung 6.1 stellt die Gestaltausrichtung in der Organisationseinschätzung dar. Es ist ein Ansatz für den praxisorientierten Aktionsforscher, der die Methoden des medizinisch orientierten Diagnostikers, des Prozeßberaters und der teilnehmenden Beobachtung des Ethnographen verkörpert. Er fügt dem Bezugsrahmen dieser Vorgehensweisen eine starke Betonung der offenen Bewußtheit zu, und verwendet die Bewußtheit von sich selbst ebenso wie die von dem anderen als Meßinstrument. Auf diese Weise wird der Bereich der Einschätzung ausgeweitet.

IMPLIKATIONEN

Die hier dargestellte Orientierung schlägt eine wichtige Änderung in der Praxis der Organisationsberatung vor. Zunächst einmal wandeln sich

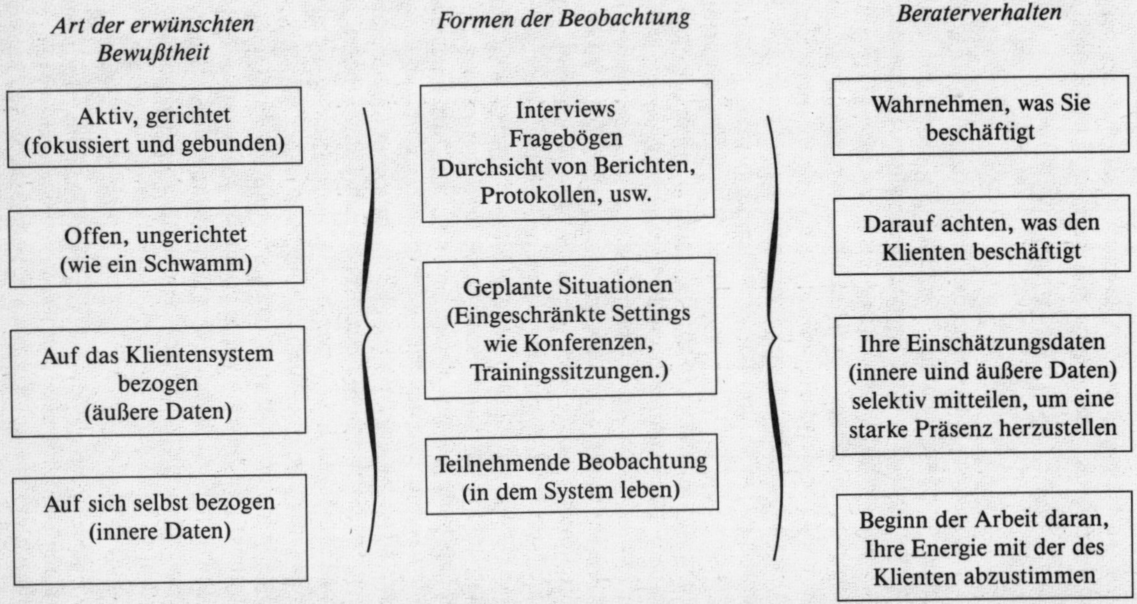

Art der erwünschten Bewußtheit

- Aktiv, gerichtet (fokussiert und gebunden)
- Offen, ungerichtet (wie ein Schwamm)
- Auf das Klientensystem bezogen (äußere Daten)
- Auf sich selbst bezogen (innere Daten)

Formen der Beobachtung

- Interviews Fragebögen Durchsicht von Berichten, Protokollen, usw.
- Geplante Situationen (Eingeschränkte Settings wie Konferenzen, Trainingssitzungen.)
- Teilnehmende Beobachtung (in dem System leben)

Beraterverhalten

- Wahrnehmen, was Sie beschäftigt
- Darauf achten, was den Klienten beschäftigt
- Ihre Einschätzungsdaten (innere uind äußere Daten) selektiv mitteilen, um eine starke Präsenz herzustellen
- Beginn der Arbeit daran, Ihre Energie mit der des Klienten abzustimmen

Abbildung 6.1: Die Gestaltperspektive der Organisationseinschätzung

die Ziele in der vertragschließenden und Eingangsphase. Wenn er mit dem Holmesschen Ansatz arbeitet, verhandelt der Berater über die Möglichkeit, eine Untersuchung der Situation vorzunehmen und Ergebnisse und Empfehlungen für Handlungsschritte zurückzumelden. Bei einer Orientierung nach dem Columbo-Modell zielen die Vorbereitungen auf eine Möglichkeit, mit dem Klientensystem zu interagieren, als würde man sagen: »Laßt uns sehen, was passiert, wenn wir eine Weile zusammenleben.« Das schließt das Sammeln von gezielten Daten nicht aus, aber es verringert deutlich Entwicklungen, den Klienten als Untersuchungsobjekt einzusetzen. Es gibt dem System mehr Gelegenheit, gesehen, gehört und als das anerkannt zu werden, was es ist, und durch das Feedback über kleine Beobachtungen über das System und bei sich selbst im Verlauf der Entwicklung der Interaktion besteht eine größere Möglichkeit, die Energie des Klienten für das Unterfangen zu verstärken. Es ist weniger Grund dafür vorhanden, auf spätere Erklärungen des Beraters angewiesen zu sein, bevor irgend etwas geschehen kann. Die Folge ist eine sehr kontaktvolle Interaktion zwischen Berater und Klient bereits in einem frühen Stadium einer Beziehung. Der Berater ist mehr mit der Überprüfung des Systems auf Bewußtheit und Energiepotentiale hin beschäftigt als damit, die richtige Diagnose eines Problems zu erstellen.

Es wird nicht leicht sein, die Art von Beziehung zu erreichen, auf die dieser Ansatz hinzielt; vielleicht wird der Klient sehr verletzend sein und glauben, daß der Berater ein Experte ist, der schnell mit der richtigen »Medizin« zur Stelle ist.

Wir sollten uns jedoch klar darüber sein, daß wir jedesmal, wenn wir einem Vertrag zustimmen, der den Akzent legt auf eine kurze, schnell durchgeführte Datensammlung, gefolgt von einer Intervention, die sich auf diese Daten gründet, das medizinische Modell bekräftigen und unsere Möglichkeiten verringern, die Art von Daten zu sammeln, die sich nur bei weniger gezielten Interaktionen oder bei teilnehmender Beobachtung zeigen können.

Der Berater, der seine Fähigkeiten bei der Einschätzung und in der Durchführung hoch wirksamer Interventionen verbessern möchte, muß mit der Methode der offenen Bewußtheit ebenso vertraut werden wie mit begrifflichen Bezugssystemen darüber, wie Organisationen funktionieren. Tichy und Nisberg (1976) haben ausführlich dargestellt, wie Vorurteile einen Vermittler von Wandel dazu bringen, bestimmte Fragen und nicht andere zu stellen, was zu einem unausgewogenen Bild von einer Organisation führt. Dieser Verzerrungseffekt geht zurück auf relativ eng gesteckte Entscheidungen des Intervenierenden darüber, welches Veränderungsmodell am besten ist, und spiegelt die Werte, Bedürfnisse und Orientierung des Beraters wieder. In der westlichen Welt neigen wir sehr dazu, schnell zu entscheiden, worauf wir unsere Wahrnehmung richten wollen, und das zu untersuchende Feld vorzeitig zu organisieren. Ich kenne keinen anderen Weg, diese Verzerrungsneigungen zu kompensieren, als sich selbst darin zu üben, so offen, urteilsfrei und rezeptiv wie nur möglich gegenüber dem zu werden, was da draußen in der Welt des Systems ist, mit dem wir uns befassen. Das ist für den Praktiker mit großer Erfahrung ein schwieriges Lernvorhaben — es ist sehr schwer, nicht zu »wissen«, wonach Sie schauen wollen, wenn Sie im Lauf der Zeit viele, viele Situationen gesehen haben — doch eben dies ist es, was die Gestaltmethodologie dadurch zu ermöglichen sucht, daß sie den Rahmen der Organisationseinschätzung erweitert.

7. Kapitel

Evokative und provokative Formen der Beeinflussung bei der Durchführung von Veränderungen*

DIE BEDEUTUNG VON BEEINFLUSSUNG

Dieses Kapitel baut auf die Diskussionen über Präsenz, erwünschte Fähigkeiten und den Gestaltprozeß der Bewußtheit auf. Im Mittelpunkt steht dabei, wie der Berater seine Bewußtheit einsetzt und wie sich Fähigkeit und Präsenz verbinden, um eine Handlung des Klienten anzuregen oder hervorzurufen. Dabei werden besonders die Entscheidungsmöglichkeiten oder Alternativen in Betracht gezogen, die Beratern zur Verfügung stehen, um Handlungen bei Klienten zu stimulieren oder zu beeinflussen. Es wird hilfreich sein, wenn wir uns vor der Untersuchung dieser Alternativen die Bedeutung ansehen, die der Beeinflussung in der Beratungsbeziehung zukommt.

Jeder, der einmal versucht hat, andere im Rahmen der Ausführung einer Berufsrolle zu beeinflussen, wird sich dabei mit Fragen wie den folgenden auseinandergesetzt haben.

---

* Dieses Kapitel ist die erweiterte Fassung eines Aufsatzes, der in *The Gestalt Journal*, Bd. VI, Nr. 2, Herbst 1983 erschienen ist. *The Gestalt Journal* gab die freundliche Erlaubnis, auf dieses Material zurückzugreifen.

- Wie verhalte ich mich, um einflußreich zu sein?
- Welche Strategien oder Taktiken der Einflußnahme scheinen mir geeignet zu sein? (Welche Annahmen leiten mich, wenn ich auf andere Einfluß ausübe?)
- Wie »weich« oder »hart« muß mein Bemühen in einer gegebenen Situation sein?
- Welche Reaktion wird mich zufriedenstellen als eine, die meine Anstrengungen wert ist?
- Wie soll ich mit meiner Frustration oder Verwirrung umgehen, wenn meine Versuche der Einflußnahme nicht besonders wirksam zu sein scheinen?
- Wie werde ich wissen, daß ich wirklich Einfluß genommen habe? (Welches sind meine Bedürfnisse nach / Kriterien für Bestätigung oder Validierung als Instrument der Beeinflussung?)

Diese und ähnliche Fragen bilden den Kern dessen, was es bedeutet, einflußreich zu sein. Insbesondere verlangen sie eine starke Ausrichtung auf den Einsatz unseres Selbst als Instrument der Beeinflussung und darauf, in welcher Weise das persönliche Erleben des Beraters ein mächtiger Faktor in diesem Bemühen ist. Die Bewußtheit von unserem eigenen unmittelbaren Erleben und die Fähigkeit, es in der Hier-und-Jetzt-Interaktion mit dem Klientensystem zu verwenden, werden zu den Hauptfähigkeiten des Praktikers, der Einfluß nehmen will. Der Einsatz unseres Selbst ist definiert als die Art und Weise, in der man nach seinen Beobachtungen, Werten, Gefühlen usw. handelt, um auf den anderen eine Wirkung zu haben. Dies schließt die Artikulation von Bewußtheit aller Arten, wie Gefühlen und Empfindungen, Gedanken, Vorstellungen und Phantasien, mit ein.

Wie ein Berater in einflußreicher Weise beobachtet und handelt — genauer, was beobachtet und wahrgenommen wird — hängt in großem Maße davon ab, wie die Interventionsziele definiert werden. Auf der einen Seite entscheidet der Berater vielleicht, sich auf ein klares *Ergebnis* oder einen Endzustand für das Zielsystem hin auszurichten, und wird daher etwa eine »Investition« für das Erreichen dieses bestimmten Zieles entwickeln. Auf der anderen Seite ist das Ziel für den Berater vielleicht das Erreichen von *Interesse* des Systems an etwas, das er für wichtig hält, das das System jedoch noch nicht als interessantes Thema sieht oder als eine interessante Möglichkeit, ein Problem oder einen Prozeß zu betrachten.

In dem zweiten Fall sind bestimmte Ergebnisse für den Berater weniger entscheidend als die Verstärkung der Bewußtheit des Systems für Entscheidungsmöglichkeiten oder Alternativen, die sich aus einem erweiterten Bewußtsein ergeben. Dies sind keine sich wechselseitig ausschließenden Ziele, aber sie beziehen sich auf verschiedene Punkte im Gestaltzyklus des Erlebens. Das Interesse am Erreichen eines Ergebnisses lenkt die Aufmerksamkeit und Energie des Beraters auf die Stadien von *Handlung und Kontakt*; steht das Erzeugen von Interesse im Mittelpunkt, so werden Aufmerksamkeit und Energie auf das *Stadium der Bewußtheit* gelenkt. Wenn Intervenierende typischerweise ein Ziel höher als das andere bewerten, so bevorzugen sie wahrscheinlich den Einsatz verschiedener Formen der Einflußnahme und unterschiedlicher Wege, um von sich selbst zu diesem Zweck Gebrauch zu machen. Dies wird zu einer wichtigen Determinante für Strategien der Beeinflussung anderer und formt die Haltung des Beraters.

ZWEI FORMEN VON EINFLUSS

Untersuchungen über Vermittler von Wandel aller möglichen Ausrichtungen lassen zwei Hauptformen erkennen, die bei den strategischen Haltungen vorherrschen, die sich aus der Bevorzugung des einen oder anderen Interventionszieles ergeben: die *provokative Form* und die *evokative Form*. Die provokative Form stützt sich auf die Überzeugung, daß Ergebnisse von Systemen das sind, was zählt, wenn man wirklich einflußreich sein will, und daß nichts von wirklicher Bedeutung eintreten kann, es sei denn, der Intervenierende bewirkt oder erzwingt, daß etwas geschieht. Bei diesem Modus führt ein zwingendes oder nötigendes Verhalten des Intervenierenden zu bestimmten Handlungen des Systems, wobei das Verhalten des Intervenierenden auf einem starken Drang beruht, eine Reaktion aus einer ziemlich kleinen Bandbreite möglicher Handlungen zu erreichen, die in seinen Augen eng begrenzt ist. Es werden mit Nachdruck Schritte unternommen, die dazu bestimmt sind, die Bewußtheit des Systems so aufzurütteln oder sich dieser so aufzudrängen, daß sich das System schnell in Bewegung setzt, um mit Handlungen zu reagieren.

Bei der evokativen Form ist der Berater bestrebt, das System für das zu interessieren, was es gerade tut, was von seinen Mitgliedern wahrgenommen wird und wie der dabei ablaufende Prozeß aussieht. Evozieren bedeutet, eine Veränderung in dem hervorzurufen, worauf das System achtet; das Ziel ist das Hervorbringen einer anderen Bewußtheit und die Schulung des Systems darin, in seinen Bewußtheitsprozessen effektiver zu sein. Auf seiten des Intervenierenden ist eine größere Bereitschaft, dem Klientensystem zu erlauben, in den Bewußtheitsstadien des Zyklus des Erlebens zu bleiben und Handlungen des Klienten *auftauchen* zu lassen. Das Ziel für den Intervenierenden ist es, aufzuwecken, aber nicht, ins Wanken zu bringen. William S. Warner hat im Zusammenhang mit diesem Modus vom »Therapeuten als Evokateur« gesprochen.*

Wir sehen also, daß ein Berater sich selbst in einflußreicher Weise einsetzen muß, um Einfluß nehmen zu können, daß es dabei jedoch unterschiedliche Methoden gibt. Die provokative könnte man als *erzwingenden* Ansatz betrachten; die evokative Form wird am besten als ein *emergenter* Ansatz beschrieben. Tabelle 7.1 führt die Eigenschaften auf, die die beiden Formen unterscheiden. Bei der Durchsicht dieser Unterschiede ist es wichtig zu sehen, daß beide nutzbringend bei dem gleichen Klienten angewandt werden können, da sie lediglich unterschiedliche taktische Mittel der Verwirklichung einer strategischen Entscheidung darüber sind, wie dem Klientensystem am besten dabei geholfen werden kann, in sich selbst Energie freizusetzen.

Bevor wir uns ansehen, wie die Formen in der Beratungssitzung zur Anwendung kommen, wollen wir sie zur Erweiterung unseres Verständnisses in einem umfassenderen Rahmen von sozialem Wandel betrachten. Während es gebräuchlicher ist, bei provokativen Mitteln etwa an Aktionen zu denken, die revolutionäre Veränderungen fördern sollen, zeigt eine genauere Analyse, daß dieser Modus aus einer ganzen Reihe von Verhaltensweisen und Wirkungen besteht. Man kann provokativ sein, ohne angreifend oder ein Terrorist zu sein. Konfrontation muß nicht gewalttätig sein — wie

---

* Warner, der zu der ersten Gruppe derer am *Gestalt Institute of Cleveland* gehörte, die von Fritz Perls, Laura Perls und Isadore From beeinflußt und ausgebildet wurden, erfaßte diese Unterscheidung sehr schnell — selber durch und durch ein glanzvoller Evokateur. Der evokative Modus wurde von den Mitgliedern der Clevelandgruppe verfeinert und weiterentwickelt, denen es gelang, die Kraft dieses Modus von den provokativen Aspekten der frühen Arbeit von Fritz Perls abzutrennen, und er wurde zu einem Grundstein dessen, was als »Clevelandstil« bekanntgeworden ist, im Gegensatz zu den provokativeren Formen dessen, was einige als den »kalifornischen Stil« oder »Therapeut als Provokateur« bezeichnet haben.

Tabelle 7.1   Verhaltensqualitäten evokativer und provokativer Formen der Anwendung des Selbst als Instrument der Beeinflussung

Evokative Form	*Provokative Form*
Verhalten, das Ihre Art, in der Welt zu sein, zeigt oder verstärkt	Handlungen, die etwas geschehen lassen; etwas dazu veranlassen einzutreten
Beraterverhalten, das etwas von dem Klienten sichtbar macht, wobei jedoch die Reaktion klientenbestimmt und durch den Berater oft nicht vorhersagbar ist	Eine aktive, gerichtete Intervention; geplantes oder klar fokussiertes Verhalten, dazu bestimmt, den Klienten zu zwingen, sich mit etwas Spezifischem zu befassen
Verhalten, das Bedingungen erzeugt — wie Vertrauen, Hoffnung, Sicherheit, Vorstellung — die bei anderen Erregung oder Interesse entstehen lassen	Handlungen, die Vereinbarungen, Erwartungen oder Verträge zwischen oder unter Personen brechen oder verletzen
Ihre Fähigkeit oder Werte zeigen, ohne das Funktionieren des Klientensystems zu unterbrechen	Handlungen, die das normale Funktionieren von Verfahrensweisen oder Strukturen des Systems unterbrechen
Handlungen, die die Bewußtheit des Klienten »aufbrechen«, doch noch Raum dafür lassen, daß der Klient seine eigenen Handlungen auswählt	Handlungen, die den Klienten dazu zwingen oder von ihm verlangen, seine Handlungen zu ändern
Handlungen, die nicht zu einer bestimmten Reaktion nötigen oder auf die das Klientensystem keine direkte Reaktion zeigen muß	Der Klient kann es kaum vermeiden zu reagieren, er muß etwas als Reaktion auf das Verhalten tun

sich bei den Methoden der Gemeinschaftsorganisation von Saul Alinsky (1972) gezeigt hat. Eine seiner bevorzugten Aktionen war, eine große Gruppe von Personen in ein Unternehmen zu schicken, das als nachlässig und langsam in der Ausführung affirmativer Handlungsprogramme galt. Dieses Vorgehen löste fast immer eine Reaktion bei der Zielgruppe aus und ist qualitativ eine ganz andere Provokation als eine Entführung oder ein Bombenanschlag. Vielleicht wird es Verärgerung oder Wut auf seiten des Empfängers auslösen, doch führt es nicht zwangsläufig zu gewaltsamen oder sehr aggressiven Vergeltungsmaßnahmen. So kann sich der Vermittler von Wandel bei dem provokativen Modus mit verschiedenen Graden von Risiko und Wirkung »auf das Seil begeben«. Der äußerste Einsatz des Selbst kann natürlich auch bedeuten, sein Leben zu riskieren. Ich benutze die Begriffe *Konfrontation* und *Angriff* als Ettiketten, um damit den Unterschied zwischen einem Ansatz nach der Art Alinskys und gewalttätigeren Aktionen wie Nötigung oder Terrorismus deutlich zu machen.

So wie es beim provokativen Verhalten zwei Variationen gibt, können wir auch zwei Stufen oder Arten evokativen Verhaltens unterscheiden. Die vielleicht passivste und anscheinend mildeste Form ist reines *Modellverhalten.* Hier ist man einfach, wer oder was man ist, und hat nur die allgemeine Hoffnung, daß »meine eigene Sache machen« das Interesse des Klienten auslöst. Beeinflussung in dieser Form beruht auf den subtilsten Kräften, doch kann sie, wie wir aus der Literatur über Modellbildung und die Theorien sozialen Lernens wissen, sehr wirkungsvoll sein. Die Forschungen über kindliche Entwicklung und die Arbeit von Albert Bandura (1963, 1976) über Modell-Lernen haben diese Wirkung mehr als demonstriert. Eng verwandt mit dem Modellverhalten, doch eine weniger passive, zentriertere Form der Evokation, ist die *Herausforderung* — ein Beraterverhalten, das dazu bestimmt ist, eine spezifischere Reaktion anzuregen oder herauszulocken. Diese Handlungen sind weniger forcierend als eine Konfrontation und erlauben dem Klienten, sich dafür zu entscheiden, nicht mit einer Handlung zu reagieren und auf der Bewußtheitsebene zu bleiben. Die Techniken der klientenzentrierten Therapie, die den Klienten nach innen lenken und von äußeren Gegebenheiten wegleiten (wie das Spiegeln von Äußerungen des Klienten, der Nachdruck auf dem Gebrauch von »Ich«), sind Beispiele für diese Variation. Das Verwenden von Metaphern und anderen poetischen Formen gehört ebenfalls in diese Kategorie. Auch die kognitiven Informationsgehalte vieler Reden und zahlreicher formaler Unterrichtsformen sind Beispiele für eine stärker gelenkte Bewußtseinserweiterung durch Evokation. Es trifft zwar zu, daß die Anwendung dieser Verhaltensweisen ein Aspekt des Modellverhaltens ist, doch ist der Fokus gerichteter, und die Energie, die der Berater einsetzt, um den Klienten zu erreichen, ist stärker als bei reinem Modellverhalten.

Daß sich provokative Beispiele für Bemühungen um sozialen Wandel leicht finden lassen, bedeutet nicht, daß evokative Formen auf dieser Ebene fehlen. Im Gegenteil, es sind viele bedeutende Veränderungen durch die Kraft attraktiver Lebensstile oder überzeugender nichtprovokativer Präsenzen zustande gekommen. Die Lehren und Lebensweise von Buddha, das Fasten und das auch ansonsten asketische Leben von Gandhi, die Kriegsansprachen von Winston Churchill und Martin Luther Kings »Ich habe einen Traum«-Rede sind alle Beispiele für den evokativen Modus auf einer hohen Stufe. In diesem Zusammenhang ist interessant, daß Daniel Ellsberg als Reaktion darauf, daß er von vielen Collegestudenten für seine Bekanntgabe der im Zusammenhang mit dem Vietnamkrieg stehenden Pentagonpapiere (ein höchst provokativer Akt) als Held gefeiert wurde, sagte: »Es ist besser, wenn Sie alle klar und fest hinter dem stehen, was Sie sind und was Sie glauben, als wenn Sie sich auf einzelne sehr provokative Akte von jemandem beziehen, der zufällig in einer besonderen Position ist, um diese Art von Risiko eingehen zu können« (Ellsberg, 1974).

Analysen der typischen Bandbreite von Interaktionen zwischen Berater und Klient zeigen wenig Beispiele für *angreifende* Provokation, obwohl Bemühungen, Mitglieder des Systems dazu zu nötigen, in eine Änderung einzuwilligen, den Berater oft zu einem Komplizen bei dem werden lassen, was man als einen sehr provokativen Akt betrachten könnte. Es gibt bestimmte Arten von Therapie, wie den Synanon-Ansatz bei Drogenabhängigen und die EST-Programme, die sich auf stark verunsichernde oder angreifende Methoden stützen, um eine Reaktion des Klienten auszulösen. Bei der Art des Arbeitsvertrags der meisten internen und externen Berater ist selten festzustellen, daß Klientenorganisationen in irgendeinem Grad »brutalisiert« sind; tatsächlich enthält die Berufsethik strenge Aussagen über die Unannehmbarkeit solchen Verhaltens.

Andererseits ist dort, wo erfolgreiche Beratung praktiziert wird, oft das zu finden, was ich als *konfrontierende* Provokation bezeichnet habe. Wenn ein Berater sich dafür entscheidet, den Klienten herauszufordern, indem er Gefühle und Emotionen aller Art mitteilt, vom Hinweis auf Inkonsistenzen Gebrauch macht, Interpretationen oder Phantasien anführt, die an die Grenzen des Klienten stoßen oder sie überschreiten, oder indem er nachhaltig ein bestimmtes Verhalten des Klienten fordert — immer dann wird diese Form angewandt. Die Konfrontationssitzung, die Handlungen eines Intervenierenden als dritter Partei sowie Selbstbehauptungstrainingsprogramme sind Anwendungen konfrontierender Provokation. Das entscheidende Element dabei ist, daß der Empfänger der Handlung einen gewissen Druck empfindet, auf eine solche direkte Intervention zu reagieren, daß er jedoch nicht daran gehindert wird, seine gewohnte Funktionsweise fortzusetzen. Diese Ansätze wirken sowohl darauf hin, die Bewußtheit des Klienten zu vergrößern als auch das System zum Handeln zu drängen, aber sie ermöglichen, daß eine durchdachtere, kontrollierte Handlung stattfinden kann als im Fall der *angreifenden* Provokation. Das System kann auch einfach nur die Erfahrung in sich aufnehmen und an dem Punkt weiter nichts tun; es kann entscheiden, ob es als Reaktion seine Grenzen beibehalten oder ändern will, auch wenn es vielleicht erlebt, daß es gedrängt wird, sich in Bewegung zu setzen.

Eine Möglichkeit, den evokativen Modus in der Beratung zu verstehen, ist, die Organisationseinschätzung oder -diagnose als etwas zu sehen, das zum großen Teil auf seiner Anwendung beruht. Das Ziel ist, die Bewußtheit von Berater und Klient im Rahmen eines grundlegenden Vertrauens darauf zu erhöhen, daß aus dieser Aktivität eine Handlung hervorgehen wird. Das Stellen von Fragen bei der Organisationseinschätzung dient dazu, die Aufmerksamkeit des Klienten auf das auszurichten, was das System tut, und läßt den Klienten wissen, was für den Berater interessant ist (was sich in der Auswahl der Bereiche und in den an das System gestellten Fragen zeigt). Ebenso sind Interventionen durch Befragungsfeedback dazu bestimmt, evokativ zu wirken.

Tabelle 7.2 faßt die Beispiele für diese Formen aus dem Bereich der Bemühungen um soziale Veränderungen und aus Beratungssituationen zusammen. Die vier Variationen wurden dabei so zusammengestellt, als gäbe es eine kontinuierliche Abfolge, die sich vom *Modellverhalten* an einem Ende über *Anregung* und *Konfrontation* bis zum *Angriff* am anderen Ende erstreckt. Der evokative Endpunkt repräsentiert eine größere Investition des Intervenierenden in *Bewußtheitsziele*, und das angreifende Ende reflektiert eine stärkere Investition des Intervenierenden in *Handlungs- oder Ergebnisziele* mit viel weniger Interesse an der Entwicklung neu entstehender Handlungen durch das System. Anregung und Konfrontation fallen zwischen diese Extreme.

Am äußersten Ende der evokativen Form ist das, was wir reines Modellverhalten nennen könnten. Bei dieser Variation wird einfach dadurch Einfluß gewonnen, daß der Berater und das Klientensystem den gleichen Lebensraum einnehmen. Der Klient kann, aber muß nicht, sich dessen be-

Tabelle 7.2   Beispiele für provokative und evokative Formen der Anwendung des Selbst bei Bemühungen um Veränderung

Evokative Form		Provokative Form	
Modellverhalten	*Anregung*	*Konfrontation*	Angriff
Buddhas Lebensweise	Auszüge aus Werken von Konfuzius	Evengelisches Predigen	Erzwingendes Überreden
Ghandis asketisches Leben	Tao-te-king	Boykotte und Sit-ins (z. B. Ghandi, Kings Busboykott)	Musterungsbescheid verbrennen
Utopische Gemeinschaften; soziale Experimente, die von anderen beobachtet werden können; Trendsetter, neue Lebensformen	Klientenzentrierte Beratung		Terroristische Akte wie Bomben legen, Kidnapping, Flugzeugentführung
	nach der Vortragsmethode lehren	Techniken von S. Alinsky	
	Reden von M. L. King	Friedliche Demonstrationen	Wilde Streiks, Einbrüche der *Clamshell Alliance* bei der *Seabrook Nuclear Facility*
Vereinbarungen, bei einem anderen in die Lehre zu gehen	Anwenden einer reichen Sprache: Metaphorische Vorstellungen, poetische Formen, Gesten	Starke Rhetorik; Propaganda	
		M. L. Kings Protestmärsche	
Präsident Carter im Pullover, der am Tag des Amtsantritts zu Fuß zum Weißen Haus geht	Präsident Reagans Äußerung »Es gibt keine Energieknappheit in diesem unserem großen Land« (freie Wiedergabe seiner Äußerungen)	Sadats historische Reise nach Jerusalem	D. Ellsbergs Weitergabe der Pentagonpapiere an die Presse
		Encountergruppen	Synanontherapie
Präsident Reagan im Westernstil gekleidet auf einem Pferd reitend		Selbstbehauptungstraining	Rolfing
		Tavistock-Gruppe	Est-Programme
In Auftreten / Stil attraktiv sein, um Aufmerksamkeit, Interesse auf sich zu ziehen	Fragen stellen oder Bemerkungen machen, die die Aufmerksamkeit anderer gewinnen	Konfrontationsbesprechungen	Handlungen, die andere durch Einschüchterung dazu zwingen oder dazu vergewaltigen, zu reagieren; jeder Akt der Feindseligkeit oder ein Akt, der ein Übereinkommen stark verletzt
		Bioenergetik	
Stellvertretendes Lernen, beobachten, ohne es selbst zu versuchen, oder einfach dadurch, daß man mit anderen am gleichen Ort ist	Bewußtseitserhöhende Techniken wie die, die angewandt werden in der Gestalttherapie, Psychosynthese, Synektik, in Körpertherapien (Alexander, Feldenkrais usw.)	Intervention durch eine dritte Partei	
		Das Verhalten anderer diesen gegenüber interpretieren	
		Äußerungen gegenüber Klienten, die ihre etablierten Grenzen erweitern oder überschreiten	

wußt sein, daß Modell-Lernen stattfindet. Der Klient unterzieht sich einer indirekten Lernerfahrung, indem er den Berater einfach als Gehilfen bei der Erfüllung seiner Arbeitsaufgaben beobachtet. Dieser Prozeß läuft unabhängig davon ab, ob der Berater bewußt versucht, durch seine Art zu sein, Einfluß zu gewinnen. Was beobachtet oder gestaltet wird, reicht von bestimmten Fähigkeiten, Einstellungen und dem Gebrauch von Sprache bis zu allgemeineren Dingen wie dem gesamten Auftreten, dem Lebensstil oder der Art der Präsenz des Beraters im umfassenden Sinn. Das Modellverhalten ist insofern eine Form des evokativen Modus, als des Beraters Art zu sein bei den Mitgliedern des Klientensystems eine Reaktion evoziert. Diese Reaktion kann bei den einzelnen Mitgliedern verschieden sein, und sie kann ganz anders sein als das, was der Berater erwartet. In jedem Fall aber wird etwas einfach dadurch hervorgerufen, daß der Berater präsent ist. Es ist für den Berater buchstäblich unmöglich, kein Evozierender zu sein; er kann bei anderen negative oder positive Reaktionen hervorrufen, aber er kann nicht unbeachtet bleiben. Aus diesem Grund ist die Präsenz als Mittel der Beeinflussung so nachdrücklich wirksam.

Die in Tabelle 7.2 angeführten Beispiele für den provokativen Modus enthalten in größerem Maß stark gelenkte Handlungen. Der evokative Prozeß ist subtiler und stützt sich in viel geringerem Maß auf bestimmte Verknüpfungen als der provokative. Worauf der Klient reagiert, ist nicht unbedingt vorhersagbar, und die Reaktion selbst kann wiederum eine von zahlreichen Möglichkeiten sein. Beispielsweise kann es sein, daß der Berater, obwohl er ein freundliches, geselliges Wesen hat, im Klientensystem Mißtrauen oder Verdacht anstelle von Vertrauen und Offenheit auslöst. Ein zurückhaltender, wortkarger Berater könnte im Klientensystem Verärgerung hervorrufen oder Neugier darauf auslösen, was der Berater wohl denkt, aber nicht sagt. Ferner kann es sein, daß diese Aspekte des Beraterverhaltens bei einem bestimmten Klienten wenig oder keinen bedeutenden evokativen Einfluß haben und daß ein anderer Aspekt — vielleicht der Ruf des Beraters — sich stärker auf das Entstehen von Offenheit beim Klienten auwirkt. Jedenfalls wird eine Reaktion selbst dann erzielt, wenn die Reize, die dazu beitragen, sie auszulösen, nicht offensichtlich sind. Die Signale sind subtil und oft weder in der Bewußtheit des Beraters noch in der der Mitglieder des Klientensystems. Überdies haben Kräfte im Klienten viel mit dem zu tun, was ausgelöst wird, und eine bestimmte Reaktion kann unter Umständen ebensoviel über den Klienten wie über den Berater aussagen.

VERANSCHAULICHUNGEN BEIDER FORMEN IM BERATUNGSPROZESS

Etliche der zuvor in diesem Buch angeführten Fallbeispiele können dazu beitragen, die beiden Beeinflussungsformen zu veranschaulichen. Der Fall von Jack, dem Direktor eines Familienunternehmens (Kapitel 3), ist ein gutes Beispiel für konfrontierende Provokation im Anschluß an eine Phase des Modellverhaltens und der Anregung. Der Fall der Teambildung mit den Ernährungsspezialistinnen (Kapitel 3) ist ein Beispiel für einen Versuch von Modell-Lernen, der schiefging. Alle drei zur Präsenz angeführten Fälle aus Kapitel 4 sind Beispiele für die evokative Form. Die folgenden Fälle sollen die Formen weiter verdeutlichen und einander gegenüberstellen.

Fall Eins

Vor einer Reihe von Jahren habe ich eine Gruppe von drei Männern beraten, die eine Gesellschaft gegründet hatten, um in Unternehmen zu investieren und Unternehmen aufzukaufen. Davor hatte ich etwa ein Jahr lang in erster Linie mit einem der Männer und der ihm untergeordneten Führungskräften über Management- und Unternehmensfragen aus ihren expandierenden Gesellschaften gearbeitet. Um eine bessere Vorstellung von ihren Zielen und ihrer Arbeitsweise zu bekommen, wurde ich eingeladen, an ihren zweiwöchentlich stattfindenden Teilhabersitzungen und an den Vorstandssitzungen einer ihrer Gesellschaften als Beobachter teilzunehmen. Mehrere Monate lang sagte ich sehr wenig auf diesen Sitzungen, die lang und schlecht organisiert waren und ständig von Telefonaten unterbrochen wurden. Nach einer Weile wurde ich sehr angespannt und unruhig, doch noch immer steuerte ich lediglich ein paar scherzende Worte bei oder stellte einige Fragen, um etwas zu klären, über das sie diskutierten. Gelegentlich wurde ich gebeten, kurz über meine Arbeit in ihrem Unternehmen zu berichten. Die Teilhaber schienen ganz zufrieden damit zu sein, mit dabeizuhaben, um sie bei ihrem Tun zu beobachten; nie baten sie mich um irgendeine Art von Feedback über den Verlauf oder die Struktur ihrer Sitzungen.

Die 12. Sitzung war besonders schlimm. Es wurden Aktionen in Erwägung gezogen, bei denen es um Millionen von Dollar ging, für die jedoch kaum Vorbereitungen getroffen worden waren, wieder gab es ständig Unterbre-

chungen, und alles war immer noch sehr chaotisch. Als einer der Teilhaber, der hinausgegangen war, um einen Anruf entgegenzunehmen, wieder-
kam, konnte ich mich nicht länger zurückhalten und unterbrach die Diskussion, um in deutlichen Worten zu sagen, daß ihre Sitzungen zum
Schlimmsten gehörten, was ich je gesehen hätte, daß ich niemals so nachlässig wie sie mit Entscheidungen, bei denen es um mein Geld geht, umgehen würde, und daß mir nicht klar wäre, wie sie bei diesem Arbeitsstil zu
guten Entscheidungen kommen könnten. Nach einem Augenblick, den ich
als qualvolle Stille erlebte, antworteten sie mit der Frage, was ich damit
meinen würde. Rückblickend kann ich nur vermuten, daß der Grund dafür, mich als Reaktion auf meinen Ausbruch nicht aus dem Raum zu wer-
fen, der war, daß sie angefangen hatten, mich zu respektieren und mir zu
vertrauen. Auf jeden Fall hatte ich den Ablauf ihrer Sitzung durch den
Einsatz *konfrontierender Provokation* unterbrochen. Ich nutzte diese Gelegenheit zu der Frage, wie sie sich bei ihrer Verfahrensweise fühlten, und
sie erklärten, daß sie nicht völlig glücklich damit seien, es aber einfach als
dazugehörenden Preis akzeptierten. Wie zu erwarten war, stellte sich heraus, daß jeder dachte, er sei der einzige, der den Verlauf schwierig und
manchmal ärgerlich fand. Ich fragte sie, ob sie meine Hilfe bei der Entwicklung eines besseren Ablaufs haben wollten, und sie erklärten sich damit einverstanden, in zukünftigen Sitzungen einige Änderungen auszu-
probieren. Später verbesserten sie ihre Sitzungen erheblich, obwohl sie das
Grundmuster erst dann vollständig änderten, als einer der Teilhaber die
Gruppe einige Jahre später verließ.

Bei der Analyse dieses Beispiels ist es wichtig zu erkennen, daß meine
Intervention kein geplanter, beabsichtigter Schritt war. Sie ergab sich aus
meiner Anspannung und einem Bedürfnis, etwas zu tun, um das bestehende Muster zu erschüttern. Noch wenige Minuten vor meiner Äußerung
hatte ich keine Ahnung, daß ich intervenieren würde, um die Sitzung zu
unterbrechen. Über Monate hinweg hatte ich mich einfach als interessier-
ter, ruhiger Teilnehmer gezeigt. Bestenfalls würde ich als eine Art Modell
betrachtet, das beobachtet werden konnte. Ich würde bezweifeln, daß diese Art der Intervention erfolgreich sein kann ohne die Unterstützung, die
aus dem Aufbau einer Beziehung über einen längeren Zeitraum erwächst.
Auch wenn es Fälle gibt, bei denen aggressive, konfrontierende Schritte
dabei helfen, die Beziehung aufzubauen, muß im allgemeinen eine gewisse Vertrauensbasis bestehen, bevor das Klientensystem einem aufrütteln-
den, schockierenden Schritt eines Beraters zustimmen oder ihn akzeptie-

ren kann. Schließlich sollte die Intervention als etwas gesehen werden, wodurch die Bewußtheit des Klientensystems erhöht wird, allerdings in einer Weise, die das Klientensystem zum Handeln bewegt. Der Nachdruck, der auf dem Handeln liegt, läßt diese Reaktion nicht mehr dem evokativen Modus angehören. Sie hätten mich ignorieren und mit der Sitzung fortfahren können, auch wenn ich ihnen das schwer gemacht hatte. Da es aber für sie nicht unmöglich war weiterzumachen, können wir hierin eher ein Beispiel für *konfrontierende Provokation* sehen. Eine angreifende Provokation würde dagegen einen stärker nötigenden Schritt verlangen, auf den zu reagieren unvermeidlich wäre.

Fall Zwei

Seit zwei Jahren führe ich allgemeine Beratungen für ein Industrieunternehmen mittlerer Größe durch, dessen Hauptgeschäftsführer ich im Rahmen eines vorausgegangenen Auftrags einer anderen Firma kennengelernt hatte. Zu der Arbeit gehört unter anderem, der Top-Management-Kommission zur Auswahl und Weiterbildung von Führungskräften anzugehören, sowie das Planen und Durchführen von Tagungen für Führungskräfte. Während dieser Zeit haben infolge einer sich wandelnden Lage in der Organisation viele Änderungen stattgefunden. Auf einer kürzlich abgehaltenen Sitzung der Kommission zur Weiterbildung von Führungskräften, bei der über einige geschäftliche Rückschläge gesprochen wurde, stellte ich fest, daß der Hauptgeschäftsführer müde und etwas niedergeschlagen wirkte; gewöhnlich ist er in seinem Auftreten optimistisch und schwungvoll. Als die Sitzung beendet wurde und wir uns verabschiedeten, erwähnte ich, daß es so aussähe, als ob ihm einiges auf der Seele liegen würde, und fragte ihn, ob ich ihm in irgendeiner Weise helfen könne. Er entgegnete halb im Scherz mit der Frage, ob ich mir um seine geistige Gesundheit Sorgen machen würde. Ich erwiderte sofort, daß ich ihn später anrufen würde, um mit ihm ein Treffen zu vereinbaren, bei dem ich ihn allein sehen würde. Zwei Tage später verabredeten wir uns zum Frühstück, und er schüttete mir sein Herz aus über die ernste Belastung durch zwei oder drei seiner geschäftlichen Probleme und wie diese nach fast drei Jahren herkulischer und meistens erfolgreicher Bemühungen, seine Gesellschaft neu in Schwung zu bringen, nun langsam anfingen, ihn aufzuzehren. Ich hörte hauptsächlich zu oder machte unterstützende Bemerkungen, die seine Empfindungen und die Tatsache anerkannten, daß diese stark in der Realität wurzelten. Am Ende unserer Zusammenkunft sagte ich, es hätte den Anschein, daß ihn seine Probleme noch eine ganze Weile begleiten würden und daß er vielleicht in Gefahr sei, sich selbst durch langes, hartes Arbeiten ohne Unterbrechungen zur Strecke zu bringen. Ich provozierte ihn, mir darin zuzustimmen, mehr Zeit mit seiner Familie und sozialen Kontakten zu verbringen und sich einige lange Wochenenden zu nehmen. Ich hatte nicht die Illusion, daß diese »Gemeinplätze« seine Probleme in irgendeiner Weise lösen könnten, außer, daß sie dazu beitragen könnten, seine Bewußtheit darauf auszurichten, ob er sich selbst während einer schwierigen Zeit genügend Unterstützung gab. Ich erwartete nicht mehr als eine mäßige Reaktion auf meinen Vorschlag, aber ich dachte, daß es ein Anfang sei. In diesem Zusammenhang ist es wichtig zu wissen, daß dieser Geschäftsführer einen sehr wachen, wißbegierigen Verstand hat und daß er zuhört und sich an fast alles erinnern kann, was seine Mitarbeiter ihm gesagt haben.

Dieses Beispiel ist sowohl dem *anregenden* wie dem *konfrontierenden* Modus zuzuordnen. Es handelte sich um Anregung, als ich den Hauptgeschäftsführer fragte, ob ich irgend etwas für ihn tun könnte, und als ich seine Gefühle von Mutlosigkeit während unserer Frühstücksbegegnung widerspiegelte und unterstützte. Der Vorschlag, sich mit seinem Unterstützungssystem zu befassen, war ein weiteres Beispiel dafür. Die Konfrontation bestand hauptsächlich in meiner Äußerung, daß wir zusammenkommen sollten, und in meinem Schritt, bei ihm anzurufen, um das Frühstückstreffen zu vereinbaren, anstatt darauf zu warten, daß er mich anrufen würde. Die Ausgangskonfrontation fand statt, als ich ihm zuerst sagte, daß er mir müde und niedergeschlagen zu sein schien (im wesentlichen eine Interpretation meinerseits). Ich benutzte die Konfrontation, um schnell seine Aufmerksamkeit zu bekommen, und ging zur Anregung zurück, sobald wir besseren Kontakt hergestellt hatten.

Fall Drei

Eine der schwierigsten Entscheidungssituationen für einen Berater entsteht, wenn ein Klientensystem im Begriff ist, auf eine Weise zu handeln, von der der Berater glaubt, daß sie dem System schadet. Wo das Lernen des Systems ein wichtiges Ziel der Beziehung zwischen Klient und Berater ist, ist dies ein überzeugendes Argument dafür, das Geschehen ohne eine Intervention weitergehen zu lassen, wenn der Preis dafür nicht eindeutig zu verheerend ist. Andererseits kann man argumentieren, daß es viele Lektionen gibt, die gelernt werden können, und daß der Preis für einen Fehlschlag in einem System, das darum bemüht ist, sich zu verbessern, immer zu hoch ist. Der folgende Fall ist ein Beispiel für die Anwendung von Konfrontation, gegründet auf die Überzeugung des Beraters, daß eine beabsichtigte Handlung dazu führen würde, das über einen Zeitraum von Monaten hart errungene Vertrauen zunichte zu machen und ein Bemühen um Organisationsentwicklung ernstlich untergraben würde.

Bei dem Fall geht es um die mögliche Entscheidung, eine Zusammenkunft, die im Anschluß an eine dreitägige Klausurtagung der Manager stattfinden sollte, zurückzustellen. Die Tagung, die der Höhepunkt von mehreren Monaten vorangegangener Arbeit der Entwicklung von Organisationszielen und eines neuen Managementstils war, war sehr erfolgreich gewesen. Unmittelbar nach der Tagung setzten jedoch mehrere Ereignisse im Geschäftsbereich dieser Organisation (dem Zweigunternehmen einer größeren Firma) und auf übergeordneter Ebene die beteiligten Manager sehr unter Druck, alles andere beiseite zu legen und sich auf die beiden aktuellen Probleme zu konzentrieren. Als ich die Person anrief, die damit beauftragt war, die eintägige Zusammenkunft zu organisieren, um von ihr genauere Angaben über Ort und Zeit zu hören, wurde mir gesagt, daß es Gerüchte gäbe, wonach das Treffen verschoben werden sollte. Ich war über diese Neuigkeit bestürzt, zum großen Teil deshalb, weil dies ein gewaltiger Rückschlag für die in Gang gekommene Organisationsentwicklung sein würde. Die an der Tagung beteiligt gewesenen Manager waren alle mit Aufgaben beschäftigt, die auf die Tagungsarbeit zurückgingen; ihr Enthusiasmus und ihre Fortschritte würden vielleicht unwiderruflich verlorengehen, wenn das Treffen abgesagt würde. Außerdem hatte ich große Mühe auf mich genommen, um mich dieser Organisation während des vergangenen Jahres zur Verfügung zu stellen, und diese Wende der Dinge ärgerte mich. Nachdem ich etwa einen Tag lang mit meinem Ärger gekämpft hatte und mir eingestand, daß ich anfing, mir zu viele Sorgen um den Erfolg der Maßnahme zu machen, beschloß ich einzugreifen. Ich rief den Direktor an und sagte ihm, daß er, wenn er nicht einen zwingenden Grund für die Absage des Treffens hätte, im Begriff sei, einen großen Fehler zu machen. Er sagte, daß er es nicht absagen wolle, aber Bedenken hätte, zu diesem Zeitpunkt 20 Manager einen ganzen Tag lang aus der Arbeit herauszuholen. Wir besprachen dies eine Weile, wobei ich nicht davon abrückte, daß das

Treffen stattfinden sollte, und dann beschlossen wir, zwei vierstündige Sitzungen über einen Zeitraum von zehn Tagen verteilt festzusetzen.

Dieses Beispiel ist insofern wichtig, als es die Frage nach dem möglichen Unterschied zwischen dem Durchführen von Prozeßberatung und dem Äußern von Ratschlägen aufwirft. Genauer gesagt, die Frage ist, ob man einen Rat erst dann anbieten soll, wenn danach gefragt wird, oder ob man ihn unaufgefordert in der Hoffnung geben soll, daß er dem Klienten helfen wird. Ich behaupte nicht, daß das, was ich in diesem Fall tat, eine vorbildliche Reaktion war; meine eigenen Gefühle und Voreingenommenheiten waren für mich zu offensichtlich. Ich kam jedoch zu der Überzeugung, daß die Gefahr bestand, daß »Anregung« bei dem Versuch zu erreichen, daß das Treffen stattfand, zwecklos sein, Konfrontation dagegen erfolgreich sein würde.

IMPLIKATIONEN

Wenn der evokative Modus die Art von Kraft hat, auf die hier hingewiesen wurde, so hängt der Einfluß des Beraters vielleicht ebensosehr von der Fähigkeit ab, das breiteste Aufgebot möglicher Reaktionen bei anderen auszulösen oder aus ihnen herauszubringen, wie von irgendeiner einzelnen Handlung oder Struktur in der Situation. Ob ein bestimmter Rat gehört oder beachtet wird, das Ausmaß, in dem Klientensysteme bereit sind, eine Erweiterung der Grenzen oder eine neue Möglichkeit in Betracht zu ziehen, hängt vielleicht letztendlich mehr von der tagein, tagaus vorhandenen Präsenz des Intervenierenden und von evokativen Kräften ab als von identifizierbaren Akten der Provokation. Daniel Ellsberg mag mit seiner Einschätzung dieser Wirkung recht haben; wenn man sich dafür entscheidet, auf eine Veränderung in dem System hinzuarbeiten, so ist sicherlich die Wahrscheinlichkeit, daß man Gegenkräfte erzeugen wird, sehr viel geringer, wenn die Möglichkeit evokativer Formen voll ausgeschöpft wird. Es ist jedoch nicht notwendig, zwischen beiden zu wählen, *wenn konfrontierende Provokation anstatt der angreifenden Form angewandt wird.* Der angreifende Modus verleiht der Provokation einen schlechten Beigeschmack, größtenteils wegen der darin enthaltenen gewaltsamen, nötigenden Handlungen. Doch wenn auch gewaltlose Provokation eine gewaltsame Reaktion erfahren kann — wie der Protestmarsch von Selma von Martin Luther King und seinen Anhängern — kann es sein, daß eine Konfrontation zwischen Parteien, die auf ein gemeinsames Ziel hin eingesetzt wird, gerade genügend zündende Funken liefert, um nützliches Handeln in Gang zu bringen. Hier beruht das von dem Intervenierenden übernommene Risiko auf einer hinreichenden Wahrscheinlichkeit dafür, daß sich alles gut entwickelt, oder es erlaubt einen Rückzug, wenn die Aktion ihr Ziel verfehlt oder das übersteigt, womit der Empfänger zu dem Zeitpunkt umgehen kann.

Es kann gut sein, daß eine mögliche Interventionssequenz zunächst den Akzent auf die evokative Form legt und sich dann mit einem bewußteren, interessierteren und »präparierten« Klientensystem bis zur Anwendung konfrontierender Provokation vorarbeitet. Besonders in einem System, in dem ein großes Maß an Verwirrung oder Angst herrscht, mag sich das Herstellen einer Atmosphäre, die das Auftreten von Handlungen fördert, besser auswirken, als eine, die die Handlung erzwingt. Wenn das zutrifft, so legt dies nahe, bei vielen Bemühungen um Wandel in Organisationen den Entwicklungs- / Lernansatz evokativ hergeleiteter Handlung den politikähnlichen Taktiken oder Handlungsstrategien des provokativen Modus vorausgehen zu lassen. Dies kommt nah an das Verfahren an den ersten der oben angeführten Fälle und an die in Kapitel 4 beschriebenen Fälle heran. Das Problem dabei ist in vielen Situationen, daß es Zeit braucht, damit sich diese Sequenz entfalten kann, und daß die Vorgehensweise vielleicht nicht genug Kraft aufbringt, um dort schnell Handlungen zu erzeugen, wo Handlung als dringend geboten angesehen wird oder wo ein Aufrütteln nützlich ist, um die Bewußtheit des Klienten zu erweitern. Während andererseits die provokative Vorgehensweise die Dinge sicherlich beschleunigt, kann sie als so gewaltsam und attackierend wahrgenommen werden, daß sie Gegenkräfte und Widerstand anderer Art erzeugt. Beide Formen haben bedeutenden Nutzen und Grenzen; kunstvolle Beratung verlangt ein sensibles und kluges Ausbalancieren. In zweien der oben angeführten Fälle wurde konfrontierende Provokation in einzelnen, spezifischen Augenblicken angewandt, gefolgt von Anregung und Modellverhalten. In diesen Fällen traten keine starken Gegenkräfte in Erscheinung — in dem einen Fall, weil die Konfrontation im Ton unterstützend war, und in beiden, weil Vertrauen in den Berater entwickelt worden war. Ohne eine dieser Bedingungen ist der provokative Modus riskanter.

Diese Überlegungen beziehen sich auf Phänomene, die schon von anderen behandelt worden sind. Ich hoffe, daß der hier dargelegte Bezugsrahmen neue Einsichten darüber erlaubt, wie man in einer Beraterrolle Einfluß nehmen kann. Jene, die bislang Bedenken hatten, stark konfrontierend zu sein, werden sich vielleicht Rückhalt dafür holen, provokativer in diesem Stil zu sein. Jene, die handlungsorientiert waren und ihre Energie größtenteils in programmatische Belange und Endstadien gesteckt haben, werden vielleicht mehr Wert darauf legen, auf der Ebene der Bewußtheit zu bleiben und zu lernen, Einfluß zu nehmen, ohne das Äußerste zu überschreiten. Wandel kann dadurch eintreten oder Einfluß kann für den Klienten dadurch spürbar sein, daß einfach die Kraft des »Seins« und dessen, was man ist, eingesetzt wird. Eine interessante Bemerkung von Maimonides (1881) aus *Guide for the Perplexed* besagt, daß die einzige Begründung für einige der Zehn Gebote darin besteht, daß sie dort stehen, um *Gehorsam gegenüber Gott zu erwecken*, einfach um des Gehorsam willen, und nicht aus einem anderen speziellen Grund. Auf die Beratungsarbeit übertragen, weist diese Aussage darauf hin, daß der Prozeß der Evokation mindestens ebenso wichtig ist, wie den Inhalt der Fragen, mit denen sich Menschen in ihrem Arbeitsleben auseinandersetzen, in den Mittelpunkt zu stellen. Das Versäumnis, die Weisheit und Kraft der evokativen Form anzuerkennen, hat eine Überbewertung der inhaltlichen Arbeitsfragen zur Folge und tendiert dahin, ein Drängen nach Änderung zu unterstützen. Das wachsende Interesse von Beratern an östlicher Philosophie und die neueren Forschungen zum Modell-Lernen und über die Rolle des Mentors zeigen ein erhöhtes Interesse an der Bedeutung der evokativen Form und daran, die Bewußtheitsphase nicht zu überstürzen. In dem Maß jedoch, in dem als Reaktion auf die Schwierigkeit, Ziele der Veränderung in einer komplexeren Welt zu erreichen, die Geduld abnimmt und die Frustration wächst, sehen wir eine zunehmende Tendenz, zum »Allesoder-nichts« zu greifen und von risikoreichen Handlungen angreifender Provokation Gebrauch zu machen. Die Formen der Anregung und der Konfrontation zeigen uns, daß es andere Möglichkeiten gibt, günstigen Einfluß auszuüben.

8. Kapitel

Über die Bedeutung von Widerstand in Organisationszusammenhängen

Vieles ist schon über den Begriff des Widerstandes und wie damit umzugehen ist geschrieben worden. Seit der Zeit Freuds (1900) ist Widerstand ein zentrales Thema in der Psychotherapie, und Organisationstheoretiker haben sich bereits seit vielen Jahren ausführlich mit diesem Gegenstand beschäftigt — die klassischen Aufsätze von Coch und French (1960) und Lawrence (1969) inbegriffen. Trotz dieser Beachtung in der frühen wie in der neueren Literatur zeigen Vertreter helfender Berufe ein großes Maß an Verwirrung in der Art und Weise, wie sie Manifestationen des Widerstands von oder in Klientensystemen bezeichnen, definieren und handhaben. Vielleicht gibt es kein Thema, das dringender nach mehr Verständnis auf seiten der Berater verlangt. Dieses Kapitel versucht, die Bedeutung von Widerstand in Organisationszusammenhängen zu erhellen.

Widerstand ist eine von Managern oder Beratern angewendete Bezeichnung für das von ihnen wahrgenommene Verhalten anderer, die nicht bereit zu sein scheinen, Einflußnahme oder Hilfe zu akzeptieren. Es ist eine Bezeichnung, die von denen stammt, die sich selbst als Vermittler von Wandel sehen, und entspricht nicht unbedingt auch dem Erleben der Zielgruppe. Dieser einfache und vielleicht offensichtliche Punkt wird oft übersehen, und die meisten Versuche, Widerstand zu verstehen, stammen aus der Perspektive oder verzerrten Sicht jener, die versuchen, Veränderung auszulösen. Wie Klein (1976) in seiner hervorragenden Arbeit über Veränderung aufzeigt, hat Freud selbst den Begriff dazu benutzt, die

Blockierung der Erfüllung seiner therapeutischen Zielvorstellungen zu beschreiben. In dem gleichen Sinn führt Lawrence (1954) Ratschläge dafür an, wie der Widerstand gegen Wandel überwunden werden kann, er akzeptiert jedoch deutlich die Orientierung, den Initiator von Wandel als Ausgangspunkt zu sehen, obgleich er für die Position der Zielgruppe sehr viel Sympathie aufbringt. Ein umfassenderes Verständnis des Phänomens Widerstand muß Beschreibungen des Erlebens enthalten, wie es von den Widerstand Leistenden ebenso wie von den Initiatoren von Wandel empfunden und aufgefaßt wird. In einem sehr bekannt gewordenen Aufsatz von Kotter und Schlesinger (1979) werden die vier am häufigsten vorkommenden Gründe dafür, warum Menschen Widerstand leisten, aufgezählt.

1. Der Wunsch, etwas Wertvolles nicht aufzugeben.
2. Ein Mißverstehen der Veränderung und ihrer Implikationen.
3. Die Überzeugung, daß die Veränderung für die Organisation keinen Sinn hat.
4. Eine geringe Toleranz gegenüber Veränderung.

Alle Punkte mit Ausnahme des letzten erkennen die Tatsache an, daß es legitime Unterschiede in der Art geben mag, in der verschiedene Mitglieder der Organisation die gleiche Situation betrachten. Vielleicht liefert Klein (1976) mit seiner Konzeption der Rolle des »Bewahrenden« einen noch besseren Ansatz. Der Begriff bezeichnet jene Fürsprecher des inneren Kerns von Tradition und überkommenen Werten, die zu Kräften gegen Veränderung werden — eine Aktivierung, die er als Vorbedingung für erfolgreichen Wandel betrachtet. Klein führt drei Gründe dafür an, warum Bewahrende, indem sie Wandel widerstehen, von Nutzen sind.

1. Sie reagieren sensibel auf jedes Anzeichen dafür, daß es denen, die Veränderung zu erzeugen suchen, an Verständnis für die grundlegenden Werte des Systems, das sie zu beeinflussen versuchen, fehlt, oder daß sie sich nicht mit diesen Werten identifizieren.
2. Sie erkennen Folgen des Wandels, die dessen Initiatoren nicht vorausgesehen haben und die das Wohlergehen des Systems bedrohen könnten.
3. Sie sind besonders befähigt, auf Veränderungen zu reagieren, die die Integrität des Systems verletzen könnten; das heißt, sie reagieren sensibel auf die Bedeutung des Erhalts von Selbstachtung, Kompetenz und Autonomie (Klein, 1976, S. 121).

Veröffentlichungen wie die von Klein und anderen führen uns zu der Folgerung, daß das, »was im allgemeinen als Widerstand bezeichnet wird, nicht nur eine stumme Barriere ist, die beseitigt werden muß, sondern eine kreative Kraft, um eine schwierige Welt zu meistern« (Polster & Polster, 1973). Auch Freud hat darauf hingewiesen, daß widerstandslose Patienten Gefahr laufen, von den Interventionen des Therapeuten überwältigt zu werden. Aus der Perspektive des Initiators von Wandel mögen Widerstand Leistende als defensiv gesehen werden, doch aus der Sicht der Widerstehenden stellt sich ihr Verhalten vielleicht ganz angemessen dar als gesunde Selbstregulation oder zumindest als Schutzreaktion gegen eine mögliche Bedrohung ihrer Integrität.

Im Zusammenhang damit steht der entscheidende Punkt, daß jeder Widerstand Aktivierung von Energie ist, nicht aber ein Mangel an Energie. In seiner Arbeit über die Analyse von Kraftfeldern macht Kurt Lewin (1951) sehr deutlich, daß die Nichtbewegung von Menschen auf ein wahrscheinlich erwünschtes Ziel hin als dynamischer Zustand gesehen werden muß, als quasistationäres Gleichgewicht, das aus vielen opponierenden Kräften zusammengesetzt ist. Diejenigen, die »widerstehen«, werden als »Energiebündel« und nicht als passive, leblose »Klumpen« gesehen. Ich glaube nicht, daß es einen einzigen Psychotherapeuten oder Berater gibt, der nicht schon über die Kraft gestaunt hätte, mit der Klienten an ihren Lebenweisen festhalten, oder der sich noch nicht verzweifelt gefragt hat, ob er genug »Gegenkraft« aufbringt, um dem Klienten dabei helfen zu können, sich in eine veränderte Lage zu bringen. Dieses Phänomen zeigt sich auch auf der höchsten Ebene institutionellen Lebens, wo man Top-Manager beständig klagen hört: »Mein größtes Problem ist, daß ich Leute nicht dazu bringen kann, das zu tun, was ich will.« Die Personen, über die in solcher Weise Klage geführt wird, sind oft in der Hierarchie weit oben stehende Manager, darunter die tatkräftigsten und fähigsten Mitglieder der Organisation; es ist nur so, daß ihre Energien in andere Richtungen als die des Klagenden zielen. Wir werden uns später noch ausführlicher damit befassen.

Weitere Verwirrung über Widerstand geht auf die Tatsache zurück, daß er von jenen, die ihn in Organisationszusammenhängen erleben, durch die affektive Brille gesehen wird; er wird als Ausdruck von Emotion aufgefaßt und erzeugt emotionale Reaktionen. Dabei wird übersehen, daß jeder Ausdruck von Widerstand genausogut durch die kognitive Brille betrachtet werden kann; was geschieht, ist nichts anderes, als daß Informationen verarbeitet werden. In der Sprache des Gestaltansatzes würde man sagen, daß Arbeit auf der Bewußtheitsebene des Zyklus des Erlebens stattfindet, und daß Datenmaterial gezeigt wird, das erkennen läßt, daß für verschiedene Personen unterschiedliche Elemente als Figur im Vordergrund stehen oder sie sich im Hinblick auf die Aktivierung von Energie und Handlung an verschiedenen Punkten des Zyklusses befinden. Wenn dies zutrifft, so zeigt sich hier der Ansatz einer Sicht des Phänomens Widerstand als einem potentiell nützlichen Schritt in einem Prozeß der Entscheidungsfindung, der möglicherweise zu einer fundierteren Entscheidung als der zunächst sichtbaren führt. Dies entspricht natürlich genau dem, worauf Klein mit der Rolle des Bewahrenden hinzielt.

Die vorausgegangenen Überlegungen führen zu folgender Arbeitshypothese über Widerstand: *Die Äußerung jeglichen Anzeichens von Opposition gegen etwas ist ebenso eine Behauptung der Integrität der Person(en), von der (denen) diese Äußerung kommt, wie die Manifestation nicht-oppositionellen Verhaltens.* Wenn man mit dieser Prämisse arbeitet, so verwandelt sich das Feld der Interaktion zwischen Initiator und Widerstand Leistenden von dem eines beginnenden Machtkampfes — mit dem ganzen Potential an heftigen Konflikten, passiver Aggression, Sabotage usw. — zu dem der Exploration von Unterschieden. Wird diese Prämisse von Vermittlern von Wandel wirklich akzeptiert, so dürfte es ihnen sehr schwerfallen, sich selbst als die »guten Kerle« und die Widerstand Leistenden als die »bösen Buben« zu sehen. Obwohl dies auf einer intellektuellen Ebene von den meisten Vertretern helfender Berufe und von Managern schnell verstanden wird, weil es so häufig vorkommt, daß der Initiator von Wandel auf eine Investition in das Ergebnis beharrt, wird der Schritt zu einer Exploration dieser Unterschiede doch als Verlust des Einflusses und als Aushöhlung der eigenen Macht oder Autorität erlebt.

Dies führt uns zu einem anderen entscheidenden Punkt, nämlich dem, daß Widerstand als Konzept oder als Äußerung nur dann Bedeutung hat, wenn zwischen Personen Machtunterschiede bestehen. Jene mit weniger Macht können nicht so leicht »Nein« zu etwas sagen, und so greifen sie zu Reaktionen, die dann als Widerstand bezeichnet werden. Um dies verstehen zu können, müssen wir erkennen, daß es nicht das gleiche ist, zu etwas »Nein« zu sagen oder Widerstand zu leisten. Ein Nein ist eine klare Antwort, die unter mutmaßlich Gleichen geäußert wird, die verschiedene

Interessen oder Meinungen haben. Wir können dies bei Verhandlungen zwischen Gewerkschaften und Unternehmern, als ein Beispiel für wechselseitige Beeinflussung bei relativ gleichen Kräften beobachten. Auch wenn eine Seite von der jeweils anderen behauptet, sie sei *im Widerstand*, glaube ich, daß dies eine unpassende Verwendung des Begriffes ist und daß wir es hier mit dem Bedürfnis zu tun haben, ein echtes wechselseitiges Nein in Einklang zu bringen — daher der Begriff »Verhandlung« für diese Art des Austauschs. Ein weiteres Beispiel für eine Situation, bei der wechselseitiges Nein bearbeitet wird, nicht aber wechselseitiger Widerstand, wäre eine Führungsgruppensitzung, bei der es um Entscheidungsfindung geht und in der die Teilnehmer sich im Hinblick auf Macht oder Status alle etwa in der gleichen Position sehen. Da das nicht oft vorkommt, erleben viele Manager Interaktionen mit mutmaßlich Gleichen als mit Widerstand angefüllt und nicht als Verhandlungen über »Nein«-Äußerungen.

Auch wenn Empfänger eines »Nein« es nicht schätzen, diese Reaktion zu erhalten, werden sie doch gewöhnlich das Empfinden haben, daß eine solche Reaktion sehr viel klarer und »griffiger« ist als das, was sie als Manifestationen von Widerstand wahrnehmen, die gewöhnlich als mangelhaft ausgedrückte oder schlecht strukturierte Aussagen erlebt werden. Widerstand so zu sehen, hilft uns zu verstehen, warum so viele Berater bei ihren Bemühungen um Organisationsentwicklung großes Gewicht auf Partizipation und Mitbestimmung legen. Sie schätzen Organisationen, bei denen ein Nein ausgedrückt und mit ihm in einer gesunden, direkten Weise umgegangen wird und wo das Potential für Widerstand möglichst gering gehalten wird. Doch bis solche Ideale die Norm sind, werden Machtunterschiede weiterhin bestehen, und jene, die weniger Macht haben, werden von dem indirekten Nein Gebrauch machen, wenn sie die Einflußnahme nicht bereitwillig akzeptieren oder tun, was andere von ihnen erwarten. Jeder, der hieran Zweifel hat, braucht nur ein Kind zu beobachten oder zu erinnern, das zu seinen Eltern »Nein« sagt. Nur selten nehmen Erwachsene eine solche negative Aussage als eine gesunde Reaktion auf; eher werden sie darin eine unangebrachte oder — schlimmer noch — eine launenhafte Antwort sehen. Unter Erwachsenen jedoch ist die bewußte Entscheidung, »Nein« zu sagen, eine reife, gesunde Reaktion.

Aus dieser Darstellung können wir erkennen, daß Manager einige besondere Probleme damit haben, daß ihre Zielorientierung in anderen Widerstand erzeugen kann. Wenn wir uns ansehen, wie Manager ihre Arbeit verstehen, so erkennen wir als eine ihrer wichtigsten Aufgaben die Verantwortung dafür, Anstöße zur Veränderung zu geben. Auf keiner Ebene der Hierarchie erwartet ein Manager, daß diejenigen, die dieser Ebene untergeordnet sind, Veränderung initiieren, und wenn Untergeordnete dies tun, haben sie gewöhnlich wenig Gutes zu erwarten. Daran erkennen wir, daß Machtunterschiede und die Manifestation von Widerstand in beide Richtungen wirken — nach oben ebenso wie nach unten: »Als Führungskraft behalte ich mir das Recht vor, Ihren Versuchen, mich zu beeinflussen, zu widerstehen, und ich beanspruche für mich das Recht zu versuchen, Ihren Widerstand gegen meine Versuche, Sie zu beeinflussen, zu überwinden.« Wenn ein solcher Manager die mit seiner Stellung verbundene Macht als erworbene Autorität, und weniger als göttliches Recht versteht, so wird er Opposition mit geringerer Wahrscheinlichkeit als etwas schlechtes bezeichnen. Wenn jedoch das eigene Selbstkonzept als Manager oder Inhaber von Autorität nur durch das vollständige Erreichen von Übereinstimmung mit den eigenen Zielen oder Methoden bestätigt werden kann, muß es als Widerstand und zerstörerisches Verhalten gesehen werden, wenn es anderen mißlingt oder sie es unterlassen, auf diesem Weg mitzugehen. Je mehr es Managern an einem Blick dafür mangelt, daß Autorität auf alle Teile eines Systems verteilt ist, um so größer ist die Wahrscheinlichkeit, daß sie zu viel in bestimmte Ergebnisse eines Beeinflussungsprozesses investieren. Sie sehen nicht, daß immer dann, wenn sich ein Teil des Autoritätssystems für eine Richtung entscheidet, dieser Vorgang bei anderen Teilen sowohl *übereinstimmende* als auch *opponierende* Kräfte herausfordert. Westliche Führungskräfte, insbesondere Amerikaner, tun sich damit wegen der kulturellen Werte über individuelle Verantwortung und Rechenschaft sehr schwer. Die kollektivere Kultur des japanischen Managers verringert das Potential für Widerstand durch den Gebrauch eines behutsamen, abtastenden Prozesses mit allen, die an einer Sache beteiligt sind, wobei offene, entschiedene Haltungen gegenüber einzelnen Personen vermieden werden. Wie Pascale (1978) gezeigt hat, sind Japaner sehr viel besser in der Lage, Ambiguität als normalen Zustand zu akzeptieren und Hindernisse beim Erreichen von irgendwelchen Zielen als unvermeidlich anzusehen. Dies erklärt ihre Fähigkeit, sich für die Entscheidungsfindung viel Zeit zu lassen und vorzeitige Anstöße zum Handeln zu vermeiden.

BEWUSSTHEITSPROZESS UND WIDERSTAND

Wenn wir vollkommene Bewußtheit über unsere Gefühle und Gedanken in bezug auf einen wahrgenommenen Druck zur Veränderung erreichen könnten, so wäre, folgt man dem Gestaltansatz, das Ergebnis *Ambivalenz*. Würden wir der gesamten inneren und äußeren Realität in der Situation gegenübertreten, so würden wir sowohl Kräfte spüren, die in die Richtung drängen, auf den Vorschlag einzugehen, als auch Kräfte, die uns zur Opposition drängen. Und wenn auch zu irgendeinem Zeitpunkt die wahrgenommenen, stärker bewußten Kräfte auf seiten der Opposition größer sind, geht die Gestaltperspektive doch davon aus, daß ein Teil der Person dem Vorschlag zustimmt und daß es so etwas wie eine Alles-oder-nichts-Position nicht gibt. Vielleicht wird ein Aspekt des Vorschlags bereitwillig akzeptiert, während gegen einen anderen große Abneigung besteht. Man kann eine Idee oder Methode vertreten, doch zögern, das eigene Verhalten so zu ändern, daß sie verwirklicht wird. Viele Menschen haben Angst vor Neuerungen in bestimmten Bereichen ihres Lebens, doch gleichzeitig hat das Neue oder Exotische für sie auch ein kleines Maß an Faszination. Wenn das Ziel ist, unsere Reaktion voll zu verstehen, zu voller Bewußtheit über sie zu kommen, dann wird die Arbeit mit diesen Zwiespältigkeiten oder Gegensätzen zu einem mächtigen Instrument, wie jeder Therapeut weiß, der Erfahrung in der Arbeit mit Polaritäten hat. Eine der großen Erkenntnisse von Fritz Perls war, Friedlaenders Konzept der kreativen Indifferenz auf den Bereich der Psychotherapie anzuwenden. Diese Theorie besagt, daß jedes Ereignis in Beziehung zu einem Nullpunkt steht, von dem aus eine Differenzierung in Gegensätze stattfindet. Perls (1947) drückte es so aus:

> Diese Gegensätze zeigen in ihrem spezifischen Zusammenhang eine größe Affinität zueinander. Indem wir wachsam im Zentrum bleiben, können wir eine schöpferische Fähigkeit erwerben, beide Seiten eines Vorkommnisses zu sehen und jede unvollständige Hälfte zu ergänzen.

Wenn wir dies auf das Erleben von Widerstand anwenden, kommen wir zu dem Schluß, daß das, was wir bei anderen als Widerstand bezeichnen, nicht einfach ein Prozeß der Opposition ist. Es ist ein komplexes Erleben mit vielen Aspekten, von denen im Augenblick für den Widerstand Leistenden wie für denjenigen, der Widerstand zu spüren bekommt, nur einige als Figur im Vordergrund sind. Auch wenn dies ein subtiler Punkt ist und für manche eine Frage der Semantik zu sein scheint, ist dieses Orientierungsprinzip doch der Schlüssel zu jeder Möglichkeit, für Manager wie für Berater, mit Widerstand zu arbeiten. Ich möchte sogar vorschlagen, den Begriff »Widerstand« aus unserem Vokabular zu streichen, da er die Bedeutung von Opposition oder von einer einseitigen Reaktion angenommen hat. Stattdessen wäre es viel besser, die Fälle, in denen eine oder mehrere Personen nicht zu kooperieren scheinen, als eine Manifestation *vielfältig gerichteter Energie* zu sehen. Dieser Begriff bringt die Vorstellung mehrerer Kräfte oder Wünsche zum Ausdruck, die sich keineswegs alle gegenseitig unterstützen und von denen viele in unterschiedliche Richtungen drängen. Er stellt genauer als das Konzept des Widerstands das Erleben von Individuen und Gruppen dar, die auf das Initiieren von Veränderung reagieren. Im 2. Kapitel sind die Interaktionszyklen, denen ein gemeinsamer Verbindungspunkt fehlt (Abbildungen 2.4, 2.7) Beispiele für *vielfältig gerichtete Energie*.

Wenn die Manifestation, die wir Widerstand genannt haben, jetzt als vielfältig gerichtete Energie gesehen wird, hilft uns das, ihre dynamische Natur auf andere Art zu verstehen. Beispielsweise können wir dieses Phänomen jetzt mit Worten erfassen, die es als flexibel und nicht mehr als fixiert erkennen lassen, als Ausdruck eines Augenblicks in einem Prozeß, der vielleicht gerade beginnt. Möglicherweise ist es die erste Reaktion auf die Veränderung und nicht unbedingt die letzte. Für viele mag dies seine Äußerung sein: »Ich weiß nicht, was ich will, ich habe noch nichts dazu gesagt« oder vielleicht müssen einige erst »Nein« sagen, bevor sie »Ja« sagen können. Auf jeden Fall scheint diese Art des Denkens mehr Hoffnung auf ein effektives Umgehen mit der Situation anklingen zu lassen, als wenn allein die negativen, Kooperation verhindernde Aspekte beleuchtet werden. Das bedeutet nicht, daß es leicht sein wird, die Reaktion zu ändern. Es bedeutet vielmehr, daß die Beschäftigung mit einem Prozeß erforderlich ist, nicht das Akzeptieren einer fixierten Position.

Bislang lag unser Schwerpunkt im wesentlichen bei der Betrachtung der Situation zwischen einem Manager und anderen, die Widerstand zeigen. Dies tritt immer dann auf, wenn eine Person beschließt, andere dazu zu bewegen, etwas zu tun. Wie steht es mit der Situation, in der ein Berater gebeten wird, einem operationellen System zu helfen, und dann »Widerstand« gegen seine Hilfsbemühungen erlebt? Es könnte so aussehen, als würde diese Situation einen anderen Zugang verlangen, doch ich glaube, daß der gleiche Gedankengang auch hier zweckmäßig ist: Hinter dem anscheinend positiven Verlangen nach Hilfe — ein Schritt des Initiators / der Initiatoren zur Kooperation — liegt Ambivalenz. Tatsächlich war es genau diese Einsicht, die Freud dazu führte, das Konzept des Widerstands zu entwickeln und die Psychoanalyse als Methode zu entwerfen, um damit umzugehen. Jeder bedeutende Theoretiker der Psychoanalyse nach Freud hat etwas dazu zu sagen gehabt, wobei häufiger der Begriff »Konflikt« als »Ambivalenz« gebraucht wurde, um diese vielfältig gerichtete Energie zu beschreiben, obwohl es im wesentlichen um einen Vorgang geht, der dem sehr ähnlich ist, mit dem Berater konfrontiert sind. Tabelle 8.1 zeigt, wie Karl Menninger (1958) dies in seiner klassischen Arbeit über psychoanalytische Technik darstellt. Während einige Spezifika für die Beratungssituation keine Relevanz zu haben scheinen, ist es doch relativ leicht, in diesem Rahmen eine ähnliche Analyse der Ambivalnz oder der widerstreitenden Kräfte zu machen. Hier ein Beispiel:

1. Der Klient möchte, daß der Berater Einschätzungen vornehmen kann, möchte aber nicht, daß zu viele Personen durch Bitten um Informationen gestört werden, oder er möchte nicht durch das, was vielleicht aufgedeckt wird, beschämt oder in Verlegenheit gebracht werden.

2. Der Klient weiß, daß Veränderung Zeit braucht und nicht leicht zu bewerkstelligen ist, ärgert sich jedoch, wenn der Berater einen Vorschlag macht, der nicht schnell ausgeführt werden kann.

3. Der Klient sucht nach neuen Wegen, um Dinge anders zu tun, hat jedoch alle möglichen Gründe, warum etwas anderes nicht funktionieren kann.

4. Der Klient schätzt den Rat, den er erhalten hat, bekommt jedoch von anderen Ratschläge, die anders lauten und ebenso einleuchtend zu sein scheinen.

5. Der Klient akzeptiert ein Gutachten des Beraters, das jedoch nicht in Praxis umgesetzt wird oder nur mit entscheidenden Änderungen durch den Klienten, die von dem Berater als dysfunktional eingeschätzt werden.

Die Liste läßt sich erweitern, doch es ist deutlich geworden: Hinter jedem Verlangen nach Beratungsdiensten — so positiv und entschieden es auch sein mag — steckt ein ambivalenter Klient. Wieder sehen wir, daß

**Tabelle 8.1   Ein psychoanalytisches Modell der Ambivalenz in der helfen-
den Beziehung: Eine Möglichkeit der Betrachtung vielfältig
gerichteter Energie**

Schematische Zusammenfassung des Phänomens Widerstand

Die Kräfte, die sich gegen den Heilungsprozeß in der psychoanalytischen Therapie richten, können auf verschiedenen Ebenen den positiven Bemühungen gegenübergestellt werden, denen sie entgegentreten:

Der Patient möchte von dem Analytiker Hilfe bekommen, *aber* sie ist kostspielig, zeitaufwendig, ungewohnt, etwas erschreckend usw.

Der Patient will kooperieren, Anweisungen befolgen, »alles sagen« usw., *aber* es verursacht Kränkung, Scham, Verlegenheit usw.

Der Patient wünscht sich Liebe vom Analytiker oder der Analytikerin, wer diese / r auch immer sein mag, *aber* Liebe zu bekommen ist gefährlich, unsicher und teuer.

Der Patient nimmt seinem Analytiker sein Schweigen und seine Passivität übel und würde ihm das gerne sagen, *aber* die Folgen könnten unangenehm und sogar gefährlich sein.

Der Patient reagiert auf die Ermutigung durch den Analytiker und die analytische Situation, sich in gewissem Grad gegenzulassen, *aber* das kränkt ihn in seinem Selbstwertgefühl, »sieht so albern aus«, erscheint ihm unschicklich und »ist vielleicht nutzlos«.

Der Patient ist zwar geneigt, verdrängte Erinnerungen und unterdrückte Phantasien offenzulegen, *aber:* »Das kann wirklich nicht so sein!« »Das kann nicht ich gewesen sein!«.

Der Patient versucht, ein klareres Bild von lange begrabenen unbewußten Impulsen zu bekommen, *aber:* »Es könnte zu schrecklich sein! Ich kann nicht hinsehen...«

Schließlich erkennt der Patient für Augenblicke, wie er durch Illusionen und Haß getäuscht worden ist, sieht »den besseren Weg« oder zumindest einen besseren Weg, eine vernünftigere und realistischere Möglichkeit, *aber:* »Ich bin so an mein Durcheinander und mein Elend gewöhnt; darf ich eine Veränderung wagen? Will ich es wirklich aufgeben? Und wie kann ich sicher sein?«

Der Patient gibt nach und nach seine Abhängigkeit von der Analyse und dem Analytiker und alle unrealistischen Erwartungen an sie auf; der Patient ist fast in der Lage, seine Lebensprobleme allein und zweckmäßiger anzugehen, *aber:* »Bin ich wirklich dazu bereit? Könnte ich nicht versagen? Könnte ich nicht rückfällig werden?«

Aus: *Theory of Psychoanalytic Technique,* 2. Aufl. von Karl Menninger. Copyright 1973 von Basic Books, Inc., Publishers. Abdruck mit Genehmigung des Verlags.

sich eine Dialektik enthüllt, die so überzeugend erscheint, daß darin durchaus die natürlich Ordnung der Dinge in allen Situationen mit wechselseitiger Einflußnahme bei reifen, gesunden Erwachsenen gesehen werden kann. Vielleicht ist es unnatürlicher und ungesünder, Hilfe von außen fraglos aufzunehmen — in der Gestaltterminologie: zu introjizieren — als ihr Widerstand zu leisten. Bei der Supervision von Studenten, die Beratungsarbeiten durchführen, dränge ich darauf, daß sie ihre Freude darüber, daß das System des Klienten ihnen wenig oder keinen Widerstand entgegensetzt, genau überprüfen; es kommt mir unnatürlich vor, wenn sie nirgendwo in dem System Ambivalenz oder vielfältig gerichtete Energie spüren können.

DER UMGANG MIT WIDERSTAND

Wir wollen uns jetzt genauer ansehen, wie man mit Widerstand umgehen kann. Ausgangspunkt dafür ist die Annahme, daß Widerstand eine gesunde, selbstregulierende Äußerung ist, die der Berater als solche respektieren muß. Eine solche Haltung führt zu Strategien und Taktiken für die Arbeit *mit* dem Widerstand, statt des Versuches, ihn zu überwinden oder aufzulösen. Wie schon weiter oben erwähnt, macht es der Versuch, Widerstand zu überwinden, ihm auszuweichen oder ihn auszuschalten, für den Initiator wie für den Widerstand Leistenden unmöglich, sich seines Erlebens voll bewußt zu werden. Ein solches Verhalten ist herablassend und mißachtet die Integrität beider Seiten. Den Widerstand zu »überspringen« heißt, die Möglichkeit wirklicher Einsicht oder echten Wachstums zu vermeiden, und es verhindert, den Widerstand voll anzunehmen. Auch wenn die opponierenden Kräfte auf diese Weise aufgelöst werden können, ist das Ergebnis Fügsamkeit, was in einer Zwangslage in Ordnung sein mag, aber sicher kein gutes langfristiges Problemlösungs- oder Erziehungsmodell für das beteiligte System ist.

Dies wird von der paradoxen Theorie der Veränderung — Grundlage des Gestaltansatzes für Veränderung — unter einem positiveren Blickwinkel gesehen. Sie unterstützt das Verbleiben am Widerstand als taktisches Vorgehen. Diese Theorie besagt, daß eine Person oder ein System erst dann von einem Zustand in einen anderen überwechseln kann, wenn der gegenwärtige Zustand voll erlebt und akzeptiert wird. Wenn man von dieser Prämisse aus arbeitet, so führt das zu Bemühungen, den gegenwärtigen Zustand zu verstärken: Alle Gedanken und Gefühle, die mit ihm zusammenhängen, müssen artikuliert und assimiliert werden. Wenn das »Nein« oder die opponierende Seite stärker als Figur in den Vordergrund tritt, so muß man das respektieren, dem muß man nachgehen, und die Arbeit muß zunächst hier ansetzen, um Bewußtheit und »Eigenverantwortlichkeit« des Opponenten und des Initiators zu vergrößern. Dann, und nur dann, besteht die Möglichkeit, daß irgendwelche der Kräfte, die in der vielfältig gerichteten Energie zusammentreffen, zum Ausdruck kommen und Beachtung und Berücksichtigung finden können.

In der Psychotherapie wird dieser Prozeß zuweilen als Durcharbeitungsprozeß bezeichnet. Eine andere Art, es auszudrücken ist, daß die Bedenken dagegen, etwas auf neue Weise zu tun, erst vollständig untersucht werden müssen, bevor es zu einer umfassenden Untersuchung der Gründe, die dafür sprechen, kommen kann. Für Manager bedeutet das, erst alle Bedenken anzusprechen und anzuhören, die Menschen haben, bevor all die Gründe bearbeitet werden, weshalb eine vorgeschlagene Änderung wünschenswert sein könnte. Das kann nicht geschehen, ohne vorübergehend die Investitionen für das Erreichen des vorgeschlagenen Ergebnisses ruhen zu lassen. Jedes Vorandrängen auf das Ergebnis hin wird nur den Widerstand weiter verfestigen, weil kein Raum dafür zugestanden wird, opponierende Kräfte gegen verbindende Kräfte abzuwägen. Den verantwortungsorientierten, zu Resultaten getriebenen Manager wird es hart angehen, diesen Gedanken zu akzeptieren, doch es gibt keinen anderen Weg, um die Vergrößerung des Widerstands zu vermeiden, was eine zwangsläufige Folge fortgesetzter Angriffe auf die Integrität oder das Selbstwertgefühl der Zielgruppe der Veränderung sein würde.

BEISPIELE FÜR DEN UMGANG MIT VIELFÄLTIG GERICHTETER ENERGIE

Fall Eins

Bei der Durchführung von pädagogischen Maßnahmen, etwa bei einem zwei- oder dreitägigen Workshop zu einem bestimmten Thema, kommt es oft vor, daß viele der Teilnehmer eigentlich nicht dort sein wollen. Einige haben leichte Vorbehalte, andere sagen wenig oder nichts und nehmen teil, ohne ihre Unzufriedenheit unverhohlen zu zeigen. Häufig ist jedoch auch eine Person anwesend, die offen ausdrückt, daß es ihr nicht gefällt, bei der Veranstaltung zu sein, und daß sie es vorziehen würde, nicht aktiv teilzunehmen. (Zu diesem Phänomen kommt es besonders dann, wenn ein Personalchef oder ein Vorgesetzter der Person den Vorschlag zur Teilnahme an dem von der Gesellschaft durchgeführten oder öffentlichen Seminar gemacht hat.) Meine übliche Reaktion darauf ist, dies anzusprechen, sobald die Person es offenkundig gemacht hat, und ihr klar zu verstehen geben, daß ich mit ihren Gefühlen sympathisiere. Während ich mich an die gesamte Gruppe wende, spreche ich den Widerwillen des Teilnehmers so deutlich wie möglich an:

Ich würde nicht gern an einem Programm teilnehmen, das mich nicht interessiert. Ich vermute, Sie sind gekommen, weil Sie die Teilnahme nicht ablehnen konnten oder weil Ihnen nicht klar war, was das Programm mit sich bringen würde. Auf jeden Fall hoffe ich, daß Sie bleiben und nur in dem Umfang teilnehmen, wie es Ihnen angenehm ist. Sie können Ihre Haltung jederzeit ändern; wenn wir in dem Programm etwas weiter sind, werde ich diesen Punkt vielleicht noch einmal mit Ihnen überprüfen, aber sonst ist es für mich in Ordnung, wenn Sie nichts sagen.

Dann wende ich mich an die gesamte Gruppe und frage sie, ob es ihnen recht ist, wenn diese Person inaktiv bleibt. In den meisten Fällen erhalte ich die allgemeine Zustimmung der Gruppe, die das akzeptiert.

Manchmal bleibt der unwillige Teilnehmer nicht bis zum Schluß abseits, und ich überzeuge mich von Zeit zu Zeit davon, wie er die Situation erlebt. Häufiger jedoch entschließt er sich irgendwann zwischendurch dazu, an dem Programm teilzunehmen, gewöhnlich zu einem Zeitpunkt, wo eine Art von Feedbackübung stattfindet. Dadurch, daß er mehr oder weniger am Rand bleibt, kann er vieles von dem Geschehen genau beobachten, und da ihm für die freie Wahl der Teilnahme Raum bleibt, erhält die Gruppe nützliche und manchmal brillante Beobachtungen. Außerdem gewinnen beide, der widerstrebende und der aktive Teilnehmer, echten Respekt für die Haltung des anderen, und beide haben zunehmenden Respekt für die Toleranz der aktiven Teilnehmer, Unterschiede und offensichtlich abweichendes Verhalten zu akzeptieren. Die Gruppe hat ebenso etwas über die Stärkung von Potentialen wie über das Thema des Workshops gelernt. Ich habe demonstriert, wie vielfältig gerichtete Energie berücksichtigt und die Bewußtheit so erweitert und vergrößert werden kann, daß eine Bewegung in Richtung auf Kooperation zu einem späteren Zeitpunkt möglich wird.

Fall Zwei

Bei der Leitung einer Sitzung eines intern durchgeführten Programms zur Managemententwicklung bei einer großen Handelsgesellschaft sah ich mich starken Einwänden einer Gruppe von etwa 25 Managern gegenüber. Jede Konzeption oder Lernübung stieß in irgendeiner Form auf eine negative Reaktion. Der erste Tag versprach absolut katastrophal zu werden, und ich hatte das Gefühl, als würde ich mit einer zentnerschweren Last auf meinem Rücken arbeiten. In der Mitte der Nachmittagssitzung ging ich von dem festgelegten Arbeitsplan ab und konfrontierte die Gruppe damit, wie ich sie erlebte und wie der Tag verlaufen war. Nach einigen ausweichenden Reaktionen der Gruppe, denen ich begegnete, indem ich sie weiterdrängte, mit mir »gleichzuziehen«, kamen die ersten offenen Kommentare von der Gruppe. Sie teilten mir mit, daß sie überrascht seien, daß die Gesellschaft dieses Programm geplant hätte, das keinem ihrer Bedürfnisse entsprechen würde, und daß sie sich nicht vorstellen könnten, daß es von früheren Gruppen innerhalb der Gesellschaft gut aufgenommen worden sei. Ich versuchte, möglichst viele Vorbehalte aus ihnen herauszubekommen. Ich bat sie, mir zu sagen, was für sie zweckmäßiger wäre. Dann konfrontierte ich sie mit der Aufgabe, der wir gegenüberstanden: Ich war vertraglich verpflichtet, das Programm durchzuführen, und würde vertragsbrüchig werden, wenn ich zu diesem Zeitpunkt aufhören würde; sie ihrerseits hätten einer Teilnahme zugestimmt, als sie darum gebeten oder dazu aufgefordert wurden, und wären mit ihren Vorgesetzten konfrontiert, wenn sie aus dem Programm aussteigen oder in anderer Weise den geplanten Ablauf verhindern würden. Nach langen Diskussionen einigten wir uns auf den folgenden »Vertrag«: Ich würde die zweite Hälfte des letzten Tages so umgestalten, daß wir uns mit einem Thema befassen könnten, das sie interessierte, und ich würde ihnen dabei helfen, ein Statement für ihre Vorgesetzten vorzubereiten, in dem sie mitteilten, was für sie bei zukünftigen Programmen hilfreicher sein würde. Da ich für das Ende eine Programmbewertung vorgesehen hatte, würden sie Gelegenheit haben, ihre Reaktionen auf mein Programm und ihre Ratschläge denjenigen zukommen zu lassen, die mich engagiert hatten, das Programm zu planen und durchzuführen. Damit schlossen wir die Arbeit an dem Tag ab und trafen uns an den restlichen zwei Tagen unter einer neuen Vereinbarung. Sie erlaubten mir, »meine Waren zu präsentieren«, und gaben mir Rückmeldungen darüber, was für sie brauchbar und was unbrauchbar war. Am Schluß leitete ich eine Sitzung, in der die Manager eine nützliche Eingabe an ihre Vorgesetzten über die von ihnen wahrgenommenen Bedürfnisse diskutierten und ausarbeiteten.

Ich kann nicht sagen, daß sich dieses Erlebnis aus der Sicht dessen, was ich vermitteln wollte, als großer Erfolg erwies. Mehrere Teilnehmer blieben still, mißmutig oder nur mäßig interessiert. Wenn sie jedoch so viel Energie hatten, die sich auf anderes als auf meinen Lehrplan richtete, was hätte erreicht werden können, wenn ich versucht hätte, um ihre Opposition oder Ambivalenz herumzuarbeiten? Indem ich auf sie einging, half ich ihnen, Verantwortung für ihre Einstellungen und ihr Verhalten zu übernehmen. Ein großer Teil der Anwesenden schenkte mir seine Aufmerksamkeit, als ich mein Material präsentierte, und ich konnte den Geschäftsführern, die mich für dieses Programm engagiert hatten, später sagen, daß ich den größten Teil dessen, was geplant gewesen war, durchführen konnte, daß ich jedoch negative Reaktionen auf dieses Material erhalten hatte und daß Vorschläge dafür gemacht wurden, was sinnvoller sein könnte. Wenn es das Ziel war, im Klientensystem Energie freizusetzen, so waren wir sehr erfolgreich damit, die Bewußtheit im Bereich der Managemententwicklung zu vergrößern — auch wenn dies auf Kosten meines Wohlbefindens gegangen war.

Fall Drei

Vor etlichen Jahren hatte ich einen Auftrag zur Organisationsentwicklung bei einer Gesellschaft übernommen, die von zwei Brüdern geleitet wurde, die nach dem Tod ihres Vaters ein Unternehmen geerbt hatten. In der ersten Phase dieser Beziehung fungierte der ältere Bruder als Präsident der Gesellschaft, und bei der Arbeit ging es darum, die unterschiedlichen Auffassungen der beiden Brüder über Geschäftsziele zu klären. Außerdem half ich dabei, den Führungsstab zu reorganisieren und aufzubauen, der nötig ist, um ein wachsendes Unternehmen aufrechtzuerhalten. Alle Top-Manager nahmen an einem externen *Sensitivity Training* teil, während die sonst übliche Arbeit weiterging. Nachdem etwa zwei Jahre lang diese Linie verfolgt worden war, wurde der ältere Bruder krank und mußte für sieben Monate der Arbeit fernbleiben. Während seiner Abwesenheit übernahm der jüngere Bruder den Vorsitz — im gegenseitigem Einvernehmen — und nahm weiter meine Dienste zum Aufbau der Organisation in Anspruch. Eine seiner Entscheidungen bestand darin, den Managementstil von einem locker organisierten beratenden Stil in ein partizipatives Management zu verändern. Er hatte das Gefühl, daß sich die Manager bei den Zusammenkünften nicht frei genug äußerten und daß sie dazu mehr Ermutigung und ein stärkeres Gefühl von Verantwortung und Engagement brauchten. Um dies zu fördern, begannen wir mit einer Reihe wöchentlicher Treffen des Stabes, bei denen ich als Prozeßberater fungierte. Außerdem war geplant, in vierteljährlichem Abstand zweitägige Klausurtagungen zum Zweck der Teambildung durchzuführen.

Zu Beginn der Managementtreffen zögerten die meisten Manager, sich frei zu äußern. Der Präsident — ein betont sanfter Mann, der gewöhnlich Konflikte mied und wenig tat, um sie auszulösen — war dadurch enttäuscht, aber er hatte Geduld und versuchte weiter, eine angenehme Atmosphäre zu fördern. Mein Beitrag bestand in zahlreichen Interventionen, in denen Anwesende nach ihrer Haltung zu Themen gefragt wurden, die sie betrafen, und darin, daß ich den Wunsch des Direktors nach größerer Beteiligung unterstützte. Nachdem dieser Prozeß einige Monate angedauert hatte, begannen die Teilnehmer, sich zu öffnen, und drückten häufiger Gedanken und auch tiefere Gefühle aus, wenn wir geschäftliche Probleme diskutierten. In einer Sitzung brachten mehrere Manager Kritik am Präsidenten zum Ausdruck, die sich insbesondere gegen seine Abneigung richtete, in bestimmten Situationen aggressiver zu handeln. Nach diesem negativen Feedback, wurde der Präsident unsicher und defensiv und versuchte, rationale Beweggründe zur Rechtfertigung seines Verhaltens anzuführen. Im Anschluß an die Sitzung nahm er mich beiseite und sagte: »Was ist mit Ihnen los? Ich habe Sie darum gebeten, mir zu helfen, mehr Partizipation zu erreichen, und nicht darum, Angriffe auf mich zu unterstützen.« Ich erklärte ihm, daß ich genau das tat, wovon ich annahm, daß er mich darum gebeten hätte, nämlich, die Leute darin zu bestärken, ihre Gedanken offener auszudrücken. Dann bat ich ihn, mir mehr darüber zu sagen, was er fühlte und dachte, als er das negative Feedback hörte (das mir übrigens nur mäßig negativ erschienen war), und mich wissen zu lassen, ob er an der Fortsetzung unseres Prozesses interessiert sei.

Bevor ich schildere, wie ich mit dieser Situation weiter umgegangen bin, ist es wichtig zu erkennen, daß es sich hier um den klassischen Fall eines Klienten handelt, der Hilfe sucht und dann in seinem Verhalten Widerstand zeigt, wenn der Prozeß der Hilfeleistung abläuft. Im Rahmen der Gestaltarbeit betrachten wir dies als Ambivalenz und sehen darin, wie bereits festgestellt, eine natürliche und nicht unbedingt ungesunde Bedingung. Eine Möglichkeit, diese Situation zu verstehen, besteht in der Annahme, daß der Präsident aus intellektuellen Gründen entschieden hatte, daß ein partizipativer Managementstil für ihn und seine Untergebenen das Richtige sei. In dem Augenblick, in dem er diese Entscheidung traf, waren alle Zweifel oder Bedenken, die er vielleicht dagegen gehabt hatte, in seinem Bewußtsein unbedeutend oder latent geworden. Erst als er mehr Informationen hatte — Daten aus seiner zunehmenden Bewußtheit, während wir daran arbeiteten, mehr Partizipation zu erreichen — tauchten seine negativen Gefühle auf. Hier liegt die Annahme nahe, daß die Daten seine emotionale Seite angeregt hatten, was für ihn ein viel schwierigeres Feld war. Erst zu diesem Zeitpunkt wurde das Grundproblem offensichtlich, obwohl er es noch nicht zu bemerken schien, als er mir gegenüber sein Unbehagen zum Ausdruck brachte. Wenn wir diese ganze Sequenz im Licht des Zyklus des Erlebens betrachten, können wir sagen, daß der Präsident mit einem Maß an Bewußtheit begann, das ihn zum Handeln aktivierte. Doch der sich daraus ergebende Kontakt ging über das hinaus, womit er zu diesem Zeitpunkt leicht umgehen konnte.

Für das Verständnis meiner Herangehensweise an diese Situation ist es hilfreich, einen wichtigen Faktor zu beachten, wenn man erwägt, Teambildung mit Managern, die in hierarchischen Beziehungen zueinander stehen, zu betreiben. Es geht darum, das »Gesicht zu wahren«, und um eine untergründige Angst derjenigen, die in der Gruppe die obersten Stufen einnehmen, daß sie in den Augen von Untergebenen als angreifbar oder als nicht ganz kompetent erscheinen könnten. Obwohl Manager niedriger Rangebenen in diesen Kontexten oft die Sorge zum Ausdruck bringen, daß es ihnen übelgenommen werden könnte, wenn sie sich allzu offen äußern, hat sich doch immer wieder gezeigt, daß sich diese Vermutung viel weniger stark auswirkt als die unausgesprochenen Ängste der Ranghöheren. Aus diesem Grund erschien es mir dysfunktional, den Präsidenten darum zu bitten, der Gruppe seine Gefühle mitzuteilen. Abgesehen von dieser Leitlinie hatte ich noch einen zusätzlichen Hinweis dadurch erhalten, daß er mir seine Sorge persönlich mitgeteilt hatte. Ich mußte davon ausgehen, daß er zu dem Zeitpunkt nicht bereit war, vor der Gruppe frei über seine Gefühle zu sprechen. (Man beachte, daß dies genau das Symptom ist, das er als das Problem seiner Manager identifiziert hatte.)

Mit diesen Überlegungen im Kopf schlug ich dem Präsidenten vor, daß wir einige Einzelsitzungen verabreden sollten, um uns genauer anzusehen, was da ablief. Auf diese Weise konnte er sich äußern, ohne allzusehr darum besorgt zu sein, sein »Gesicht zu wahren«, und wir konnten eine Weile auf der Ebene der Bewußtheit arbeiten. Vor dem nächsten Gruppentreffen führten wir zu diesem Zweck drei zweistündige Sitzungen durch. Mein Ziel war nicht, sicherzustellen, daß er bereit war, die partizipative Struktur fortzusetzen; es bestand vielmehr darin, ihm zu helfen, seine miteinander im Konflikt stehenden Seiten kennenzulernen, woraufhin er in der Lage sein würde zu entscheiden, ob er sein Unbehagen angehen oder aufhören will. Mein Hauptziel war, seine Bedenken gegen das Mitteilen seiner Gefühle zu untersuchen. Indem ich ihm half, seine Annahmen und Ängste zu untersuchen — wozu die Angst, das »Gesicht zu verlieren«, ebenso gehörte wie die Art seiner Emotionen — fing er an, sich selbst etwas besser zu verstehen. Das erlaubte uns, nach Wegen zu suchen, die es ihm ermöglichten, seine Gefühle mitzuteilen, wenn er kritisiert wurde. Er kam zu der Überzeugung, daß ihm dies gelingen würde, wenn er das nächste Mal kritischen Äußerungen gegenübersteht, und wir nahmen die Gruppenzusammenkünfte wieder auf. Diese Entscheidung wurde seinerseits nicht ohne eine gewisse Beklommenheit getroffen, noch bescherte sie ihm eine leichte Zeit in einigen späteren Sitzungen. Als er jedoch begann, etwas lockerer zu werden, folgten die ihm untergeordneten Manager seinem Vorbild.

IMPLIKATIONEN

Die wichtigste Implikation des oben Dargestellten ist, daß es die Aufgabe des Beraters ist, *dem Klientensystem beim Umgang mit seinen vielfältig gerichteten Energien zu helfen.* Wie bereits festgestellt, ist eine Änderung im Klientenverhalten eine Option des Klienten und nicht eine primäre Aufgabe der Intervention. Doch vielleicht ist es *die* primäre Funktion eines Beraters, Menschen dabei zu helfen, die volle Bedeutung ihrer auf Übereinstimmung und Opposition zielenden Kräfte zu jeder entscheidenden Frage des Arbeitssystems zu erkennen, wenn es um Veränderung und Widerstand gegen Veränderung geht.

Da die meisten Ziele, für die Organisationsberater engagiert werden, positiv oder wünschenswert sind, gibt es eine implizite Tendenz bei Beratern, Entwicklungen in Richtung auf diese Ziele zu unterstützen. Dabei geht es nicht einfach nur darum, für gerade diese Arbeit bezahlt zu werden; es ist eine Funktion von zumindest nahezu ähnlichen Werten. Manager arrangieren fast unbewußt den Einsatz von treibenden Kräften, um die Zielgruppe ihrer Bemühungen für Veränderung dazu zu bringen, sich auf einen erwünschten Zustand hinzubewegen. Wie uns jedoch Lewins Arbeiten über die Analyse von Kraftfeldern und der Gestaltansatz zur Erweiterung der Bewußtheit gelehrt haben, kann ein Zusammenspiel dadurch erreicht werden, daß man den hemmenden Kräften Beachtung schenkt. Das bedeutet, daß sich aus dem Bemühen des Beraters eine signifikante Entwicklung ergibt oder eingesehen wird, daß zu einem gegebenen Zeitpunkt keine Entwicklung möglich ist, und dadurch Einwände gegen ein Zusammenspiel für alle Beteiligten herausgestellt und verschärft werden. Ich

nenne dies »mit dem Klienten zusammen ein Bad im Widerstand nehmen«. Vielleicht ist es nach einem solchen Eintauchen vorteilhafter, zur
Unterstützung einer Entwicklung Überzeugungsarbeit oder aggressivere
treibende Kräfte einzusetzen, wenn das Klientensystem bereit ist, sich in
Bewegung zu setzen. Für einen Organisationskontext, bei dem mehrere
Personen einbezogen sind, erfordert dies, der »Opposition« Raum zu geben, so daß sie zumindest die gleiche Zeit — wenn nicht mehr — hat, um
allen, die es betrifft, bekannt zu werden.

9. Kapitel

Beziehungen mit Klienten entwickeln: Organisationsberatung im Vergleich mit Psychotherapie*

In diesem Kapitel geht es um einige Problembereiche, die nicht spezifisch für die Gestaltperspektive sind, deren Verständnis jedoch durch die Konzepte der Bewußtheit und Präsenz erweitert wird. Die Themen stehen im Zusammenhang mit den Erwartungen, die Klienten und Berater in bezug auf die Struktur und Qualität ihrer Beziehungen aneinander haben. Dazu gehören Fragen nach den Grundregeln für die Arbeit, das Festlegen, wer der Klient ist, beiderseitiges Klären der Rollen und Möglichkeiten, mit vielfältig gerichteter Energie innerhalb der Klient-Berater-Einheit umzugehen. Um unser Verständnis von diesen Faktoren zu erweitern, ist es vorteilhaft, ihre Erscheinungsformen in der Organisationsberatung damit zu vergleichen, wie sie sich in der psychotherapeutischen Beziehung manifestieren. Aus dieser Gegenüberstellung können wir einige wichtige Implikationen für die Arbeit des Beraters gewinnen.

Unter den fraglichen Themen ist das Festlegen, wer der Klient ist, eines der wichtigsten Beispiele. Dies ist in der Organisationsberatung ein sehr komplexes Thema, und es hat Parallelen zur Psychotherapie mit Paaren und Familien. (Im Fall der Einzeltherapie stellt sich oft die Frage, ob sich

---

* Die in diesem Kapitel zum Ausdruck gebrachten Gedanken wurden in mehreren Gesprächen mit Sonia M. Nevis und Elaine Kepner entwickelt.

der Therapeut mit dem »richtigen« Klienten befaßt, doch die meisten Therapeuten würden darin übereinstimmen, daß — solange hier kein Wechsel stattfindet — die Person, die sie vor sich haben, der Klient ist.) Bei der Organisationsberatung wird nicht »die Firma« beraten, auch nicht in den Fällen, wo weitreichende Veränderung das Ziel ist und die Arbeit einzig und allein mit der Geschäftsleitung oder dem Vorstand stattfindet. Man hat mit Teilen, Einheiten und Ebenen einer Organisation zu tun, wobei sich der Fokus der Aufmerksamkeit häufig verschiebt, während die Arbeit im Laufe der Zeit voranschreitet. Außerdem ist es in vielen Fällen so, daß die Geschäftsleitung den Einsatz von Hilfe durch Beratung sucht oder genehmigt, dann jedoch die Koordination oder Leitung der Arbeit an untere Ebenen des Managements abgibt. In solchen Fällen gibt es mehrere Klientengruppen, und der Berater muß mit jedem der Klientensysteme einen Vertrag aushandeln. Vielleicht ist es sogar zweckmäßig, das gesamte Beratungsgeschehen als eine fortlaufende Reihe solcher Verhandlungen zu betrachten, besonders dann, wenn das Sammeln von Daten und die Durchführung von Veränderungen eine erhebliche Anzahl von Personen auf allen Ebenen der Organisation einbezieht. Überdies können Veränderungen in dem, was als Klientensystem gekennzeichnet ist, störende oder negative Wirkungen auf umliegende oder angrenzende Teile der Organisation haben. Der verantwortungsvolle Berater versucht, diese Folgen im voraus zu erkennen und sich mit ihnen zu befassen, er hat jedoch oft keine Verbindung oder keinen »Vertrag« mit den angrenzenden Einheiten. Der Berater wird dann vielleicht versuchen, die Bearbeitung dieser Angelegenheit zu einer Aufgabe für das definierte Klientensystem zu machen, doch gerade dieser naheliegende Schritt rückt wieder die Frage ins Blickfeld, wer der Klient ist.

Unsere beiden grundlegenden Aspekte des Gestaltansatzes sind dabei insofern nützlich, als sie mögliche Reaktionen des Beraters auf diese Probleme aufzeigen.

1. Der Interaktionszyklus des Erlebens. Jedesmal, wenn ein Berater anfängt, eine Verbindung zu einem anderen Teil der Organisation herzustellen, werden neue Figuren einbezogen, und ein neuer Zyklus wird aus dieser Bewußtheit des Beraters heraus in Gang gesetzt. Vielleicht wird eine neue Eingangs- und Einschätzungsphase erforderlich, auch wenn die Arbeit bereits ein Stadium erreicht hat, das man als Interventions- oder Ausführungsphase bezeichnen könnte. Das Bedürfnis nach zusätzlicher, neuer Arbeit auf den Ebenen von Bewußtheit und Energie (Zusammenspiel) kann eine vorübergehende Pause oder eine Neuorientierung der Geschehnisse auf der Handlungsebene erfordern. Man würde also ein Projekt nicht einfach deshalb stoppen, weil eine angrenzende Einheit Einwände gegen das vorbringt, was die als solche definierte Klienteneinheit getan hat, aber man kann sich kaum vorstellen, daß ein Berater weitermachen würde, ohne diese Bewußtheit in den unmittelbaren Vordergrund des Klienten zu bringen.

2. Präsenz. Obwohl es einige nützliche Leitlinien für Taktiken im Umgang mit wechselnden und / oder mehreren Klientengruppen geben mag, wird der Erfolg, den der Berater dabei hat, die erforderlichen Beziehungen herzustellen, weitgehend von seiner Präsenz abhängen. Das bedeutet, daß der Berater interessant genug sein muß, um die Aufmerksamkeit der Neulinge lange genug gewinnen zu können, damit er erkennen kann, ob es möglich ist, einen brauchbaren Vertrag zu entwickeln. Auch dann, wenn die Mitarbeit durch Vorgesetzte »angeordnet« worden ist — eigentlich gerade in solchen Fällen — muß der Berater die Kraft der Präsenz benutzen, um ein unwiderstehliches Interesse an dem Bemühen hervorzurufen. Ohne ein solches Interesse könnte die Ambivalenz bezüglich der Partizipation in ihrer Bedeutung einseitig und oppositionell werden. Die nützlichen Aspekte vielfältig gerichteter Energie können für den Berater wie für den Klienten verlorengehen, wenn es versäumt wird, die Art der opponierenden Kräfte voll in das Licht der Öffentlichkeit zu rücken.

Dieser Punkt wird durch das Beispiel einer weitverbreiteten Erfahrung im Umgang mit zögernden oder nicht freiwillig teilnehmenden Klientensystemen ausreichend veranschaulicht. In diesem Fall mißtrauten einige Manager, die an einem auf höhrerer Ebene eingeleiteten Versuch der Organisationsentwicklung teilnahmen, den Beratern, und sie verhielten sich im Verlauf mehrerer Zusammenkünfte sehr zurückhaltend oder leicht störend. Die beiden Berater (von denen ich einer war) waren sich dessen bewußt, beschränkten ihre Reaktionen jedoch auf gelegentliche Anfragen, ob diese Manager noch etwas zu der Diskussion hinzufügen wollten. Im übrigen konzentrierten wir unsere Bemühungen auf die vorliegende Arbeit, deren Aufgaben sich an einer Tagesordnung orientierten, die mit Hilfe einiger Manager aus der Gruppe aufgestellt worden war. Wir beschäftigten uns mit der Gruppe als Ganzer und taten das, was ich »unsere Waren auslegen« nenne. Am Ende einer Planungssitzung, in der die Berater viel Zeit auf Prozeßbeobachtungen verwendeten, sagte einer dieser Manager: »Ich habe euch Berater jetzt eine ganze Zeit beobachtet, und ich muß sagen, daß ihr die einzigen Menschen seid, die mir begegnet sind, die dafür bezahlt werden, daß sie sagen, was in ihrem Kopf herumgeht, und dafür, daß sie Leuten einfach erzählen, was sie von ihnen denken!« Der andere Manager, ein enger Freund des ersten, nickte bei dieser Feststellung zustimmend. Auch wenn diese Äußerung keine ganz genaue Beschreibung dessen war, was wir taten, ließ sie für uns erkennen, daß wir für diese Manager interessant wurden. Wir bestärkten sie darin, mehr über ihre Beobachtungen und darüber zu sagen, welche Gefühle sie zu dem hatten, was wir taten. Es kam zwar nicht viel als Reaktion auf unsere Anregung, aber wir spürten, daß dieses Anzeichen für ihr Interesse an uns einen Ansatz für Verhandlungen über die Art ihrer Teilnahme an dem Projekt lieferte.

UNTERSCHIEDE ZWISCHEN BERATUNG UND PSYCHOTHERAPIE

Es gibt noch weitere wichtige Aspekte der Beziehung, die durch einen Vergleich der Praxis von Organisationsberatung und Psychotherapie beleuchtet werden können. Die Unterschiede zwischen beiden Modalitäten werden am stärksten von denen erlebt, die in der einen ausgebildet worden sind und dann begonnen haben, in der anderen zu arbeiten. Eine Untersuchung der Modi im Zusammenhang mit solchen beruflichen Rollenwechseln ist aufschlußreich.

Inzwischen ist es für klinisch ausgebildete professionelle Helfer nicht mehr ungewöhnlich, sich zu irgendeinem Zeitpunkt in ihrer beruflichen Laufbahn mit Organisationsberatung zu beschäftigen. Für einige ist diese Arbeit eine Ergänzung zu einer primär therapeutischen Tätigkeit; bei anderen hat der Reiz, sich mit Systemberatung zu beschäftigen, zu entscheidenden Veränderungen in der Ausrichtung ihrer Karriere geführt. Obwohl dieses Phänomen zunehmend aufzutreten scheint, ist es keineswegs neu. In der Tat war in den frühen Tagen der Organisationsberatung durch Fachkräfte mit Orientierung auf zwischenmenschliche Beziehungen der typische Praktiker jemand, der seine Ausbildung mit klinischer oder pädagogischer Psychologie begonnen hatte. Erfahrungen mit Testdiagnostik, der Durchführung von Interviews und Beratung galten als relevant und auf menschliche Probleme im Rahmen von Organisationen übertragbar.

Einige der inzwischen dienstälteren aus dem Bereich der Organisationsentwicklung können auf eine Geschichte der Ausbildung und Praxis aus
so verschiedenen Bereichen verweisen wie Freudsche Psychoanalyse, nondirektive Beratung nach Rogers, Gestalttherapie und an Skinner orientierte Verhaltensmodifikation.

Als parallele Entwicklung dazu hat es etwa in den letzten 30 Jahren einen Trend in die entgegengesetzte Richtung gegeben. Das heißt, viele Personen, die von einer Managementlaufbahn oder von einer Ausrichtung an
Arbeitssystemen, im Gegensatz zu denen, die von einer klinischen Beschäftigung zur Organisationsberatung kamen, haben sich um eine Ausbildung in therapiebezogenen Fähigkeiten und Konzepten bemüht, um in
der Einzelarbeit und auf Kleingruppenebene im Rahmen von Organisationen effektiver arbeiten zu können. Für einige aus dieser Gruppe zählt
jetzt Beratung oder Psychotherapie zu einem Teil ihrer praktischen
Arbeit.

Durch Beobachtungen bei Freunden, Kollegen und Studenten, die solche Umorientierungen vollzogen haben und durch die Fragen vieler klinisch Ausgebildeter nach Möglichkeiten, Befriedigungen und Problemen
der Beratungsarbeit kann ich heute die Ähnlichkeiten und Unterschiede in
den beiden Arbeitsfeldern besser einschätzen. Obwohl beide, Therapeut
und Berater, viel Kraft aus der marginalen Rolle beziehen, die sie als Stö-
rer von Grenzen einnehmen, gibt es in der Art der Interaktion mit Klienten, in der Art, in der Verträge entwickelt werden und in ähnlichem, entscheidende Unterschiede zwischen beiden Formen. Einer der Hauptun-
terschiede wurde mir vor etwa 30 Jahren klar, als ich eine Organisations-
beratungsfirma aufbaute und gleichzeitig Therapieklient war. Als Klient
schien es mir, daß ich viel Zeit und Mühe darauf verwandte, die Zustimmung meines Therapeuten zu gewinnen. Ich hatte oft das Gefühl — eher
rückblickend als in einer bestimmten Therapiesitzung — daß ich sowohl
versuchte zu lernen, ein glücklicherer Mensch zu sein, als auch, den Therapeuten dazu zu bringen, mich zu mögen. In dem Kontext von Beratung
fiel mir auf, wie oft Mitglieder der Klientenorganisation von mir zu erwarten schienen, daß ich meine Waren auslegte und unter Beweis stellte,
daß ich, der »Therapeut / Berater«, etwas anzubieten hatte. In diesem Fall
sah es so aus, als müßte ich ihre Zustimmung gewinnen, eine Umkehrung
meiner Erfahrung in der Klient-Therapeut-Interaktion. Während Thera-
pieklienten ihre Therapeuten sicherlich bewerten und kritisieren, verste-

hen sich Klientengruppen in Organisationen kaum in einer Weise, daß sie sich auf einen Vertrag einlassen, der nach den Grundsätzen interdependenten Lernens oder als abhängige emotionale Beziehung gestaltet ist, wie es das Kernstück der Psychotherapie ist. Im Bereich der Therapie kommt die Familientherapie der Situation in Organisationen am nächsten, wobei oft ein Familienmitglied zu dem Schluß kommt, daß dies eine gute Sache wäre, und sich dann bemüht, die anderen davon zu überzeugen, an dem Versuch teilzunehmen. Daraus folgt für den Therapeuten die Notwendigkeit, seine Waren auszulegen und ähnlich der Situation in Organisationen »Zustimmung« zu gewinnen. Die Kraft der Präsenz spielt eine besondere Rolle bei der Entscheidung, wie Waren zur Schau gestellt werden sollen.

Als ich mit Sonia Nevis, die Psychotherapeutin ist, über dieses Thema diskutierte, fiel mir ein anderer wichtiger Unterschied auf. Mir kam der Gedanke, daß sich Klienten in therapeutischen Situationen physisch und geistig viel hin und her bewegen, und daß Therapeuten eine eher abwartende und scheinbar statische Haltung einnehmen. Wir wollen die Position des Therapeuten metaphorisch als »Arbeiten im Sitzen« bezeichnen. Im Gegensatz dazu ist die Erfahrung vieler Organisationsberater, daß ihre Arbeit nicht nur formale Präsentationen umfaßt, sondern gewöhnlich auch aktivere physische und geistige Bewegung, um vor einem »passiveren« Klienten Waren auszulegen. Diese Arbeitsweise könnte man als »Arbeiten im Stehen« bezeichnen. Jene, die im Bereich der Personalentwicklung arbeiten, wird dieser Begriff an die oft von Beratern zu hörende Bemerkung erinnern, daß eine ihrer häufigsten Interventionen ein »Aufsteh-Training« sei.

Wenn man diese beiden Formen nebeneinander betrachtet, hat es den Anschein, daß Management-orientierte Berater, die therapeutische Fähigkeiten erwerben wollen, mehr von dem »sitzenden« Ansatz in ihre Arbeitsweise hereinnehmen wollen, und daß Personen mit klinischer Ausbildung, die in die Organisationsberatung gehen, lernen wollen, wie man »im Stehen« arbeitet. Die Gestaltorientierung ist für das Verständnis und die Durchführung der Arbeit in beiden Formen besonders hilfreich. Eine Wertschätzung des Zyklus des Erlebens orientiert über die Notwendigkeit, auf der Bewußtheitsebene sorgfältig und genau vorzugehen, so daß Kontext- und Vertragsfaktoren beleuchtet werden, bevor zu Interventionen übergegangen wird, die Energie aktivieren und den Kontakt verstärken. Außerdem wird die Präsenz, wie sich noch deutlich zeigen wird, zu einem entscheidenden Faktor dabei, wie gut der Praktiker jede dieser Formen zu handhaben versteht.

Bevor wir uns systematischer mit den Unterschieden zwischen dem »Arbeiten im Sitzen« und dem »Arbeiten im Stehen« befassen wollen, wird es nützlich sein, wenn wir uns eine grundlegende Ähnlichkeit zwischen Psychotherapie und Beratung ansehen. Beide basieren auf der Entwicklung und fortwährenden Verfeinerung eines Vertrags zwischen zwei Parteien, in dem vorausgesetzt wird, daß sich die eine Seite auf einen besseren Funktions- und Seinszustand hinbewegen will, und daß die andere Partei über einige Fähigkeiten oder Werte verfügt, die es der ersten Partei ermöglichen können, dies zu tun. Es kann sein, daß die helfende Partei davon ausgeht, daß sie in diesem Prozeß ebenfalls lernen und wachsen wird, doch ist dies sekundär gegenüber dem Nutzen, den die in Dienst nehmende Partei aus den gelieferten Dienstleistungen bezieht. Ob explizit gemacht oder nicht, jede Therapie oder Beratung beruht auf irgendeinem Modell des pädagogischen Prozesses. Lernen ist der zentrale Prozeß, um den es bei beiden Bemühungen geht. Dazu gehört sowohl das Erhöhen der Bewußtheit als auch das Entwickeln von Fähigkeiten.

STRUKTURELLE ASPEKTE VON PSYCHOTHERAPIE UND BERATUNG

Es gibt viel Literatur über Therapie und Beratung als pädagogischen Prozeß, wobei in den meisten Fällen Theorien und Probleme des Lernens von Erwachsenen im Mittelpunkt stehen. Für unseren Zweck richtet sich der Blick stärker auf das Verständnis wesentlicher Struktur- und Prozeßfragen, die in die Entwicklung eines pädagogischen Vertrags mit eingehen. Dies ist für beide Formen von entscheidender Bedeutung. So gibt es beispielsweise als ein Extrem einen im wesentlichen freiwilligen Akt, wobei ein einzelner oder ein Paar einen Therapeuten / Lehrer auswählt und einen »Kurs« von kürzerer oder längerer Dauer kauft. Als anderes Extrem engagiert irgendein Mitglied einer Organisation einen »Lehrer« und bietet die übrigen der Gruppe als »Schüler« auf, bei denen unterschiedlichste Grade an Freiwilligkeit anzutreffen sind. Die Arbeit in beiden Modi läßt sich am besten durch die ausführliche Behandlung solcher Unterschiede und ihrer Implikationen verstehen. Bei der Untersuchung dieser und anderer Faktoren ist es wichtig zu bedenken, daß dieses strukturelle Geschehen weitreichende Konsequenzen für die Lernerfahrung hat.

Sehen wir uns jetzt einige der Unterschiede in der Struktur des pädagogischen Bemühens in beiden Situationen an. Zunächst einmal gehört zur Organisationsberatung *per definitionem* die Arbeit mit mehr als einer Person. Auch wenn die Arbeit oft durch Einzelberatung unterstützt wird, finden Eins-zu-eins-Interaktionen typischerweise größtenteils zwischen dem Berater und dem (den) Mitglied(ern) der Organisation statt, das (die) den Berater in die Organisation hereingebracht hat (haben). Die Interaktionen umfassen sowohl Entwicklungsberatung durch den Berater als auch politisch orientierte Strategieentwicklungen darüber, wie die Beratungsarbeit am besten für die Bedürfnisse der Organisation nutzbar gemacht werden kann. Dies unterscheidet sich mit Sicherheit sehr von dem, was in den meisten Therapiesitzungen stattfindet, wo Therapeuten vielleicht Rat geben, aber bemüht sind, jede Art von Bevorzugung bestimmter Mitglieder der Klientengruppe zu vermeiden. Der wesentliche Sachverhalt ist hier, daß erfolgreiche Systemberatung verlangt, daß alle Beteiligten die Maßnahme zu ihrer Angelegenheit machen, und daß nicht alle Mitglieder der Gruppe, die als das Klientensystem definiert ist, im Hinblick auf ein Bedürfnis nach Veränderung oder auf die Bereitschaft, ein Lernprojekt in Angriff zu nehmen, die gleiche Position einnehmen. Dies kommt in der Familientherapie sehr oft vor, und ist ein kritischer Punkt bei fast allen Organisationsinterventionen, die auf Prozeßberatungsmodellen beruhen. Tatsächlich ist dies der Kern der Frage: »Wer ist der Klient?«

Die Situation ist eine andere im Fall von Psychotherapie, speziell bei der Einzeltherapie. In dieser Situation sucht eine Person einen bestimmten Therapeuten auf, mit dem sie arbeiten möchte. Dies kann durch Empfehlung, durch den Ruf des Betreffenden oder durch irgendeine Art von Bekanntschaft zustandekommen, aber es ist der Kulminationspunkt eines bewußten, selbstbestimmten Wunsches, mit einem bestimmten »Lehrer« zu arbeiten. Und anders als im Falle von Organisationsberatung, wo eine Organisation die Bezahlung der geleisteten Dienste übernimmt, leistet gewöhnlich die Hilfe suchende Person direkte, persönliche Zahlungen an den Therapeuten. Doch auch dann, wenn Therapeuten ihr Honorar von einer dritten Seite erhalten, besteht kaum Unklarheit darüber, wer der Klient ist und wer das Unterfangen als sein eigenes betrachtet. Es kommt vor, daß ein Berater nur mit ein oder zwei Personen in einer Organisation arbeitet, aber es ist fraglich, ob man dies als Organisationsberatung bezeichnen kann. Vielleicht wäre es besser, solche Arbeit als von der Organisation geförderte Einzelberatung zu bezeichnen. Dies würde es für den Berater klarer machen, daß die Arbeit hauptsächlich Arbeit »im Sitzen« ist. Es muß berücksichtigt werden, welche Wirkung dies auf wichtige Personen in der Organisation hat, aber es besteht weder implizit noch explizit die Auffassung, daß ein Projekt zur Veränderung der Organisation im Gang ist.

Es gibt noch viele weitere wichtige Unterschiede in der Art der Arbeit. Die therapeutische Beziehung hat insofern eine fast kostbare Qualität, als Intimität und ein starker, persönlicher Kontakt zwischen Therapeut und Klient für die Arbeit von zentraler Bedeutung sind. Auf seiten der Organisation werden Fragen der Intimität sehr kompliziert. Der Berater muß kontaktvolle Mittel anwenden, um das Interesse des Klientensystems auf sich zu ziehen, doch im wesentlichen besteht die Aufgabe darin, guten Kontakt zwischen Mitgliedern des Klientensystems zu fördern. In der Organisationsberatung könnte man Intimität besser definieren als Anziehung, die sich auf den Respekt gegenüber der professionellen Haltung und der Kompetenz aller Beteiligten gründet. Obwohl manche Berater tatsächlich sehr engen Kontakt mit einigen Mitgliedern des Klientensystems entwickeln — insbesondere mit den Personen, die ursprünglich den Kontakt zu ihnen hergestellt haben — sind sie doch wahrscheinlich dazu angestellt worden, mit dem gesamten System zu arbeiten und keine zu enge Verbindung zu bestimmten Mitgliedern herzustellen. Viel von dem Wert, den ein Berater für eine Organisation hat, liegt in der Fähigkeit dieser Person, einen besseren Kontakt zwischen den Mitgliedern des Systems und nicht mit dem Berater zu fördern. Die Förderung eines starken persönlichen Kontakts zu dem Berater scheint am nützlichsten als Mittel dafür zu sein, einzelne darauf vorzubereiten, besser miteinander zu arbeiten. Die Intervention von dritter Seite ist ein gutes Beispiel für eine Situation, bei der die Rolle des Beraters mehr der eines Regisseurs als der eines Schauspielers gleicht. Wenn der Berater jedoch allzu zurückhaltend oder distanziert ist, kann dies seine Wirkung oder die Möglichkeit der Einflußnahme verringern. Der Therapeut steht einem ähnlichen Problem gegenüber, wenn er versucht, sich nicht zu persönlich auf den Klienten einzulassen oder mit ihm konfluent zu sein, zugleich jedoch erkennt, daß das Wachstum des Klienten zum großen Teil durch die intensive Interaktion mit dem Therapeuten bedingt ist. Die Art, in der sich die Präsenz ausdrückt, mag in diesem Zusammenhang in verschiedener Weise von Nutzen sein. So wird eine Präsenz, die den Akzent mehr auf einen expliziten, klinischen Modus legt, für Industrieorganisationen eher geeignet sein als ein eher mysteriöser kontaktvoller Modus.

Im Zusammenhang damit steht die private gegenüber der öffentlichen Natur der beiden Modi und die Befriedigung oder Frustration, die jeder Tätigkeitsbereich bringen kann. In der Psychotherapie ist der Raum, in dem die Arbeit stattfindet, ein inneres Heiligtum, und die »Spielregeln« werden weitgehend von dem Therapeuten vorgegeben, wenn der Klient diesen Raum betreten hat. Das ist nicht einfach eine Frage der Kontrolle, sondern steht im Zusammenhang mit der Art der Sprache, der Maneriertheit und der Idiosynkrasien des Therapeuten. Die Arbeit wird auf einer sehr privaten Bühne ausgeführt, wobei der Therapeut gleichzeitig Schauspieler und Regisseur ist. Im Rahmen von Organisationen hat der Berater vielleicht viel Freiheit bezüglich der Grundregeln — tatsächlich ist die Notwendigkeit, Präsenz und Einzigartigkeit herzustellen, für die Arbeit entscheidend — doch der Berater arbeitet die meiste Zeit auf dem Territorium der Klientenorganisation und ist fortwährend in einer Position des Vermittelns und Verhandelns darüber, wie die Spielregeln aussehen sollen und welches Verhalten möglich ist. Beispielsweise ist es mir verhaßt, Teambildungssitzungen in Hotels oder Motels durchzuführen, aber viele Klienten finden nichts dabei, die Arbeit in großen Tagungszentren oder Innenstadthotels zu machen. Noch entscheidender ist jedoch die Notwendigkeit, die Differenzen zwischen den von mir gewünschten und den für den Klienten akzeptablen Einschätzungs- und Interventionsverfahren zu verhandeln. Wieder geht es hier nicht einfach um die Frage, seinem eigenen Stil treu zu sein; es geht darum, die für die Arbeit wesentlichen Strukturen und Arrangements festzulegen. Ein erfolgreicher Berater wird auf diese Verhandlungen viel Sorgfalt verwenden in dem Wissen, daß jeder Punkt eine Gelegenheit bietet, seine Präsenz zu verstärken, und daß es hier nur um einige der vielen entscheidenden Ereignisse geht, die in mehr oder weniger öffentlichen Gruppensitzungen vorkommen, wenn man sich mit Organisationsberatung befaßt.

Tabelle 9.1 faßt diese Punkte und einige damit verbundene Unterschiede in den Modi des »Sitzens« und »Stehens« zusammen. Obwohl vieles

davon jenen, die in diesen Bereichen erfahrene Praktiker sind, nahelie-
gend erscheinen wird, werden diese Fragen von Therapeuten ebenso wie
von Beratern oft unbeachtet gelassen oder gegenüber einer inhaltlichen
Behandlung von Problemen oder Systemen zweitrangig behandelt. Der
an persönlichen Beziehungen orientierte Therapeut wird vielleicht mißverstehen, was alles dazugehört, auf einer Bühne vor einem kritischen Pu-
blikum zu arbeiten. Über Arbeitsregeln zu verhandeln mag von einem
Therapeuten eher als Störung denn als wichtiges Lernproblem betrachtet
werden. Demgegenüber hat vielleicht der Berater, dem es gefällt, an einem
Schauplatz zu arbeiten, der größer ist als private Räume, beträchtliche
Schwierigkeiten damit, einen guten Kontakt von Person zu Person herzustellen, wenn dies für die Arbeit wesentlich ist. Mangelndes Eingestehen
der angsterzeugenden Natur ungenügend unterstützter Arbeit auf dem
Territorium eines anderen kann zu dysfunktionaler Vertraulichkeit gegenüber den Mitgliedern der Klientengruppe führen, die den Werten des Beraters am nächsten stehen. Einsicht in diese Faktoren ist für den Erfolg
der Arbeit entscheidend und zieht einige wichtige Folgerungen nach sich.

IMPLIKATIONEN

Eine der Implikationen ist, daß der Organisationsberater in bezug auf
die Probleme des Warenauslegens und die Klärung der Zustimmungsfrage
schwierigere Aufgaben zu lösen hat als der Therapeut. Ein Therapeut
kann mit einem Klienten zusammen dasitzen und über relativ lange Phasen hinweg darauf warten, daß etwas geschieht, und dies kann als gute
therapeutische Technik angesehen werden. In der Beratungssituation wird
solches Verhalten wahrscheinlich zu Unbehagen und einer Verschlechte-
rung der Beziehung führen, wenn der Berater nicht auf die unvermeidli-
che Verärgerung des Klientensystems reagiert. Es verlangt die höchste
Form der Beratungskunst, solche Situationen in respektvoller (gegenüber
dem Klienten) und doch zwingender Weise zu handhaben. Gerade in solchen Momenten wirkt sich die Präsenz des Beraters am entscheidendsten
auf den Erfolg der Beziehung aus. In dieser Situation muß man seine Waren ausbreiten, ohne zu viel von dem Klienten verlangen zu können, aber
das sagt noch nichts darüber aus, was man zeigen soll und auf welche Weise man dies tun soll. Sollte konzeptionelles und / oder auf Erleben bezo-
genes Material früh eingeführt werden? Sollten sehr kontaktvolle zwi-

Tabelle 9.1 Unterschiede zwischen »Arbeiten im Sitzen« und
»Arbeiten im Stehen«

»Sitzen« (Modell freiwilliger Psychotherapie)	»Stehen« (Organisationsberatungsmodell)
Gewöhnlich sucht der einzelne den Psychotherapeuten auf und entscheidet sich für ihn; der Therapeut wird persönlich bezahlt; das Verhältnis ist eins zu eins.	Jemand aus dem System sucht den Berater auf und engagiert ihn für das System; der Berater wird von der Organisation bezahlt.
Arbeit auf dem Territorium des Therapeuten; die üblichen Unterstützungen und Regeln des Therapeuten herrschen vor.	Arbeit auf dem Territorium des Klienten, oft ohne die üblichen Hilfen; meistens müssen die »Spielregeln« ausgehandelt werden.
Überwiegend persönliche Ereignisse; der Therapeut ist wenig öffentlich sichtbar.	Öffentliche Ereignisse überwiegen; sie werden von vielen Personen bewertet und dringen stärker in die Öffentlichkeit.
Die Person, mit der der Therapeut arbeitet, will etwas von dem Therapeuten.	Oft besteht große Variabilität bezüglich dessen, was Mitglieder des Klienten vom Berater wollen oder was der Berater anzubieten hat.
Die Werte des Klienten liegen im allgemeinen nahe bei denen des Therapeuten.	Die Person(en), die den Berater engagiert hat (haben), teilt (teilen) möglicherweise als einzige die gleichen Werte mit dem Berater.
Der Klient wird als derjenige gesehen, der das Problem hat, selbst wenn er sich über dessen Art im unklaren ist.	Es ist unklar, was das Problem ist und wer es hat.
Betonung starken zwischenmenschlichen Kontaktes zwischen Therapeut und Klient; die Resonanz zwischen beiden ist entscheidend.	Der Berater arbeitet darauf hin, den Kontakt zwischen Teilen des Systems durch förderndes Verhalten zu unterstützen.
Der Klient verwendet viel Mühe darauf, sich gegenüber dem Therapeuten zu beweisen.	Der Klient erwartet von dem Berater, daß er sich unter Beweis stellt.

schenmenschliche Interventionen schon früh verwendet werden? Oder sollte der Berater, um etwas Rückhalt zu bekommen, versuchen, bereits früh Rückmeldungen vom Klientensystem darüber zu erhalten, wie er wahrgenommen wird? Für welche Handhabung der frühen Stadien des Aufbaus einer Beziehung man sich auch immer entscheidet, meiner Überzeugung nach sieht die zweckmäßigste Haltung so aus, daß man bereitwillig auf eine einfache, klar verständliche Weise seine Waren auslegt, gleichzeitig jedoch in den Vorgang eine Aura des Mystischen hineinbringt. Es muß eine »Vorstellung« gegeben werden, die jedoch am besten auf einen kurzen, anregenden Prolog als Vorspiel zu den folgenden Akten beschränkt wird. Wenn man sehr rational und systematisch ist, bleibt vielleicht nicht genug Unerklärliches, um die Aufmerksamkeit bis zur Inszenierung der Schlußszenen aufrechterhalten zu können. Zu viel Rätselhaftigkeit oder Ambiguität erleben die Klienten vielleicht als unangenehm, oder — was noch schlimmer wäre — sie fangen an, dem Berater Züge von Schwäche oder Inkompetenz zuzuschreiben oder solche Merkmale auf ihn zu projizieren. Ohne eine Aura des Unerklärlichen, die faszinierend aber nicht bedrohlich ist, mag es schwer sein, wirksame Grundregeln zu vereinbaren. Dies kann durchaus als Argument gegen eine zu weit gehende Entmystifizierung des Beratungsprozesses verstanden werden. Jene, die primär mit einer klinischen Orientierung arbeiten, neigen dazu, die Bedeutung zu unterschätzen, die einer erfolgreichen Handhabung der anfänglichen Arbeit in Organisationen zukommt (eine Ausnahme hiervon sind gut ausgebildete Familiensystemtherapeuten). Jene, die von einer Managementperspektive herkommen, tendieren dahin, zu Beginn viel zu rational und interventionsorientiert zu sein und es zu versäumen, genug Interesse an Explorationen nichtlinearer Art zu entwickeln.

Die zweite Implikation ist, daß Familientherapie und Organisationsberatung vieles gemeinsam haben, wenn man die Rolle des Intervenierenden betrachtet. Damit der einzeln ausgebildete Praktiker auf der Ebene von Systemen erfolgreich arbeiten kann, müssen sich die Fähigkeiten des Organisationsberaters mit denen des Therapeuten verbinden. Moderne Familiensystemtheoretiker arbeiten von einer solchen Perspektive aus. Für sie ist die Darstellung von Problemen oder Symptomen von sekundärer Bedeutung, sie stellen die strukturellen Gegebenheiten der Beziehung zwischen Klient und Therapeut, und die Entwicklung der Familie als System in den Mittelpunkt. Ihr Ziel ist, dem System Fähigkeiten zu vermitteln damit es als Organisation erfolgreicher funktionieren kann. Der Therapeut, der die zentrale Bedeutung solcher Fragen wie Selbstverantwortung, das Festlegen, wer der Klient ist, und wie ein nutzbringender Kontakt aussieht, nicht hoch genug einschätzt, wird vielleicht durch wertvolle Arbeit mit jedem Teilnehmer individuelle Entwicklungen erzielen, jedoch in dem Bemühen um eine Verbesserung der Organisation scheitern. Übrigens haben Familiensystemtheoretiker sehr aufschlußreiche Einsichten und Anschauungen, die für den Organisationsberater von Nutzen sind; sie sind oft sehr kreativ bei der Kombination der besten Eigenschaften der »sitzenden« und »stehenden« Ansätze.

Die dritte Implikation, die sich aus diesem Vergleich ergibt, ist, daß der Organisationsberater von der Gestalttherapie und damit verwandten kontaktvollen, erlebnisorientierten Methoden sehr profitieren kann, wenn er sie richtig anzuwenden versteht. Obwohl auf Systemebene zu intervenieren bedeutet, daß man das System als Arbeitseinheit betrachtet — mit dem Fokus auf Struktur-, Verlaufs- und Ergebnisvariablen — hängt die Frage, ob man den Klienten dazu bringen kann, diese zu untersuchen davon ab, wie interessant oder überzeugend der Berater im Kontakt zum Klienten ist. Die Präsenz und der Einsatz des Selbst sind dabei entscheidend. Sie nehmen unter den für diese Arbeit benötigten Fähigkeiten den höchsten Rang ein und sind damit vielleicht noch wichtiger als das Vertrautsein mit der Technik der Organisationsentwicklung. Auf der anderen Seite kann ein Mangel an Wertschätzung für die grundlegenden normativen Methoden und Verfahren, die dem Leben in Organisationen seine besondere Prägung geben, zu einer Beraterpräsenz führen, die als zu schwungvoll, charismatisch oder in anderer Weise als unangemessen angesehen wird. Es ist der Kontext der Arbeit, der den Spielraum nützlicher Beraterpräsenz absteckt, und Gestalttherapie ist ein möglicher Ansatz für die Helferbeziehung, der seine Anwender lehrt, wie sie in angemessen eindrucksvoller Weise ihr Selbst einsetzen können. Wenn der Gestaltansatz mit einer Wertschätzung für die Formen der »Arbeit im Stehen« verbunden ist, können Berater ihr Potential in Beziehungen mit Klientensystemen erhöhen.

Eine weitere Implikation ist, daß institutionell angeordnete Psychotherapie in vieler Hinsicht der unfreiwilligen Teilnahme von Klienten an Organisationsberatungsprojekten ähnlich ist. Wenn ein Gericht oder eine andere legale Institution jemanden dazu zwingt, sich auf eine Therapie einzulassen, so ist der designierte Klient in der gleichen Lage wie das Mitglied einer Arbeitsgruppe, das gezwungen wird, an einem Programm teilzunehmen, nach dem es nicht verlangt hat. In diesem Fall steht der Therapeut ebenso wie der Organisationsberater bei unfreiwilligen Teilnehmern vor der Aufgabe, sich unter Beweis zu stellen. Ein Hauptunterschied zwischen beiden Situationen ist, daß Mitglieder der Organisation oft auf Gefühle der Zugehörigkeit zu der Organisation zurückgreifen (das »Syndrom des guten Soldaten«) und schließlich an der Maßnahme teilnehmen. In einem institutionellen Kontext haben die Klienten bereits so viele schlechte Erfahrungen mit Organisationen im allgemeinen gemacht, daß es für den Therapeuten zu einer äußerst schweren Bürde werden kann, als »Agent« einer Institution betrachtet zu werden. Jeder, der einmal Beratungsarbeit mit Populationen aus Krankenhäusern, Kliniken oder Strafanstalten gemacht hat, wird dies deutlich zu spüren bekommen haben. Die einzige Möglichkeit, diese Barriere zu überwinden, besteht für den Therapeuten darin, jeden Funken Energie und all seine Fähigkeiten für das Entwickeln einer Präsenz einzusetzen, die den toten Punkt der Klient-Institution-Ebene überwindet. Der Klient muß in eine fesselnde, unwiderstehliche Beziehung hineingezogen werden, so daß die negativen Gefühle für die Institution zweitrangig werden gegenüber dem fast heroischen Kampf, den Therapeut und Klient um die Bedeutung und den Wert eines vollen Kontaktes führen. Die Implikationen im Hinblick auf den unfreiwilligen organisationellen Kontext liegen auf der Hand: Wenn es dem Berater nicht gelingt, die Teilnehmer »zu packen« und ihre Aufmerksamkeit zu gewinnen, wird sich die Beziehung wahrscheinlich schwierig gestalten, so daß die Gefahr besteht, daß keine bedeutsame Lernerfahrung beim Klienten stattfinden kann.

ERLÄUTERNDE FALLBEISPIELE

Mehrere Beispiele sollen das Vorangehende konkretisieren. Diese Fälle stammen aus unterschiedlichen Kontexten.

Fall Eins

Der Präsident eines großen städtischen Colleges trat an zwei Mitglieder des *Gestalt Institute of Cleveland* wegen eines Programms für seine leitenden Verwaltungsangestellten und Fachbereichsleiter heran. Nach mehreren Zusammenkünften mit ihm und zwei Untergebenen in Schlüsselpositionen wurde deutlich, daß sie sich eine mögliche Intervention in Form von Mitarbeiterentwicklung vorstellten. Das heißt, sie dachten an die Entwicklung von Fähigkeiten im Rahmen einer Gruppe, als Mittel zur Verbesserung des Zusammenhalts und der Kooperation unter den Leitern der Organisation. Außerdem wurde uns der Eindruck vermittelt, daß es unter einigen in Fakultät und Verwaltung große Meinungsverschiedenheiten über die zukünftige Orientierung des Colleges gab, wozu auch die Frage gehörte, auf welche Weise die finanzielle Lage durch die eventuelle Abschaffung einiger Programme konsolidiert werden könnte. Wir wollten mit einer Einschätzung der Wahrnehmungen, die die beteiligten Personen von ihren Bedürfnissen und Problemen hatten, sowie ihrer Bereitschaft, die Mühen einer Entwicklung auf sich zu nehmen, beginnen. Da das College bereits Erfahrung mit Mitarbeiterentwicklung hatte, schien uns dies ein geeigneter Weg zu sein, in die Situation einzusteigen. Die Einschätzung sollte sicherstellen, daß die ausgewählten Fähigkeitsbereiche von einer großen Zahl der Teilnehmer als wesentlich angesehen wurden.

Das Projekt wurde den etwa 25 Personen vorgestellt, die an einem Treffen teilnahmen, bei dem wir die Gelegenheit erhielten zu beschreiben, wie wir die Situation sahen und worin unser Beitrag bestehen könnte. Wir baten um ihre Mitarbeit durch das Ausfüllen eines vertraulichen, offenen Fragebogens und die Teilnahme an Kleingruppeninterviews. Im Hinblick auf den Zyklus des Erlebens und unter Berücksichtigung der Frage, wer der Klient war, könnte man dieses Treffen als die Vollendung einer Arbeitseinheit mit dem Präsidenten und seinen beiden leitenden Untergebenen betrachten. Diese Einheit begann mit den ersten Zusammenkünften (Bewußtheitsphase) und gipfelte in der Entwicklung und Präsentation des Einschätzungsplanes, zunächst vor dem Präsidenten und dann vor der ganzen Gruppe. Das Treffen stellte gleichzeitig den Beginn einer neuen Arbeitseinheit mit einer neuen Klientengruppe dar. Das Vorstellen des Projektes vor der Gruppe war der erste Schritt in einem Prozeß des Verhandelns mit einem erweiterten Klientensystem, um dessen Wahrnehmungen, Bedürfnisse und Bereitschaft zur Entwicklungsarbeit festzustellen.

Der Einschätzungsprozeß wurde von der Gruppe nach einer Diskussion akzeptiert, in deren Verlauf die meisten Teilnehmer ihr positives Interesse an Entwicklungsarbeit zum Ausdruck brachten, auch wenn einige Schlüsselpersonen sehr wenig sagten. Wir sammelten die Fragebögen ein und führten die Interviews durch. Aus den Fragebögen ging wenig Nützliches für die Identifizierung bestimmter Fähigkeitsbereiche, die zu entwickeln sein würden, hervor. Es gab ein paar allgemeine, klischeehafte Antworten, wie etwa das »Bedürfnis, einflußreicher zu sein«, und den Wunsch nach »besserer Kommunikation«. Was sich zeigte, war — besonders in den Interviews — ein großes Maß an Unzufriedenheit mit dem Zustandekommen von institutionellen Entscheidungen, sowie mit der Politik und den Abläufen im allgemeinen. Die Gruppe führte viele Beispiele dafür an, daß zwar klare Entscheidungen getroffen, diese jedoch nie ausgeführt oder in der Ausführung verändert wurden. Obwohl es möglich war, bestimmte Fähigkeiten zu ermitteln, die den Prozeß der Entscheidungsfindung verbessern würden, konzentrierten sich unsere Informanten mehr auf Fragen der Organisation als auf solche, die in den Bereich individueller Entwicklung von Managementfähigkeiten gehörten. Hätte diese Gruppe Kontakt zu uns aufgenommen, bevor wir mit dem Präsidenten gesprochen hatten, so wäre unsere Arbeit in eine andere Richtung gelenkt worden.

Diese Sachlage wird einen erfahrenen Berater nicht überraschen, denn sie kommt recht häufig vor. Ein Bewußtheitsmodell, das sich auf den Interaktionszyklus des Erlebens stützt und auf die Vollendung von Arbeitseinheiten zielt, macht jedoch deutlich, daß jetzt eine neue Arbeitseinheit erforderlich war: Die Vorstellungen der drei obersten Führungskräfte und der 25 Mitglieder der Gruppe mußten allen, die es betraf mitgeteilt werden, und es mußte der Versuch gemacht werden, diese in einer allgemeinen Auffassung davon, wie ein zweckmäßiges Projekt aussehen könnte, zu integrieren. Im Anschluß an einen Bericht an die Führungskräfte, der die allgemeinen Ergebnisse der Gruppe enthielt, fanden mehrere Zusammenkünfte mit einer repräsentativen Teilgruppe der beteiligten Personen statt. Hieraus entwickelte sich ein Plan, der mit einigen didaktischen Eingaben und Übungen zur Entscheidungsfindung begann, gefolgt von Arbeitssitzungen, in denen die Teilnehmer das Gelernte auf Arbeitsprobleme anwendeten, die vorher zusammengestellt und zu der einwöchigen Klausurtagung mitgebracht worden waren. Der Plan verlangte außerdem das Aufstellen und Ausführen von Handlungsplänen mit einem zweitägigen

Folgetreffen nach einigen Monaten. Dieser Ansatz berücksichtige sowohl die Entwicklung individueller Fähigkeiten als auch die Belange der Organisation.

Ich habe diesen Fall ausgewählt, weil er ein recht häufiges Geschehen der Organisationsentwicklungsberatung darstellt. Der Gestaltansatz ist nützlich dafür, die Situation unter einer Prozeßperspektive zu betrachten und den Berater an seine Rolle als Helfer bei der Erzeugung von Bewußtheit in dem System zu erinnern und dazu zu mahnen, bezüglich einer Investition in Ergebnisse offen zu bleiben. Außerdem ist die Präsenz des Beraters ein Schlüsselfaktor für die Fähigkeit, die Arbeit mit einem komplexen Klientensystem auszuhandeln. Wenn es dem Berater nicht gelingt, Vertrauen in den Prozeß und Interesse an dem, was er der Gruppe vermitteln könnte, zu wecken, ist oft ein Fehlschlag die Folge, und beim Klientensystem bleiben schlechte Gefühle darüber zurück, wie man mit Differenzen umgehen kann.

Fall Zwei

Hier handelt es sich um einen Fall, bei dem mein Beharren auf meinen Ansatz die Beendigung eines Beratungsauftrags zur Folge hatte und einen Konflikt mit einem Klienten verursachte, der acht Jahre andauerte. Die Situation und meine Reaktion darauf sind nicht ungewöhnlich. Ich stelle den Fall vor, um zu zeigen, daß Beratung mit mehreren Klientenkreisen manchmal zu einem unbefriedigenden Ergebnis führt. Außerdem verdeutlicht er noch einmal die Notwendigkeit, über eine klare, starke Präsenz zu verfügen. Wenn diese in der gegebenen Situation nicht annehmbar ist, so sollte man daraus lernen, daß eine Fortsetzung der Arbeit in diesem Kontext vielleicht nicht möglich ist.

Bei dem Fall geht es um einen Auftrag für eine multinationale U.S.-Gesellschaft. Ein Bereichsleiter bat mich, eine sehr sensible Teambildungs- und Konfliktlösungsintervention mit dem Präsidenten und der Schlüsselgruppe des Management in einer lateinamerikanischen Niederlassung zu übernehmen. Die beiden obersten Führungskräfte waren Manager aus den Staaten, die zu diesem Einsatz geschickt wurden; alle anderen waren Einheimische des betreffenden Landes. Zusätzlich zu Konflikten zwischen diesen Managementgruppen war die Gruppe insgesamt sehr verärgert über die von ihr empfundene Einmischung verschiedener Gruppen der Belegschaft. Der Bereichsleiter und der Präsident waren mir durch frühere Arbeit für diese Gesellschaft bekannt, und beide hatten das Gefühl, daß ich in diesem Fall auf Grund früherer Tätigkeiten im lateinamerikanischen Kontext und meiner Kenntnisse von der Firma von Hilfe sein könnte.

Meine Beziehung zu der Gesellschaft erlaubte mir, mich zur Erarbeitung der Aufgaben direkt an einzelne Abteilungsleiter zu wenden, doch mußten alle Projekte von dem für Personalfragen zuständigen Vizepräsidenten der Gesellschaft genehmigt werden. Nach mehreren Zusammenkünften mit den beteiligten Führungskräften einschließlich eines Besuchs der ausländischen Niederlassung handelte ich eine Vereinbarung aus, die für alle Beteiligten annehmbar war. Ich würde meinen eigenen Vertrag mit dem Präsidenten der speziellen Niederlassung ausarbeiten; diese würde für mein Honorar und meine Ausgaben verantwortlich sein, und ich würde der Hauptgeschäftsstelle der Gesellschaft keinen Bericht über die Arbeit erstatten. Alle Parteien waren mit diesem Abkommen zufrieden.

Die darauf folgende Arbeit bestand aus ganz üblichen Verfahrensweisen: Einzelinterviews mit allen lokalen Managern; häufiges »Herumschnüffeln« in Teilen der Niederlassung; Rückmeldungen über die Interviewdaten an die Top-Manager; Arbeitssitzungen, um die Kommunikation zu verbessern und unaufgedeckte Probleme anzusprechen, und so weiter. Über sechs Monate hinweg waren die Fortschritte ausgezeichnet. Insbesondere, indem sich die ausländischen und die lokalen Manager offener miteinander austauschten, und indem man anfing, sich mit mehreren wichtigen Problembereichen auseinanderzusetzen. Alle Manager hatten Momente erlebt, in denen sie von mir unterstützt und konfrontiert worden waren. Es hatten mehrere Durchbrüche stattgefunden, und obwohl es auch einige negative Erfahrungen gegeben hatte, wollte die Gruppe unsere Arbeit über einen längeren Zeitraum hinweg fortsetzen.

Zu diesem Zeitpunkt wurde ich von dem für Personalfragen zuständigen Vizepräsidenten der Gesellschaft um einen Bericht über das gebeten, was ablief. Veranlaßt durch ökonomischen und politischen Druck hatte einer der Vorstandsmitglieder der Gesellschaft für den operationellen Bereich um Informationen über diese Abteilung gebeten. Ich erinnerte den Personalchef an unsere Vereinbarung darüber, daß ich keinen Bericht erstatten würde. Er sagte daraufhin, daß er nicht sicher sei, ob er daran länger festhalten könnte; seine Vorgesetzten hätten Verständnis für meinen Standpunkt, wären jedoch der Ansicht, daß ich die Person sei, die ihnen am besten bei einigen möglichen organisationellen Veränderungen raten könnte, die diese Niederlassung und ihre wichtigsten Führungskräfte einbezog.

Auf den Bereichsleiter wurde dahingehend Druck ausgeübt, mich von dieser Beschränkung zu entbinden, und obwohl er Widerstand leistete, konnte ich erkennen, daß er bald in einer unhaltbaren Position sein würde. Ich blieb standhaft und sagte, daß die einzige Person, an die sie sich wegen Informationen wenden könnten, der Präsident der Niederlassung sei. Ich sagte, daß selbst dann, wenn er mich von der Abmachung entbinden würde, damit ich sprechen könne, dadurch auch das gesamte Vertrauen zunichte wäre, das ich mit den lokalen Managern aufgebaut hatte. Nach mehreren Wochen der Unschlüssigkeit teilte mir der Präsident mit, daß wir alle bei der Vereinbarung bleiben würden, der Preis jedoch sei, daß er mich für die Arbeit in der Niederlassung nicht länger engagieren könne.

Die wichtigste Lehre aus dieser Erfahrung ist, daß ich einen wesentlichen Teil des Klientensystems vernachlässigt hatte. Die Tatsache, daß wir anfänglich eine Vereinbarung getroffen hatten, hätte nicht als endgültig behandelt werden sollen. Es ist naiv zu erwarten, daß angrenzende Teile einer Organisation sich während der Arbeit mit einem Subsystem ruhig verhalten. Vielleicht war es ebenfalls ein Fehler zu verlangen, daß keine Berichte von mir erwartet werden sollten. (Bei anderen Aufträgen für diese Firma hatte ich die Leute darum gebeten, mir nichts zu sagen, von dem sie nicht wollten, daß es weitergegeben wird, da ich keine Vertraulichkeit zusichern würde.) Auf jeden Fall hatte meine Haltung bei der ausländischen Niederlassung Wunder gewirkt, auf der Ebene der Gesellschaft jedoch ein Problem entstehen lassen.

Fall Drei

Der folgende Fall veranschaulicht eine Situation, bei der eine überzeugende Präsenz vielleicht die einzige Möglichkeit ist, einen schwierigen Klienten zu erreichen. Auch wenn dieser Fall nicht aus dem Bereich der Organisationsberatung stammt, beschreibt er eine Situation, in der der professionalle Helfer handeln muß, um einen Klienten »zu fassen zu kriegen«, oder er verliert die Gelegenheit, Einfluß auszuüben.

In einem Seminar mit einer Gruppe von Sozialarbeitern und Vertretern verwandter Berufe, die in sozialen Einrichtungen einer Industriestadt im Mittelwesten tätig waren, sprach eine der Teilnehmerinnen voller Erbitterung darüber, daß die Gestaltorientierung für Patienten oder professionelle Helfer der Mittelklasse gut sei, daß sie aber nichts anzubieten habe für Leute, die in sozialen Einrichtungen oder in Krankenhäusern arbeiten. Sie berichtete von einem kürzlich stattgefundenen Hausbesuch bei einem

Klienten, der eine Waffe auf den Küchentisch legte, als sie mit ihrer Besprechung begannen. »Sehen Sie, wozu soll all das Mitteilen des Erlebens, voller Kontakt und so weiter gut sein, wenn dabei eine Waffe auf dem Tisch liegt?« fragte sie herausfordernd. Ich erwiderte, daß ich wohl einsehen könne, daß es in einem solchen Augenblick nicht einfach ist zu wissen, was man tun soll, doch wenn sie keinen Weg fände, über die Waffe hinwegzukommen und den Klienten zu fassen zu kriegen, gäbe es keine Chance, Einfluß zu nehmen. Ich fragte sie, wie sie sich gefühlt und was sie getan habe. Sie sagte, daß sie erschrocken gewesen sei, jedoch nicht geglaubt habe, daß die Waffe geladen war oder daß der Klient sie benutzen wollte. Sie hatte das Gespräch fortgesetzt und während der ganzen Zeit die Waffe weder angeschaut noch erwähnt. Ich erwiderte, daß das unter diesen Umständen eine vernünftige Entscheidung gewesen sei, daß eine Gestaltorientierung jedoch ein paar weitere Möglichkeiten eröffnen würde, die eine Überlegung wert seien.

Eine Möglichkeit wäre, dem Klienten zu sagen, daß die Waffe während des Gesprächs beiseite gelegt werden müsse. Dies würde die Ideologie über den Besitz einer Waffe nicht in Frage stellen, doch wäre damit zumindest die Feststellung gemacht, daß Waffen kein Teil der Beziehung zu dem Klienten seien. Eine andere Möglichkeit wäre, den Klienten zu fragen, was er damit erreichen wolle, daß er die Waffe auf den Tisch legt. Jede dieser Möglichkeiten läßt die Waffe zum Vordergrund werden, was potentiell ernste Konsequenzen haben kann, doch es sind Versuche, den Klienten dazu zu bringen, mit dem Berater in einer kontaktvolleren Weise umzugehen. Ein sicherer Weg wäre vielleicht, aufzustehen, zu gehen, und dem Klienten zu sagen, daß man wiederkommt, wenn er bereit ist, ohne die Waffe zu reden. Hier besteht jedoch das Risiko, daß man zurückkommt und die Waffe wieder auf dem Tisch vorfindet, und wenn man dann die Prozedur von Weggehen und Zurückkommen wiederholen muß, kann dadurch die Autorität herabgesetzt werden, weil es für den Klienten erkennen läßt, daß man manipuliert werden kann.

Eine vierte Möglichkeit wäre, um die Waffe zu bitten, so daß man sie während des Gesprächs halten kann. Auch hier liegt ein Risiko darin, den Klienten dadurch zu verärgern, daß man seine Kontrolle über die Situation gefährdet. Außerdem könnte ein solches Vorgehen die eigenen Werte und Grenzen verletzen.

Es wäre vermessen von mir, einem anderen Menschen zu sagen, was er in einer solchen Lage tun soll. Ich weiß jedoch, daß die einzige Möglichkeit, überhaupt Eindruck auf diesen Klienten zu machen, in einer starken Präsenz liegt, die es vermeidet zu predigen, zu moralisieren oder so zu tun, als ob alles in Ordnung sei und als könne die gemeinsame Arbeit weitergehen, als sei nichts geschehen. Der Klient hat höchstwahrscheinlich über weite Strecken seines Lebens Probleme mit Institutionen gehabt, und diese Reaktionsweisen entsprechen dem Standard institutioneller Umgangsformen. Ich würde in Übereinstimmung mit einiger Rücksichtnahme auf meine Sicherheit mein Bestes tun, um eine Handlungsweise zu finden, die den Klienten dazu zwingt, mir zuzuhören. Es wäre ideal, wenn ich einen Punkt erreichen könnte, an dem ich eine Aussage anbieten könnte wie: »Sehen Sie, diese Sache mit der Waffe ist vielleicht in anderen Bereichen Ihres Lebens in Ordnung, aber zwischen uns ist das Unsinn. Sie haben nun mal mit mir zu tun. Waffe hin, Waffe her, Sie müssen mit mir reden.«

Die Sitzung fortzusetzen, ohne die Waffe zu erwähnen, mag eine vernünftige Entscheidung sein — immerhin zeigt dies dem Klienten, daß sie keine Angst haben, angesichts der Waffe dazubleiben — doch es braucht mehr, wenn der Klient auf einer tieferen Ebene erreicht werden soll.

SCHLUSSFOLGERUNG

Im Mittelpunkt dieses Kapitels stand die Klient-Berater Beziehung mit besonderer Betonung auf Erwartungen und wie mit ihnen umgegangen wird. Es wurde der Versuch unternommen, einige Struktur- und Prozeßfragen zu betrachten und herauszufinden, wie sich die Präsenz auf die Art und Weise, in der der Berater damit umgeht, auswirkt. Dadurch, daß man die Arbeit des Organisationsberaters als die eines fortwährenden Verhandelns mit mehreren Klientenkreisen ansieht, wird der Praktiker dazu angeregt, den Interaktionszyklus des Erlebens als einen ständigen Bezugsrahmen zu verstehen. Man hat es nicht mit einem einzelnen Ablauf von Bewußtheit - Aktivierung von Energie - Handlung - Vollendung und Abschluß zu tun. Die Arbeit kann eher als Bewältigung einer Reihe sich überschneidender Zyklen gesehen werden, die sich über das ganze Geschehen hinweg verteilen. Die Gegenüberstellung von Psychotherapie und Organisationsberatung hilft dabei, einige dieser Fragen und ihre Implikationen zu verdeutlichen.

10. Kapitel

Marginalität, Autonomie und Angliederung: Das prekäre Gleichgewicht

Der marginale Mensch
Jemand, den das Schicksal dazu verurteilt hat, in zwei Gesellschaften und in zwei nicht nur verschiedenen, sondern antagonistischen Kulturen zu leben.

Stonequist (1937)

Der marginale Mensch
Marginalität ist gekennzeichnet durch persönliche Eigenschaften wie Neutralität, Unvoreingenommenheit und vielseitige Informationsverarbeitung; marginale Menschen wachsen durch Konflikte, Ambiguität und Streß.

Ziller (1973)

MARGINALITÄT UND ARBEIT AN DER GRENZE

Eine grundlegende Prämisse der Gestalttherapie ist, daß Veränderung oder Lernen an einer Grenze zwischen dem stattfindet, was ein einzelner oder eine Gruppe bereits kennt oder integriert hat, und dem, wofür das noch nicht gilt. Wir sagen, daß die eigentliche Arbeit eines jeden Bemühens um Veränderung »an der Grenze« stattfindet. Der Berater hat eine

Grenzfunktion. Der erfolgreiche Berater arbeitet insofern an der Grenze, als er einer anderen Gruppe als der des Klientensystems angehört. In der Beratungsarbeit wird in diesem Zusammenhang von Marginalität gesprochen, und derjenige, der diese Funktion inne hat, muß zwei Kulturen und ihre verschiedenen Werte und Normen überbrücken.

Die Fähigkeit, fortwährend an der Grenze zu bleiben, ist äußerst schwierig. Um erfolgreich sein zu können, muß der Berater in der Lage sein, seine Unterschiedlichkeit zu zeigen und von ihr Gebrauch zu machen, während er dem »fremden« Klientensystem gleichzeitig akzeptabel erscheinen muß. Wenn man dem System sehr ähnlich ist, wird die Berater-Klient Beziehung hochgradig konfluent sein. Wenn der Berater sehr anders ist, wird die Beziehung mit Mißverständnissen oder Konflikten belastet sein. Die günstigste Haltung impliziert ein Gleichgewicht; man gliedert sich dem System an, ist jedoch eindeutig autonom und steht für sich. Das verschafft dem Berater die Möglichkeit, zu einer starken Kraft im Klientensystem zu werden. Dieses Gleichgewicht ist schwer zu beschreiben, aber es ist erreicht, wann immer die folgenden Kriterien erfüllt sind:

1. Der Berater wird von dem Klienten während der Arbeit im System als verständnisvoll und angenehm angesehen — als passend, obwohl er ein Fremder ist.

2. Die Unterschiedlichkeit des Beraters wird von dem System als interessant oder attraktiv gesehen; der Klient erlebt eine überzeugende Präsenz aus einer anderen »Welt«.

3. Der Berater steht dem Klienten ganz zur Verfügung, ist aber kein Beschützer oder »Kumpel«.

Der Terminus »Grenze« dient dazu, den phänomenologischen Augenblick zu bezeichnen, in dem eine Einheit als von einer anderen getrennt oder verschieden erlebt wird. Das Auftreten dieses Erlebens kann man sich vorstellen als Linie, Streifen oder Membran zur Abgrenzung zwischen dem, was von dem Selbst assimiliert und was nicht assimiliert wird. Wir benutzen den Begriff, Grenze um die Anerkennung dessen zu operationalisieren, womit wir Kontakt herstellen können, und dessen, womit wir nicht in Berührung kommen können. Eine Grenze, gleich welcher Art zu haben heißt, die Begrenzungen der Interaktion (des Kontakts) zwischen dem Individuum oder System und seiner Umwelt zu definieren oder festzusetzen. Wenn ich mich also nicht dazu überwinden kann, bestimmte Speisen zu mir zu nehmen — etwa Aal oder Tintenfisch — aber bereit bin, diese Speisen zu berühren, habe ich eine bestimmte Grenze zwischen mir und den Speisen definiert. Ebenso habe ich, wenn ich Gefühle von Wut erleben kann, aber außerstande bin, sie auszudrücken, eine Grenze für meinen Kontakt mit Wut definiert. Auf der Ebene größerer Systeme können wir die Art und Weise, wie Menschen interagieren und zusammen arbeiten, auf Grenzphänomene hin betrachten. Wenn ein Gruppenmitglied das Gefühl hat, daß man ihm nicht zuhört, wenn es einen neuen Gedanken äußert, oder wenn das Mitglied einer Gruppe Schwierigkeiten hat, von einer anderen Gruppe Informationen zu bekommen, so können wir die Natur dieser Kontakte als eine bestimmte Art von Grenzproblem beschreiben, das nichts Negatives über irgendeine der beteiligten Seiten implizieren muß. Wir stellen lediglich die gegenwärtige Beschaffenheit der vom System zugelassenen möglichen Kontakte fest. Grenze ist somit ein Konzept von Relationen, das die Sachlage zwischen ziemlich getrennten Objekten oder Personen zusammenfaßt. Wenn jemand äußert: »Ich kann gar nicht sagen, wo unsere Abteilung aufhört und deren Abteilung anfängt,« so drückt diese Person eine Grenzverwischung aus. Außerdem ist es wichtig, diese Zustände als vorübergehende Stadien in einem dynamischen Prozeß und nicht als festgelegte Strukturen anzusehen. Was den heutigen Seinszustand bestimmt, muß morgen nicht mehr zutreffen. Doch wenn sich die beteiligten Parteien der von ihnen erzeugten Grenzen nicht in gewissem Umfang bewußt sind, haben sie keine Möglichkeit, diese zu erkunden oder zu verändern. Dies drückt mit anderen Worten die Behauptung aus, daß es unmöglich ist, eine Situation zu verändern, ehe nicht größtmögliche Bewußtheit über die gegenwärtige Situation erreicht ist, nicht möglich ist.

Wenn wir sagen, daß Lernen oder Veränderung an der Grenze stattfindet, so meinen wir damit, daß dies durch das Untersuchen solcher Dinge wie Gefühle, Annahmen und Phantasien geschieht, die die Existenz der Grenze unterstützen. Nur dadurch, daß man mit dieser Linie — die eine Linie der Abwehr oder der Unterstützung sein kann — konfrontiert wird und sie untersucht, um festzustellen, ob sie irgendwo durchlässig ist oder erweitert werden kann, kann eine neue Erfahrung des Vermiedenen oder Unbekannten stattfinden. Da diese Untersuchung durch eine objektive, vermutlich neutrale Person unterstützt wird, ist der sich in einer marginalen Position befindende Berater ideal geeignet, bei ihrer Ausführung zu helfen. Ein Merkmal marginaler Rollen ist jedoch, daß sie von Natur aus anstrengend sind. Neben der fortwährenden Aufmerksamkeit, die das Aufspüren und Unterstützen der vielfältig gerichteten Energiesysteme des Klienten verlangt, gibt es Probleme mit Gruppenbeziehungen, widersprüchlichen Werten und Verantwortlichkeiten für Ergebnisse.

DILEMMATA IN GRENZFUNKTIONEN

Margulies (1978) hat drei entscheidende Dilemmata für ein effektives Verhalten in einer Grenzfunktion festgestellt: Engagement, Verantwortlichkeit und Akzeptanz. Engagement hat mit dem Ausmaß zu tun, in dem der Berater mit der Klientenorganisation verstrickt ist oder von ihr distanziert bleibt. Das Dilemma liegt darin, wie sensibel man für die Bedürfnisse des Klienten werden will und wie entgegenkommend man diesen Bedürfnissen gegenüber sein muß. Eine mögliche Lösung ist, daß sich der Berater mit einer Vielzahl von Klientenbedürfnissen befaßt und versucht, sich aller Probleme bewußt zu sein, mit denen das System kämpft. Das andere Extrem ist, daß sich der Berater nur mit den speziellen, eng umschriebenen Problemen befaßt, die in seinem Vertrag enthalten sind. Das Verantwortlichkeitsdilemma enthält die Frage, wer zuständig ist und welche Seite die Verantwortung für jeden Aspekt eines Projekts übernimmt. Hier könnte eine Lösung eine starke Verantwortlichkeit für Ergebnisse oder Ziele und / oder die Übernahme der meisten, wenn nicht gar der gesamten Arbeit in einem Projekt enthalten. Eine andere Lösung wäre, nur die Verantwortung für das Erweitern der Bewußtheit zu akzeptieren und die Entscheidung über die Handlung dem Klientensystem einzuräumen. Das Dilemma der Akzeptanz bezieht sich auf die persönliche Akzeptanz des Beraters durch das System. Eine mögliche Lösung ist, minimale persönliche Kontakte zu unterhalten und als Außenseiter betrachtet zu werden; eine andere besteht darin, ein Mitglied der Klientengruppe zu werden.

Margulies zeigt auf, daß das Handeln des Beraters im Umgang mit diesen Dilemmata in einer echten Grenzrolle einen konstanten Spannungszustand, Flexibilität und die Fähigkeit verlangt, ein Gleichgewicht in einem mittleren Bereich herzustellen. Im Umgang mit dem Engagement-Dilemma distanziert sich der Berater weder vom Klientensystem, noch wird er zu dessen Anwalt, sondern er hält ein empfindliches Gleichgewicht aufrecht, in dem beide Zustände als gegeben und als nicht gegeben erachtet werden können. Ebenso wird die Zuständigkeit nicht zu einem großen Problem; sie wird behandelt als die Notwendigkeit, eine bestimmte Verantwortlichkeit festzulegen. Die Frage der Akzeptanz kann dadurch gelöst werden, daß man als Außenseiter betrachtet wird und auf dem Weg ist, den Status eines »Familienmitglieds« zu erreichen, doch nie dort ankommt. Es ist sehr schwierig, diese Lösungen zu erreichen und verlangt fortwährende Wachsamkeit. Das bedeutet, ständig mit Ambiguität, Streß und vielen Bedingungen leben zu müssen, die die Werte oder Bedürfnisse des Beraters nicht unterstützen. Es ist nicht leicht, in jedem Augenblick zu wissen, wie eine hilfreiche Intervention aussehen könnte und was dysfunktional wäre. Es verlangt eine gute persönliche Ausgewogenheit von Güte und Härte, um jemanden zu betreuen, aber auch nicht so sehr zu betreuen, daß das Klientensystem verwöhnt wird oder daß die Organisation ins Schwimmen kommt, wenn unterstützende Interventionen gebraucht werden. Schließlich verlangt die Erfahrung des ständigen Alleinseins oder der Isolation, während man sich inmitten sehr fesselnder Interaktionen mit dem Klientensystem befindet, daß man sich in der marginalen Rolle wohlfühlt. Nichts von alldem ist möglich ohne volle Bewußtheit und einem Verständnis von dem Konzept der Grenzfunktion und der Art, in der Veränderung an der Grenze stattfindet. Wie im folgenden noch näher ausgeführt werden soll, ist es ebenfalls wichtig zu erkennen, wie die eigenen Bedürfnisse des Beraters — insbesondere die nach Angliederung und Autonomie — die Fähigkeit, am Rande zu bleiben, beeinträchtigen können, wenn mit ihnen nicht adäquat umgegangen wird.

Bislang haben sich unsere Ausführungen weitgehend auf die Schwierigkeiten der Marginalität beschränkt, doch sollen auch einige Worte über die positiven Aspekte gesagt werden, die Praktiker marginaler Rollen beisteuern. Vielleicht ergibt sich der wichtigste Beitrag aus der Notwendigkeit, in einem konstanten Zustand der Aufmerksamkeit zu sein, sich seiner Umgebung bewußt zu bleiben und bereit zu sein, mit großer Flexibilität auf unsere Wahrnehmungen hin zu reagieren. Diese Wachsamkeit und die Schwierigkeit, die marginale Menschen sozusagen damit haben, in eine spezifische kulturelle Gruppe integriert zu werden, tragen dazu bei, Berater vor der Konfluenz mit einem Klientensystem zu bewahren. Was sich als Offenheit für die Möglichkeit, in mehr als einer Richtung vorzugehen, darstellt, mag sich sehr wohl aus dem Gefühl ableiten, nirgendwo dazuzugehören, aus dem Gefühl der Unangemessenheit, wenn man sich in einer festgelegten Position befindet oder mit einer schnell definierten Kategorie abgestempelt sieht. In diesem Zustand der Aufmerksamkeit zu bleiben erfordert zwar Arbeit, resultiert aber in der Entwicklung einer gut ausgebildeten Fähigkeit, trotz Verwirrung oder möglicher Gefahr fortwährend aufmerksam zu bleiben. Das ist die Belohnung, die mit dem Preis für das Leben und Arbeiten an der Grenze einhergeht, und es ist kein leicht errungener Gewinn.

Drei Falldarstellungen sollen verdeutlichen, welche Schwierigkeiten damit verbunden sind, im Verlauf von Beratungssituationen an der Grenze zu bleiben.

Fall Eins

Dieser Fall berührt die allgemeine Frage, wie man mit Mitgliedern eines Klientensystems arbeiten soll, die deutlich andere Werte als der Berater haben, die wegen ihrer Persönlichkeit unbeliebt sind oder die nicht gewillt sind, in einer Weise zu handeln, die der Berater als für den Erfolg des Projekts wesentlich ansieht. Bei diesem Fall arbeitete ich zusammen mit einem internen Berater an einem Projekt, das eine Hauptabteilung einer großen Gesellschaft betraf. Mein interner Kollege hatte eine Abneigung gegen den Vizepräsidenten, der für diese Abteilung verantwortlich war, und machte nach mehreren Monaten gemeinsamer Arbeit an dem Projekt mir gegenüber abwertende Bemerkungen über ihn. Er wich Kontakten mit dem Vizepräsidenten aus und verbrachte viel Zeit mit Seinesgleichen und Untergebenen in dem Bemühen, bei der Verfolgung der Ziele des Projekts um ihn »herumzuarbeiten«. (Der interne Berater hatte eine gute Position in diesem Unternehmen und erstattete dem gleichen Geschäftsführer Bericht wie der Vizepräsident.) Ich beobachtete über mehrere Wochen, was ablief, und konfrontierte meinen Kollegen dann mit meinen Beobachtungen. Nachdem ich all seine Einwände gegen eine Zusammenarbeit mit dem Vizepräsidenten aus ihm herausgeholt hatte, sagte ich ihm, daß er sich nicht den Luxus leisten könne, seiner Abneigung gegen den Vizepräsidenten und seinem Wunsch, ihm auszuweichen, nachzugeben. Ich arbeitete mit ihm, um seine Bewußtheit von dem, was er tat und welche Konsequenzen das hatte, zu erweitern, aber ich unterstützte nicht im geringsten die Fortsetzung seines Verhaltens. Nach meiner Sicht war es unerheblich für unsere

Arbeit, ob wir den Vizepräsidenten mochten oder mit seinem Stil oder seinen Anschauungen übereinstimmten. Entweder würde er mit dem Vizepräsidenten arbeiten — indem er ihm aufzeigte, auf welche Weise sein Verhalten die Effektivität der Organisation beeinträchtigte, und versuchte, ihn zu einer Veränderung zu bewegen — oder er würde den Auftrag fallenlassen. Ich war bei dieser Konfrontation sehr aggressiv, einesteils, weil die Situation es mir schwer machte, den Vizepräsidenten zu erreichen, und anderenteils, weil ich für die Entwicklung des internen Beraters verantwortlich war. Mein Kollege fühlte sich bei dieser Konfrontation sehr unbehaglich, aber sein Verhalten änderte sich in den darauffolgenden Wochen kaum. Zufällig schied der Präsident wenige Monate später aus der Firma aus, und mit ihm verschwand dieses besondere Problem.

Der Schluß liegt nahe, daß die Schwierigkeit in dieser Situation darin bestand, daß der Vizepräsident nichts in das Organisationsentwicklungsprojekt investiert hatte — das Projekt war von dem Direktorium der Firma entwickelt worden. Damit wäre jedoch das Wesentliche nicht erfaßt. An der Grenze zu arbeiten bedeutet sich mit dem zu befassen, was der Klient einem gibt. In diesem Fall hieß das, seine eigenen Präferenzen ruhen zu lassen, während man mit dem Vizepräsidenten daran arbeitete, daß er seine Gefühle, Annahmen, Phantasien usw. zum Ausdruck brachte. Es bedeutet, daß man sich in einer Beratungssituation nicht von einer Sache oder Person, die einem nicht gefällt, distanzieren kann. Es erfordert, mit dem Vizepräsidenten darüber zu sprechen, welche Schwierigkeiten wir mit unserer Arbeit haben, wenn keine Kooperation zustande kommt. Eine wirklich marginale Person sollte Akzeptanz auf keiner anderen Basis als der erwarten, daß das Arbeiten an der Grenze von dem Klientensystem als hilfreich betrachtet wird.

Fall Zwei

Vor etwa 17 Jahren wurden mein Firmenteilhaber und ich gebeten, eine größere Ausbildungsintervention für einen »Fortune 100«-Betrieb durchzuführen. Das Ziel war, eine große Zahl von Managern der mittleren Führungsebene der sich verändernden Art der Arbeiterschaft auszusetzen und mit Konzepten und Methoden kooperativen Managements vertraut zu machen. Das Top-Management des Unternehmens hatte dieses Programm als Reaktion auf Motivations- und Produktivitätsprobleme eingeführt, die auf einen sehr autoritären Führungsstil zurückgingen. Als wir unseren Vertrag aushandelten, sagten wir, daß wir nicht glauben würden, daß dieses Vorgehen allein ausreichend wäre, um grundlegende Veränderungen herbeizuführen, daß wir aber hiermit beginnen würden. Wir erklärten, daß unsere Seminare zwar die Bewußtheit der einzelnen Manager erweitern würden, daß jedoch viel mehr auf der Ebene des Systems geschehen müsse, damit eine wirkliche Veränderung stattfinden könne. Die an uns als Kunden herangetretenen Geschäftsführer antworteten, daß sie spätere Programme unterstützen würden, wenn wir bereit wären, mit den Seminaren einen Anfang zu machen, was ihrer Meinung nach alles war, was das System zu dem Zeitpunkt akzeptieren würde. Wir erklärten uns einverstanden, planten das Programm und führten einen Pilotversuch durch. Es zeigte sich, daß wir ein sehr erfolgreiches Seminar entwickelt hatten, an dem im gesamten ersten Jahr der Durchführung etwa 450 Manager teilnahmen. Während dieser Zeit lernten wir die Kultur und die Menschen in dieser Organisation sehr gut kennen, und wir sahen ein, daß über diese Interventionsebene hinaus zu dem Zeitpunkt nichts möglich war. Wir arbeiteten im Anfangsstadium der Bewußtseinserweiterung, und zu mehr schien das System nicht bereit zu sein.

Nachdem wir dieses Seminar weitere zwei Jahre durchgeführt hatten, schien es uns, daß die Organisation nicht mehr genug Nutzen aus der investierten Menge an Zeit und Geld zog, und wir nahmen Gespräche über die Entwicklung weiterer Schritte auf, wie etwa die Arbeit mit Familien-Arbeitsgruppen und das Betrachten von strukturellen Problemen und Fragen des Anreizes. Wir trugen auch einen Vorschlag vor, der eine Gesamtbeurteilung aller Ausbildungsmaßnahmen und einen Plan für ein neues Programm vorsah, das unser Seminar ablösen sollte. Man teilte uns höflich mit, daß unser Seminar das beste Programm in dem ganzen Unternehmen sei — eines der besten in seiner gesamten Geschichte — und daß man wünsche, daß wir es noch einige weitere Jahre durchführten. Mit Überlegungen, die auf etwas anderes hinzielten, liefen wir vor eine Mauer.

Zweifellos ist einem erfahrenen Organisationsentwicklungsberater zu irgendeinem Zeitpunkt schon einmal eine solche Situation begegnet. Manchmal hat sie ihre Ursache darin, daß man mit der falschen Ebene oder Stelle der Klientenorganisation zu tun hat. In anderen Fällen geht sie darauf zurück, daß man nur als »Erzieher« oder Spezialist für individuelle Entwicklung und nicht als Experte für Organisationsveränderung betrachtet wird. Aus der Perspektive der Arbeit an der Grenze ist es wichtig, unseren Vorstoß als Test zu betrachten, um zu sehen, ob Annahmen, Werte und Interesse des Klienten untersucht und erweitert werden können. Wir hatten versucht, »eine Grenze zu stören«, eine, die herzustellen wir geholfen hatten, als wir diesen Auftrag angenommen hatten. Als weiteren Test der Situation hätten wir versuchen können, das Hindernis, auf das wir gestoßen waren, zu umgehen, was eine noch größere Störung der Grenze bedeutet hätte. Wir beschlossen jedoch, dies nicht zu tun und das Seminarprogramm fortzusetzen. Auch wenn es etliche Gründe dafür gab, so zu verfahren (einschließlich der Tatsache, daß wir fünf Universitätsfakultäten und uns selbst mit diesem Programm wirtschaftlich unterstützten), entfernte uns diese Entscheidung von der Grenze und ließ uns in Wirklichkeit zu einem Teil des Klientensystems werden. Das Fortsetzen des Seminarprogramms verringerte das Potential für Veränderung zu diesem Zeitpunkt in entscheidendem Maß. Es bleibt einem die Hoffnung, daß man durch das Verbleiben in dem System eine weitere Gelegenheit haben wird, die Situation erneut zu überprüfen und zu wirksameren Veränderungsbemühungen überzugehen. Unter der Prämisse, daß Veränderung die Option des Klienten ist, ist dies eine absolut vertretbare Position, aber man sollte sich nicht zu dem Glauben verleiten lassen, daß die Arbeit eine entscheidende Veränderung hervorbringen wird. Die Beziehung mit dem Klienten zu beenden wäre beunruhigender gewesen und hätte dazu beitragen können, die von uns gewünschte Untersuchung schneller herbeizuführen. Es gibt jedoch keine einfache Lösung für dieses Dilemma. (Wir haben schließlich mehrere Jahre lang in einer Abteilung der Gesellschaft intensive Teambildung betrieben, und mein früherer Kollege macht immer noch Beratungsarbeit in bestimmten Bereichen der Firma. Die Seminare liefen noch sieben weitere Jahre, bevor sie beendet wurden.)

Fall Drei

Ein kürzlicher Vorfall bei einem seit einem Jahr laufenden Teambildungsauftrag mit einer Abteilung einer Firma aus dem Technologiebereich veranschaulicht die Notwendigkeit ständiger Aufmerksamkeit gegenüber Grenzproblemen. Ein anderer externer Berater mit mehrjähriger Erfahrung in diesem System, der interne Organisationsentwicklungsberater und ich wurden darum gebeten, ein internes Ausbildungsprogramm für eine kleine Gruppe von Managern zu entwerfen, von denen man glaubte, daß sie in bestimmten Bereichen — wie Finanz- und Unternehmensanalyse und Projektleitung — Fortbildung brauchten. Während der Planung eines Seminarprogrammes, für die wir Abteilungsprobleme und Daten als »Fälle« verwendeten, äußerten zwei von uns Bedenken in bezug auf die Intervention, mit der die Veränderungsziele erreicht werden sollten, die der Direktor bei der Bitte um dieses Programm vor Augen gehabt hatte. Insbesondere hatten wir die Sorge, daß die Personen, die jetzt in entscheidenden

Positionen beschäftigt waren, ungeeignet waren und daß sie selbst mit einer intensiven Entwicklungsanstrengung außerstande sein würden, ihr Verhalten in der gewünschten Richtung zu verändern. Wir waren uns alle drei darüber einig, daß es die Kultur dieser Organisation erschweren würde, die Veränderungen zu erreichen, da sie einen technisch hohen Entwicklungsstand viel höher bewertete als Geschäftssinn. Zusätzlich hatte eine vor kurzem durchgeführte Umorganisation das Personal und die Strukturen in einer Weise konsolidiert, die neue Zuordnungen zum gegenwärtigen Zeitpunkt als fragwürdige Aufgabe erscheinen ließen.

Wir beschlossen, den Präsidenten mit unseren Bedenken zu konfrontieren und zu prüfen, ob er bereit war, sich mit dem Problem zu befassen, auch wenn das bedeutete, die Arbeit einiger der Manager, von denen er viel hielt, kritisch in Augenschein zu nehmen. Unser Standpunkt war einfach, daß wir die Seminare planen und durchführen würden, daß er jedoch gleichzeitig eine gründliche Evaluation der Stärken und Schwächen seiner Führungskräfte durchführen lassen und sich überlegen müsse, welches seine kurz- und langfristigen Ansprüche seien. Dies, so sagten wir, würde eine Nachfolgeplanung und die Möglichkeit einschließen, Manager von außen in die Gesellschaft hereinzuholen.

Für den gegenwärtigen Zweck ist die Analyse dieses Vorfalls hinsichtlich Marginalität und Arbeit an der Grenze wichtiger als das schließliche Ergebnis unserer Intervention. Die Frage nach den Management-Kompetenzen und den Überzeugungen der Organisation bezüglich einer Verbesserung der Führungsleistung zu stellen, war gleichbedeutend damit zu sagen, daß wir von der Annahme, daß das Problem durch Fortbildungen zu lösen sei, nicht überzeugt waren. Wie in Fall Zwei war damit die Angemessenheit der Grenze in bezug auf Managemententwicklung in Frage gestellt und der Versuch unternommen worden, das Anstellen neuer Überlegungen und eine verbesserte Diagnose des Problems zu erzwingen. Das Definieren der Grenze wurde zu dem Zeitpunkt nur dadurch sichtbar, daß wir eine Reaktion des Präsidenten auf unsere Feststellungen auslösten und sie neben unsere Reaktion auf seine Reaktion stellten, und so weiter. Der Berater versucht, eine mögliche neue Grenze zu definieren, indem er die alte stört.

Der Unterschied zwischen diesem und dem vorausgegangenen Fall liegt darin, daß wir bei diesem Beispiel mit dem Direktor so lange in Verhandlung blieben, bis wir uns darüber verständigt hatten, daß wir gleichzeitig sowohl mit den Seminaren als auch einem Verfahren zur eingehenden Evaluation der Führungsfähigkeiten und -möglichkeiten beginnen würden. Wir einigten uns darauf, daß wir die Beurteilung vor Beendigung der Seminare abschließen würden, so daß eine Vorlage für mögliche Veränderungen vorhanden war, auch wenn sie erst dann zur Anwendung kommen würde, wenn der Präsident dazu bereit wäre. Der Leser, der diesen Austausch als Verhandlungsprozeß versteht, wird bemerken, daß Verhandeln immer ein Arbeiten im Grenzbereich dessen bedeutet, was in einer Problemsituation möglich ist. Wie sich später zeigte, wurden die Seminare aus verschiedenen Gründen aufgeschoben, während die Nachfolgeplanung weiterging.

MARGINALITÄT UND STRESS VON BERATERN

In den oben angeführten Fällen bewegte sich der Berater von einer Position relativer Bequemlichkeit und Stabilität zu einer der Instabilität und Unsicherheit. Unmittelbar vor jedem Ereignis verlief die Beziehung zwischen Berater und Klient reibungslos, unterstützt durch Vereinbarungen oder Verträge, die von beiden Seiten ziemlich genau festgelegt und akzeptiert worden waren. Durch das In-Frage-Stellen solcher Abmachungen, die explizit oder implizit sein können, wird der Berater zu einer Kraft, die den Klienten zu eigener Untersuchung und möglicherweise zur Veränderung anregt. Es ist jedoch ein schwieriges und manchmal riskantes Unternehmen für jeden, der innerhalb eines marginalen Rollenkontextes arbeitet, als jemand zu agieren, der den Status quo in Frage stellt oder überprüft. Man muß mit Ablehnung zurechtkommen können, wenn die Fragen, die man stellt, ignoriert werden oder Unstimmigkeiten auslösen, besonders dann, wenn dies häufig geschieht. Es ist schwer, immer wieder eine Abfuhr einzustecken und dabei mit einem System verbunden zu bleiben, in dem man nur ein marginales Mitglied ist. Es ist unvermeidlich, daß Berater, die solche Opposition erfahren, anfangen, ihren Einfluß auf das System anzuzweifeln und sich zu fragen, wie sie reagieren sollen. Sollte man wiederholt versuchen, die gewünschte Aufmerksamkeit des Klienten zu bekommen? Sollte man ein oder zwei weitere Versuche machen und dann mit dem guten Gefühl weitergehen, daß die Reaktion des Klienten die Einschätzung von seiner gegenwärtigen Bereitschaft noch einmal bestätigt hat? Oder sollte man unnachgiebig weiterbohren und riskieren, den Klienten zu verlieren, wenn eine gewünschte Reaktion nicht eintritt? Es gibt keine einfachen Antworten oder klaren Richtlinien für den Umgang mit diesem Dilemma. Noch dazu ist dies kein einmaliges, gelegentliches Phänomen in einer Beratungsbeziehung; es ist ein grundlegendes, periodisch auftretendes Ereignis in einem dynamischen Austausch zwischen Repräsentanten zweier Kulturen. Ein kompetenter Berater lernt, wie man mit dem Austausch umgeht, bei dem die Grenzen getestet werden, er weiß aber, daß dies ein wiederholtes Aktivieren von Energie und die Fähigkeit verlangt zu arbeiten, während man angespannt oder unruhig ist. Es hängt mit dem Arbeitsfeld zusammen, daß man fast täglich mit Ambiguität und möglichen Konflikten zu tun hat. Wie Ziller (1973), Browne et al. (1977) und Margulies (1978) angenommen haben, scheinen marginale Rollen wie die externer Berater für jene Menschen attraktiv zu sein, die eine Affinität zu dieser Art von Streß haben oder dadurch angespornt werden. Die Kunst besteht darin zu lernen, wie man sich selbst Unterstützung geben kann, während man diese Rolle einnimmt.

DER UMGANG MIT DER EIGENEN MARGINALITÄT

Wenn man versucht zu verstehen, welche Wirkung Marginalität auf Berater hat, sollte man sich ansehen, wie sie ihre berufliche Laufbahn gestalten und wie ein Arbeitsplatzwechsel bei ihnen aussieht. Typischerweise gibt es für marginale Rollen nicht die Arten von genau festgelegten und institutionalisierten Modellen, wie sie für gesellschaftlich zentrale Rollen vorhanden sind. Dies gilt in besonderem Maß für die relativ neue Rolle des Organisationsentwicklungsberaters. Als Folge davon bringt die Aufgabe, mit Marginalität umzugehen, Karriere-Dilemmata und eine persönliche Suche nach einer idealen Lebensform und Arbeitsweise mit sich, die sich sehr von dem unterscheidet, was man gewöhnlich bei weniger marginalen beratenden Berufen wie Anwälten oder Steuerberatern antrifft. Zu den Fragen, die diese Suche aufwirft, gehören die folgenden.

- Was sind die Vorteile und Nachteile unabhängigen Beratens gegenüber der Situation, Mitglied einer Beratungsgruppe zu sein?
- Wo fühlt man sich hauptsächlich zugehörig, wenn man in einer marginalen Rolle tätig ist?
- Wieviel Einfluß hat ein externer Berater wirklich?
- Wie erreicht man ein ausgewogenes Verhältnis von Individualität und Engagement für die Organisation?
- Was bedeutet Kollegialität, wenn man sich selbst im wesentlichen als eigenständige Person sieht?

• Wenn man daran gewöhnt ist, ein gut integriertes Mitglied einer Organisation zu sein, verlangt dann das Bedürfnis nach mehr Individualität, daß man sich löst und seine eigene Sache macht?

• Kann ein interner Berater genug Marginalität entwickeln, um wirklich effektiv zu sein?

• Verspricht die interne oder die externe Rolle mehr persönliches Glück? In welcher Rolle kann man besser zum Ausdruck bringen, wer man ist?

Daß sich Praktiker viel mit diesen Fragen beschäftigen, weist darauf hin, daß ein gewisses Maß an Streß ein ständiger Bestandteil ihrer Arbeitserfahrung sein mag. Wie bereits aufgezeigt wurde, muß sich der Berater um die Probleme des Klienten kümmern, ohne sich diese zu sehr zu eigen zu machen. Außerdem muß der Berater von dem Klientensystem akzeptiert werden, darf sich aber nicht zu einem vollen Mitglied des Systems entwickeln. Unter dieser Spannung zu arbeiten erzeugt Streß, und es scheint, daß sich Berater die oben angeführten Fragen als Reaktion auf das Unbehagen durch diesen Streß stellen. Es gibt keine Antworten, die die sehr reale Belastung ausschalten können, bei unserer Arbeit fortwährend an der Grenze bleiben zu müssen. Kein denkbares Ergebnis einer solchen Suche vermindert das Bedürfnis, Marginalität als starke Kraft der Beeinflussung zu gebrauchen. Vielleicht führt es weiter, in den Fragen und den daraus resultierenden Veränderungen in unserer Arbeitsweise eher einen Versuch zu sehen, mehr Unterstützung für die Fortsetzung der Beratungsarbeit zu bekommen, und sie weniger als Kampf um einen friedvolleren oder harmonischeren Lebensstil zu verstehen.

Was die Suche von Beratern nach einer »stimmigen« Karriere zu einer ständigen Sorge macht und eine nähere Untersuchung lohnt, ist, daß sie in wesentlichem Zusammenhang mit der besonderen Schwierigkeit von Personen in marginalen Rollen steht, dieses grundlegende Bedürfnis nach Autonomie und Angliederung zu befriedigen. Obwohl es sich um allgemein verbreitete Bedürfnisse handelt, läßt die Beraterrolle doch niemals ganz ihre Befriedigung zu. Man macht Beratung mit Organisationen, um sich einer Gruppe anzuschließen, doch mit einem Klienten ist nur eine begrenzte Angliederung möglich. Es kann sogar sehr gut sein, daß die Rolle weitgehend deshalb gewählt wurde, weil man eine gewisse Angliederung erreichen kann, dabei jedoch das Gefühl behält, daß das Bedürfnis nach Autonomie in dem Prozeß nicht gefährdet wird. Dieses prekäre Gleichgewicht aufrechtzuerhalten und gleichzeitig eine überzeugende Präsenz zu bewahren heißt, während der Arbeit die volle Befriedigung der Autonomie- und Angliederungsbedürfnisse zurückzustellen. Man kann sich vorstellen, was geschieht, wenn dieses Gleichgewicht nicht erreicht wird. Wenn die Beziehung zu einem Klienten außergewöhnlich gut ist, voll gegenseitiger Wärme und Übereinstimmung, so besteht die Gefahr, daß der Berater hochgradig konfluent mit dem System wird. In einigen Fällen hat das zur Folge, daß der Berater von der Klientenfirma eine Anstellung angeboten bekommt und annimmt. Wenn der Berater zu sehr darum bemüht ist, seine Unabhängigkeit zu bewahren, und sehr feste Grenzen zwischen sich und dem Klienten zieht, wird er vielleicht als unnahbar, nicht unterstützend oder sogar als fremd wahrgenommen.

DAS AUSBALANCIEREN DER BEDÜRFNISSE NACH AUTONOMIE UND ANGLIEDERUNG

Es ist lohnend, sich genauer anzusehen, wie die Bedürfnisse nach Autonomie und Angliederung im Zusammenhang mit der Beratungsrolle definiert werden. Der Kürze wegen will ich, wenn ich mich auf das Bedürfnis nach Autonomie beziehe, von »es allein machen« sprechen, um auf den starken Wunsch hinzuweisen, seine Arbeitsweise und seinen Lebensstil im allgemeinen selbst kontrollieren zu können und sich nur in geringem Umfang an die Wünsche oder Vorlieben anderer anpassen zu müssen. Das Bedürfnis nach Angliederung will ich als »es zusammen machen« bezeichnen, um den starken Wunsch nach Zugehörigkeit, koordinierten Anstrengungen und in Richtung auf Bewußtheit anklingen zu lassen, daß ein gewisses Maß an eigener Unterordnung nützlich sein und daher akzeptiert werden kann. Das Verfolgen jedes dieser Bedürfnisse hat im Rahmen der Berufspraxis sowohl einige klare Vorteile wie auch seinen Preis.

Wie Tabelle 10.1 zeigt, können einige der Nachteile, die es hat, »es allein zu machen«, dadurch ausgeglichen werden, daß man »es zusammen macht«, und der Preis, den man bezahlt, wenn man »es zusammen macht«, kann dadurch herabgesetzt werden, daß man »es allein macht«. Hieraus ist leicht zu ersehen, wie sensible Menschen mit hohen Erwartungen sowohl mit den Vorteilen wie mit den Kehrseiten ihrer speziellen Ausrichtung gerade zu dem Zeitpunkt stärker in Berührung kommen, wo sie zum Zweck der Erfüllung des jeweiligen Bedürfnisses eine Menge erreicht

Tabelle 10.1   Vorteile und Nachteile, »es zusammen zu machen« und »es allein zu machen«

Bedürfnis nach Angliederung *(es »zusammen« machen)*	*Bedürfnis nach Autonomie* *(es »allein« machen)*
Was es Ihnen bringt	
Zugehörigkeit	Weniger bindende Verpflichtungen
Identifikation mit etwas, daß größer ist als man selbst	Deutlicher sichtbar durch die Einzigartigkeit
Größere Dinge tun können, als eine Person dies könnte	Eigene Dinge tun können, »exzentrischer« sein können
Ein aktuelles umfassendes Bild von einer Organisation haben	Über die eigene Zeit verfügen, Wahl von Aufträgen usw.
Mehr Möglichkeiten, langfristige Ergebnisse zu sehen	Sich nicht mit anderen abstimmen oder gegenüber vielen Personen verantworten müssen
Verfügbarkeit von Unterstützungssystemen	
Welchen Preis Sie bezahlen	
Mit anderen Menschen zurechtkommen und sich ihnen gegenüber verantworten müssen	Mögliche Einsamkeit; wenig Unterstützung verfügbar
Geringere Verfügbarkeit über die eigene Zeit	Kleinere Dinge tun müssen
Entscheidungen müssen mit anderen abgestimmt und / oder von anderen gebilligt werden	Die Kreativität ist durch die eigenen Fähigkeiten und Einsichten begrenzt
Verpflichtung (im »Guten« wie im »Schlechten«)	Für andere und für langfristige Ergebnisse weniger zentral sein
Druck zur Anpassung	Mehr Mühe haben, sich ein umfassendes Bild zu machen

haben. So wie die Belohnungen deutlicher erlebt werden, so werden auch die Kosten schmerzhafter sichtbar.

Vielleicht findet die Gegenläufigkeit der Bedürfnisse nach Autonomie und nach Angliederung ihren Niederschlag in den häufigen Veränderungen, die Organisationsentwicklungsberater bei ihren Beschäftigungen oder in ihrer Berufslaufbahn vornehmen, insbesondere durch den Übergang von internen zu externen Rollen. Seit 1970 habe ich beobachtet, daß zahlreiche interne Berater und/oder für Personalfragen zuständige Manager ihre Organisationen verlassen haben, um nach zehn bis zwanzig Jahren Erfahrung mit nur einer oder zwei Organisationen unabhängige Berater zu werden. Vielleicht beeinflußt durch die *Human Potential*-Bewegung der sechziger Jahre, haben diese Personen ihre zunehmende Unzufriedenheit mit dem Leben in Organisationen und ihr Verlangen nach individuelleren Ausdrucksmöglichkeiten deutlich gemacht. Viele von denen, die diesen Schritt getan haben, hatten von ihren Organisationen viel Unterstützung für ihre berufliche Entwicklung bekommen, darunter Freistellungen für zusätzliche Ausbildungen und praktische Mitarbeit bei externen Beratern. Sie kündigten zu einem Zeitpunkt, wo ihr Wert für die Organisation vielleicht am höchsten war. Etwa 20 Personen aus diesem Kreis hatte ich während meiner Arbeit mit ihnen und ihren Organisationen kennengelernt. Überzeugt davon, daß ein wirklicher Fortschritt ohne begabte interne Berater nicht stattfinden kann, war ich enttäuscht, meine Kollegen so handeln zu sehen, als wäre es befriedigender, ihren Beruf von der externen Rolle aus zu praktizieren. Sie sahen jedoch größere Möglichkeiten der Einflußnahme und persönlichen Freiheit für sich als freiberuflich tätige Berater. Es ist in diesem Zusammenhang interessant festzuhalten, daß diese Leute zu Funktionen mit größerer Marginalität übergingen. Nach den Ergebnissen von Browne und Cotton (1975) zeigen externe Berater in größerem Maß Anzeichen von Marginalität als interne. Sie stellten außerdem fest, daß, je länger ein interner Berater in seiner Rolle blieb, die Wahrscheinlichkeit dafür, daß er das Empfinden hatte, marginal zu sein, um so stärker anwuchs.

Obwohl es im Lauf der letzten 15 Jahre auch einige Wechsel von externen zu internen Rollen gegeben hat, waren Veränderungen in dieser Richtung doch sehr viel seltener. Offenbar suchen jene, die einen Rollenwechsel vornehmen, nach größerer Autonomie und sind weniger an der Erfüllung ihrer Bedürfnisse nach Angliederung interessiert, Bedürfnisse, die sich dem Anschein nach leichter dadurch befriedigen lassen, daß man ein Mitglied einer Organisation ist, in der man seiner Tätigkeit nachgeht. Allerdings verschwinden die Bedürfnisse nach Angliederung nicht; sie müssen auf die eine oder andere Weise befriedigt werden.

Eine neuere Entwicklung ist in diesem Zusammenhang das gegenwärtige enorme Interesse an Netzwerken. Eine dynamische Variante davon ist in der beträchtlichen Anzahl von Netzwerken zu finden, die von unabhängigen Spezialisten der Organisationsentwicklung geschaffen wurden — von eben den Personen, die sich zuvor von der Angliederung an Organisationen freigemacht hatten — zusammen mit einigen jüngeren Praktikern, die in diesen Personen attraktive Modelle für sich selbst sehen. Ich habe Verbindungen zu Netzwerken in New Hampshire, Boston, Washington, D.C., New York und an anderen Orten. Außerdem kenne ich Berater- und Therapeutengruppen in verschiedenen Regionen, die sich über das Jahr verteilt regelmäßig zu Zwecken der Unterstützung, Zusammenarbeit in der Praxis und der Karriereplanung treffen. Zu einer 1984 abgehaltenen Tagung von Beratern und Psychotherapeuten, bei der es um das Thema der Netzwerkarbeit ging, kamen mehr als 350 Teilnehmer zusammen. Es hat den Anschein, daß ein großer Kreis von Personen, die früher nach Unabhängigkeit und Autonomie strebten, jetzt ein tiefes Verlangen nach Angliederung zeigen. Doch auch Netzwerke bedeuten nur eine Annäherung an die volle Angliederung an eine Organisation. Es wird interessant sein zu sehen, wie die Bedürfnisse nach Autonomie und Angliederung von den Betroffenen selbst aufeinander abgestimmt werden. Vielleicht ist es nicht einfacher, in diesem Kontext ein Gleichgewicht herzustellen, als es in dem Verhältnis zwischen Klient und Berater ist, da Netzwerkarrangements einfach Konzepte sind, die helfen sollen, mit Marginalität zurechtzukommen. Kurz zusammengefaßt:

1. Autonomie und Angliederung mögen widerstreitende Bedürfnisse sein, schließen sich jedoch nicht wechselseitig aus. Wenn man Schritte unternimmt, um die Befriedigung des einen zu vergrößern, bleibt die Befriedigung des anderen noch unerfüllt.

2. Diese Sehnsüchte können nicht einfach durch die Art befriedigt werden, in der die Berufsrolle definiert und ausgeübt wird. Unabhängig davon, ob man allein oder als Teil einer Gruppe oder Organisation arbeitet, verlangen diese polaren Bedürfnisse nach Befriedigung und irgendeiner Art der Integration.

3. Handlungen, die Veränderungen der Berufslaufbahn und des Lebens-
stils betreffen, sind am besten als Reaktion aus einer erhöhten Bewußtheit
davon zu verstehen, was im Leben eines Menschen zu einem bestimmten
Zeitpunkt fehlt. Diese Handlungen können nachdrücklich auf das Erreichen des vernachlässigten oder verkümmerten Bedürfnisses gerichtet werden, oder sie können Versuche sein, eine bessere Integration der beiden zu
erreichen. Somit suchen jene, die Organisationen verlassen haben, um ein
autonomes Leben zu entwickeln, jetzt vielleicht Netzwerke als Mittel, um
sich ihren schlummernden Bedürfnissen nach Angliederung widmen zu
können.

Mehrere Beispiele sollen diese Folgerungen weiter verdeutlichen:

1. Im Jahr 1968 verließ ich eine Beratungsfirma, die ich mitbegründet
hatte (1955), weil ich erkannte, daß sie sich zu einem Punkt hin entwickelt
hatte, wo ihre Bedürfnisse und das Interesse meines Teilhabers mit meinen
eigenen Interessen in Konflikt gerieten. Innerhalb von zwei Jahren schloß
ich mich zwei verschiedenen Beratern an, die mir beide Kollegialität entge-
genbrachten, dabei aber erlaubten, einen großen Teil meiner Unabhängigkeit zu bewahren. Zur gleichen Zeit gab ich die Leitung des *Gestalt Institute of Cleveland* ab und half dabei, eine neue Form der Führung zu entwickeln, die mir ermöglichte, mit dem Institut verbunden zu bleiben, aber
freier von organisatorischen Belastungen zu sein. Zu keinem dieser Schritte kam es auf der Basis der Klarheit, die ich jetzt habe, doch rückblickend
zeigen sie mir den Wunsch, Anschluß zu behalten und doch die Erfahrung
größerer individueller Freiheit zu haben.
2. Im Jahr 1963 wurde ich Mitglied einer Gruppe von Akademikern, die
ihren eigenen Gemeinschaftsbesitz aus 16 Stadthäusern aufbauten. Alle
Erwachsenen, die an dem Projekt beteiligt waren, sollten ihre traditionelle,
isoliertere Lebensform in Einzelfamilien aufgeben. Der wichtigste Faktor
bei der Entwicklung der Gemeinschaft war jedoch, die Wohnsituation so
zu planen, daß ein Privatleben jeder Familie gewährleistet war. Bedürfnisse nach Angliederung und Bedürfnisse nach einer Privatsphäre schienen
für diese Gruppe von Personen gleichermaßen wichtig zu sein, zu der fünf
Psychologen, drei Geschäftsführer, zwei Ärzte, ein Zahnarzt, fünf Univer-
sitätsprofessoren, ein Anwalt und ein Architekt gehörten.
3. Obwohl Fritz Perls ein rastloser Mann war, der viel in Bewegung war
und berühmt wurde für seine Unabhängigkeit und die Fähigkeit, »seine eigene Sache zu machen«, ließ er starke, lebensfähige Gruppen professioneller Helfer in mindestens vier Städten zurück, in denen er Workshops zu

Ausbildungszwecken durchführte. Als er starb, arbeitete er an der Entwicklung eines »Gestaltkibbuz« in Kanada.

IMPLIKATIONEN

Ausgehend von einer Beschreibung der Arbeit an der Grenze und der Dilemmata von Personen, die die marginale Funktion von Beratern einnehmen, wurde dann untersucht, wie Organisationsberater mit ihren Bedürfnissen nach Autonomie und Angliederung umgehen. Die Analyse zeigt, daß der Sog dieser Bedürfnisse die Suche nach einer Rollenbestimmung und nach Befriedigung formt. Da es schwer ist, diese Bedürfnisse in marginalen Rollen voll zu befriedigen, werden Veränderungen in der Beschäftigung oder in der Arbeitsweise als Spiegelung der Sehnsucht gesehen, die der Berater zu einem bestimmten Zeitpunkt nach mehr Angliederung oder nach mehr Autonomie hat. Vielleicht ist die Belastung oder der Streß durch die Arbeit am Rande zu groß, um ohne irgendeine Art gelegentlichen persönlichen Ausgleichs ertragen werden zu können. In diesem Zusammenhang ist interessant, daß sowohl die Praktiker, die Rollenwechsel vornehmen, als auch jene, die in ihrer Arbeitsweise keine größeren Veränderungen einleiten, berichten, daß sie sich gelegentlich mit den hier gestellten Fragen befassen. Der Schlüssel zum Verständnis von Fragen der Laufbahn liegt nicht in den getroffenen Entscheidungen, sondern im Erkennen der Schwierigkeit, über längere Zeiträume in marginalen Rollen zu arbeiten, und in dem Bedürfnis nach Ausgleich im Leben.

Es folgt dann, daß die Frage, ob die interne oder die externe Rolle die bessere ist oder ob es am besten ist, allein oder in einer Gruppe externer Berater zu praktizieren, den entscheidenden Punkt des Problems nicht trifft. Man kann gerade zu dem Zeitpunkt, wo man ein allein praktizierender, unabhängiger Berater wird, daran arbeiten, Teil eines Netzwerks zu werden. Eine Person, die innerhalb einer Organisation gut eingegliedert ist, hat vielleicht den Wunsch, mehr Raum für autonome Beschäftigungen zu finden, statt der Alternative, zu gehen und ein ungebundener Berater zu werden. An der Grenze zu arbeiten bedeutet jedoch, mit einer Organisation verbunden zu sein, während man gleichzeitig abgesondert bleibt. Keine dieser Wahlmöglichkeiten hebt diese Anforderung auf, während man an einem aktuellen Beratungsauftrag arbeitet. Aus dieser Sicht kann man den Kampf um Bedürfnisse nach Angliederung und Autonomie als eine Möglichkeit sehen, marginale Rollen und den Preis, den man für die Arbeit an der Grenze bezahlt, zu verstehen. Aus der Beschäftigung mit diesen Bedürfnissen kann der in hohem Maße bewußte Berater etwas über marginale Rollen lernen. Eine Erkenntnis, die aus dieser Bewußtheit gewonnen werden kann, ist, daß persönliche Bedürfnisse nur außerhalb der Beziehung mit dem Klientensystem befriedigt werden können. An der Grenze zu arbeiten bedeutet, das Streben nach voller Befriedigung der Bedürfnisse nach Angliederung und nach Autonomie auszuklammern oder zeitweise ruhen zu lassen. Die positve Seite dieses Zustandes ist, daß es gerade diese Spannung ist, die den Berater zu einer starken Kraft werden läßt.

Nachwort:
Lernen, mit dem Bedauern umzugehen

> Zu allen moralischen Haltungen gehört eine unmoralische Wahlmöglichkeit.
>
> Meron Benvenisti (1986)

Der erfahrene Beobachter des Lebens in Organisationen kann nicht umhin, die Stärke der Kräfte wahrzunehmen, die dem Erreichen und Aufrechterhalten der »richtigen« Ideologie, der »erfolgreichen« Strategie, der »besten« Politik und Verfahrensweise und so weiter verpflichtet sind. Sei es der Bereich von der Philosophie der Ökonomie (haben wir ein freies Marktsystem oder eine Planwirtschaft?) oder der Planung und Strategie (welche Branchen, Märkte, Strukturen sollten wir auswählen?) oder der Bereich der Ethik (welche Praktiken sind angemessen, um Geschäfte zu erzielen oder sich gesellschaftlich verantwortlich zu verhalten?), überall besteht ein starker Drang, die eine, »richtige« Antwort zu finden. Trotz der Erkenntnis, daß wir in einer sehr komplexen, pluralistischen Welt leben, beruhen die Bestrebungen von Managern oft auf der Annahme, daß die Welt aus binären Phänomenen besteht und daß Bipolarität das Wesen der Dinge ist: Für jedes Problem gibt es eine richtige Philosophie, und es gibt eine falsche Philosophie. Vielleicht wird diese Orientierung durch eine allgemeine kulturelle Tendenz unterstützt, ein praktikables, übertragbares System für den Umgang mit Problemen des inneren Zusammenhalts und der Anpassung an die Umwelt zu finden. Insofern, als jede Organisationseinheit eine kulturelle Einheit darstellt, ist es eine Aufgabe ihrer Manager, das System so zu entwickeln, aufrechtzuerhalten und zu vertreten, daß es für den Fortbestand der Einheit am geeignetsten ist.

Aus alldem folgt, daß im Management ein großer Teil der Zeit und Anstrengung monolithischem Denken gewidmet ist: Wenn die richtige Ideologie, die richtigen Ziele und Methoden ermittelt werden können, so wird angenommen, daß Handlungen, die sich aus diesen grundlegenden Werten ergeben, eine Welt offenbaren werden, die Einheitlichkeit oder ein harmonisches Gefüge erkennen läßt. Manager denken und handeln gewöhnlich so, als wäre dieser ideale Zustand möglich, wenn erst einmal die richtigen Einstellungen in Bezug auf die grundlegenden Werte und Annahmen gefunden worden sind. Wie sonst könnten wir uns die intensiven Gefühle erklären, die mit dem Bedürfnis danach, recht zu haben, einhergehen? Diese Gefühle sind oft so stark, daß ihr Ausdruck über bloße Richtigkeit hinaus in Richtung auf Rechtschaffenheit geht. Einstellungen und Handlungen werden durchdrungen von einem Gefühl der Tugendhaftigkeit und moralischen Rechtfertigung. Wenn er einmal die Entscheidung über *den* Weg, wie mit einem Problem umgegangen werden soll, gefällt hat, handelt der Manager so, als wäre dies der einzig richtige Weg, und glaubt, daß alle anderen Lösungen, ebenso wie diejenigen, die daran glauben, falsch liegen.

Wenn die Welt so einfach wäre, gäbe es kein Problem. Aber die Wirklichkeit gebietet etwas anderes, wie deutlich sein sollte, wenn wir bedenken, daß Philosophie, Strategie und Politik sich fast immer aus dem Abwägen alternativer Möglichkeiten entwickeln, von denen sehr wenige sämtliche guten Merkmale und keine unerwünschten Aspekte haben. Wenn jedoch der Schritt in Richtung auf eine Entscheidung getan worden ist, wird Energie für die guten Merkmale dieser Wahl frei, und den positiven Seiten der zurückgewiesenen Alternativen kommt weniger Aufmerksamkeit zu. Die in den zurückgewiesenen Alternativen enthaltenen Möglichkeiten gehen dabei ebenso verloren oder werden minimiert wie die negativen Aspekte der gewählten Handlung. Dies kann zu einem rechthaberischen Festhalten an der Entscheidung führen. Das Erlebnis des Bedauerns, das sich einstellen würde, wenn man klar erkennen würde, daß bestimmte Handlungen andere wünschenswerte Wege ausschließen, geht dabei ebenfalls verloren.

RECHTSCHAFFENHEIT:
DER FEIND DES BEDAUERNS

Das Bedauern rührt von der Erkenntnis her, daß jede Strategie oder Politik gleichzeitig einigen Nutzen und einige Kosten mit sich bringt. Sie entstammt der Bewußtheit und dem Akzeptieren der Verantwortung für die Wahl einer Alternative, die einige schlechte Merkmale hat, und dem Verwerfen einer Wahlmöglichkeit, die einige gute Merkmale hat. Rechtschaffenheit — der Feind des Bedauerns — macht es schwer, diesen Bewußtheitszustand zu erreichen. Das gleichzeitige Erleben von Freude und Traurigkeit angesichts der getroffenen Wahl geht verloren. Während die erfreuliche Seite leichter zugänglich ist, macht es Rechtschaffenheit in solchen Fällen dem Manager unerträglich, Bedauern zu spüren, wegen des Geschehenen Reue zu empfinden oder um das Verlorene zu trauern. Das Erlebnis des Bedauerns wird somit verleugnet, und Managern bleibt nur das Potential für die Abwehrmechanismen der Projektion oder, in seltenen Fällen, Schuldgefühlen. Die Projektion wirkt so, daß sie die negativen Aspekte der Entscheidung außerhalb des eigenen Systems lokalisiert und die Verantwortung der äußeren Welt überträgt. Schuld dient dazu, die unerwünschten Aspekte innerhalb des eigenen Systems zu lokalisieren und Verantwortung oder Tadel sich selbst anstatt anderen zuzuweisen. In Managerkreisen konnt es seltener zu Schuld als zu Projektion, denn Schuld zu empfinden, wäre ein Eingeständnis von Schwäche. Projektion ist die verbreitetere Reaktion zur Unterstützung der Rechtschaffenheit: Wenn man selbst recht hat, muß der andere unrecht haben. Auf jeden Fall aber berücksichtigt keines von beiden die wahrhaft ehrfürchtige Anerkennung, die in der Erfahrung des Bedauern besteht.

Ich halte die Schwierigkeit, die Bewußtheit des Bedauerns zu ertragen, für eine der größten Barrieren für den Wandel von Organisationen wie auch von Individuen. Es ist eine zwingende Aufgabe für Organisationsberater, Managern beizubringen, was Bedauern ist und wie sie lernen können, in einer pluralistischen, ungewissen Welt effektiver zu sein, wenn sie das Erleben von Bedauern in ihre Bewußtheit dringen lassen können. Dies zu tun, greift die Rechtschaffenheit wirklich bei ihren Wurzeln an und ist viel wirksamer als Versuche, ihre Kraft dadurch aufzulösen, daß man ihr andere Positionen entgegenhält (andere »Rechtschaffenheiten«). Gestalttherapie und andere existentialistisch orientierte Ansätze können hier einen wertvollen Beitrag leisten durch:

- Betonung der Bewußtheit und des Erlebens im Hier-und-Jetzt.
- Fokus auf dem Prozeß der Entscheidungsfindung anstatt auf Inhalte oder Ideologie.
- Das Konzept kreativer Indifferenz und die Integration von Polaritäten gegenüber absolutistischem Denken.

Es sollte deutlich geworden sein, daß ich von dem Erleben *im Augenblick der Entscheidung oder Handlung* spreche und nicht über die Erkenntnis, die sich vielleicht einstellt, wenn die späteren Folgen der Handlung sichtbar werden. Während die Dynamik des Bedauerns zu beiden Zeitpunkten gleich sein kann, wird wahrhaftes Lernen oder das Ableiten von nützlicher Bedeutung aus der gesamten Erfahrung viel größer sein, wenn es durch das ursprüngliche Erleben dessen, was durch die Entscheidung oder Handlung verlorengeht und was gewonnen werden kann, unterstützt wird. In diesem Zusammenhang ist es interessant, daß die Japaner das Verb »wählen« benutzen, um auf solche Handlungen hinzuweisen, die wir im Westen als »entscheiden« bezeichnen. Vielleicht hat die östliche Weltanschauung mehr Einsicht in die Wechselbeziehung von Rechtschaffenheit und Bedauern; bei »wählen« klingt mit an, daß alle Wahlmöglichkeiten ihre positiven und negativen Merkmale haben. Man kann durchaus bei einer jeden Wahl einiges Bedauern und gleichzeitig einige Zufriedenheit empfinden. Berater, die sich mit Entscheidungsprozessen im Management befassen — wie Strategieplanung oder aufgabenorientierte Teamentwicklung — können hier eine große Hilfe sein, indem sie Manager dahin führen, sich mit Aspekten des Bedauerns tiefreichender auseinanderzusetzen, als es gewöhnlich auf dieser Seite der Gleichung geleistet wird. Dies ist ein wichtiges Beispiel für das, was wir meinen, wenn wir sagen, daß es eine wichtige Aufgabe des Beraters ist, dem Klienten zu voller Bewußtheit und zur Verantwortlichkeit für Handlungen zu verhelfen, die aus der Bewußtheit kommen.

Um den Begriff und die Erfahrung des Bedauerns zu begreifen, ist es wichtig, den Vorgang, eine Handlung zu unternehmen, die aus der Rechtschaffenheit kommt, zu verstehen. Dieser Vorgang läßt sich am besten durch das verdeutlichen, was wir als »große Aktionen« ansehen, jene Handlungen, die von ihrer Natur her als stark, wirkungsvoll und provozierend herausragen. Beispiele »großer Aktionen« schließen einen entscheidenden Abbau der Belegschaft ein; Fusionen, Erweiterungen oder

Veräußerungen; strukturelle Neuorganisation (z.B. der Aufbau der Saturn-Organisation durch General Motors); Veränderungen in der Philosophie und dem Stil des Management (z. B. der Wechsel von autokratischer zu kooperativer Führung). Das Problem ist nicht, ob irgendeine der unternommenen Handlungen angemessen oder richtig ist, sondern welche Art von Lernen in Organisationen stattfindet, während sich diese Aktionen entfalten. In der Terminologie von Argyris und Schon (1978) ausgedrückt: Findet Lernen in einfachen oder doppelten Schleifen statt? Ist es möglich, daß neue Bewußtheit in Erscheinung tritt, während sich die einzelnen Stadien des Entscheidungsprozesses und ihre Ausführung entwickeln, die zur Neufestlegung grundlegender Werte und Annahmen führen kann, oder verhindert Rechtschaffenheit, daß es dazu kommt, und läßt sie nur Akte der Wiederherstellung oder der Abhilfe zu?

DAS PROBLEM VERLETZENDER PROVOKATION

Die große Aktion wird uns noch deutlicher, wenn wir uns der Ebene breiteren sozialen Wandels zuwenden. In den letzten Jahren sind wir von den Medien mit Berichten über provokative Aktionen durch verschiedene Gruppen überschüttet worden, die mit den Fortschritten im Erreichen erwünschter Veränderungen in hohem Maß unzufrieden sind. Die Entführung des TWA-Fluges 847 und des Kreuzers *Achille Lauro* sind ebenso klassische Beispiele dafür wie die Explosionen von Autobomben und Ermordungen, von denen wir mit alarmierender Häufigkeit hören. Diese Art von Handlungen ist nicht auf langfristig bestehende internationale Konfliktsituationen beschränkt. Anschläge auf Kliniken zur Geburtenkontrolle, Überfälle auf Einrichtungen, die Tierversuche machen, und intensive, fast bösartig zu nennende Beeinflussungsversuche durch Lobbies, die die Gesetze annullieren oder entscheidend verändern, gehen auf eine ähnliche Art der Rechtschaffenheit zurück. Belästigungen, Blockaden, Brandstiftungen und allgemeiner Vandalismus sind in den letzten drei oder vier Jahren von mehr als 20 Schwangerschaftsberatungszentren berichtet worden. Bill Baird — ein führender Vertreter der Bewegung, die für Entscheidungsfreiheit eintritt, ist so oft bedroht worden, daß er von seiner Familie, die von der Öffentlichkeit abgeschirmt ist, getrennt lebt (*New York Times*, 6.1.1985, 12.1.1985, 29.1.1985, 1.9.1985). Als Reaktion auf ein anderes Problem hat im April 1985 eine Gruppe, die sich *Animal*

Liberation Front nennt, mehr als 700 Versuchstiere entführt, Dokumente gestohlen, Computerdaten gelöscht und die psychologischen und biologischen Versuchsräume der *University of California, Riverside*, zerstört. Dies war nur eine von den Aktionen, die in den letzten Jahren in den Vereinigten Staaten und in Kanada stattfanden (Cunningham, 1985; Sperling, 1985). Hierbei ist es wichtig zu bedenken, daß Menschen, die Tierversuchsanstalten überfallen und gegen Geburtenkontrolle kämpfen, gewöhnlich verantwortungsvolle Mitglieder ihrer Gemeinden sind.

In all diesen Fällen spiegeln die Täter eine in der Welt steigende Tendenz, Handlungen und ihre Folgen dadurch zu entschuldigen, daß man eine Haltung der Rechtschaffenheit einnimmt. Alles, was »richtig« ist, schreiben jene, die solche Schritte unternehmen, sich selbst zu, und alles, was »falsch« ist, wird den Personen zugewiesen, auf die diese Handlungen hinzielen — und jenen, die die Rechtschaffenheit der Gründe, aus denen erstere zu Tätern werden, nicht verstehen oder es versäumen, ihnen zu dem zu verhelfen, was sie haben wollen. Meine These in diesen abschließenden Ausführungen ist, daß der Gestaltzyklus der Bewußtheit ein nützlicher Bezugsrahmen ist, um das Phänomen der Rechtschaffenheit zu verstehen, und daß es eine wichtige Aufgabe des Beraters ist, Klientensystemen dabei zu helfen, sich bewußt zu werden, wie sich Rechtschaffenheit im Leben von Organisationen äußert und welche Folgen sie hat.

Die typischen Erklärungen dafür, warum Menschen zu so schwerwiegenden Aktionen greifen, beschwören Hypothesen von der Verleugnung des Unrechts herauf, oder sie erarbeiten Rationalisierungen von der Art, daß der Zweck die Mittel rechtfertige. Eine nützlichere Möglichkeit, die Prozesse zu verstehen, die solchen Aktionen vorausgehen, wäre, daß die Bewußtheit der Täter mit so viel Energie belegt ist, daß sie durch eine Handlung befreit werden muß. Ihre Bewußtheit ist so »überladen«, daß die Handlung in einer Weise hervorsprudelt, die einem sexuellen Orgasmus analog ist. In dem Maß, in dem Menschen in allen Lebensbereichen infolge der immer größer werdenden Schwierigkeiten, in einer divergierenden, pluralistischen Welt zu einem Konsens zu finden, zunehmend Frustrationen erfahren, steigt die Wahrscheinlichkeit, daß wir mehr und mehr Manifestationen von Rechtschaffenheit erleben. Akte der Rechtschaffenheit tendieren jedoch dahin, bei den Personen, auf die sie gerichtet sind, Rechtschaffenheit zu erzeugen. Wenn jene, die aus dem Gefühl von Rechtschaffenheit heraus handeln, nicht lernen können, Bedauern darüber zu empfinden, daß sie weniger extreme Alternativen aufgeben, während sie sich auf diese Aktionen einlassen, besteht wenig Hoffnung, daß sich die Energie in effektiverer Weise entladen kann. Zwischen Bedauern und Rechtschaffenheit besteht eine reziproke Beziehung; je stärker das Erleben von Rechtschaffenheit als Sprungbrett zur Handlung ist, um so weniger ist es möglich, die oft schmerzliche Last zu erleben (die Bewußtheit des Bedauerns), daß eine anscheinend zweckmäßige Handlung eine negative Seite in sich trägt und daß andere mögliche Herangehensweisen an das Problem unwiderruflich aufgegeben werden müssen.

Das tragische Element in den angeführten Beispielen besteht nicht nur darin, daß es sich um Akte verletzender Provokation handelt, die anderen Schaden zufügen. Die »überladene« Energie, die zu diesen Handlungen führt, baut sich über eine Zeitspanne hinweg auf, während der sie sich auch durch kleinere Aktionen entladen könnte, die eine breitere Bewußtheit zur Folge hätten. Das Hauptproblem bei den extrem fokussierten Handlungsschritten ist, daß die Bewußtheit erheblich eingeengt ist, während sich die Energie zum Handeln aufbaut. Das verringert die Möglichkeit, Alternativen zu erkennen oder sich sowohl für das Gute wie für das Schlechte in den ausgeführten Handlungen voll verantwortlich zu fühlen.

Bisher standen die Täter der »großen Aktionen« im Mittelpunkt der Darstellung. Es ist jedoch gleichermaßen wichtig, daß auch die Zielpersonen zum Zeitpunkt der Aktion Bedauern über in der Vergangenheit oder Gegenwart ausgeführte oder nicht ausgeführte Handlungen empfinden. Kommt es nicht dazu, so besteht keine Chance, daß sich die vielfältig gerichteten Energien aller beteiligten Personen verbinden. Wenn beide Seiten der Tierexperiment- oder Abtreibungsproblematik erkennen können, daß das, was sie tun, Gutes und Schlechtes beinhaltet, so besteht vielleicht eine gewisse Hoffnung, daß es zu Handlungen kommt, die den Konflikt verringern, auch wenn sie keine endgültige Lösung darstellen.

Eine der Schwierigkeiten, die bei der Operationalisierung einer Möglichkeit, mit den hier aufgeworfenen Fragen umzugehen, entstehen, liegt schon in der Natur der »großen Aktion«. Diese Aktionen finden statt, weil es Menschen an Verständnis und / oder Kompetenz mangelt, um die effektiveren kleineren Schritte auszuführen, die zu einen Prozeß zunehmender Veränderung führen würden. Die kleinen Schritte zunehmender Veränderung führen Energie ab und dienen dazu, die Bewußtheit zu vergrößern oder auszuweiten. Ein Übermaß an Energie führt zu Handlungen, die von hoher Energie und begrenzter Bewußtheit getragen sind. Wenn man handeln kann, bevor die Energie zu groß wird, um sie zu kontrollieren, wird es zu kleineren Aktionen kommen und wird es weniger unerledigte Situationen geben, die brodeln, bis eine Explosion stattfindet. Das in zahlreichen kleinen Schritten zusammengetragene Lernen macht es Menschen schwerer, im bipolaren Denken fixiert zu bleiben, da es dazu beiträgt, die Bewußtheit für mehr Alternativen zu erzeugen und das Festhalten an rigiden Dichotomien von gut / schlecht oder richtig / falsch zu lockern. Der Gestaltzyklus des Erlebens unterstreicht die Bedeutung der Vollendung kleiner Einheiten des Erlebens und ist auf die zunehmende Entladung von Energie ausgerichtet. Es ist das Ziel des gestaltorientierten Beraters, Klientensystemen dabei zu helfen, die Energie zu verwenden, die aus der Bewußtheit über einen Prozeß zunehmenden Wandels entsteht. In diesem Sinn ist das, was in diesem Buch dargestellt wurde, hauptsächlich in Situationen anwendbar, in denen der Vertrag zu Beginn der Arbeit zwischen Klient und Berater zumindest etwas Übereinstimmung darüber enthält, daß ein Lernen auf der Bewußtheitsebene wichtig ist, um eine verbesserte Funktion der Organisation zu fördern. Dies ist kein Entwurf für revolutionäre Veränderungen.

IMPLIKATIONEN

Auch wenn sie in ihrer Intensität weniger eindrucksvoll ist als die beschriebenen sozialen Probleme, führt die Suche nach korrekten Handlungen und der richtigen Ideologie bei Managern zu vielen Aktionen, die eine Problemsituation vielleicht vorübergehend mildern, auf Dauer gesehen jedoch verhindern, daß Lernen in Organisationen stattfindet. Wir sind alle in der Lage, die Haltung der Rechtschaffenheit einzunehmen, wenn wir frustriert sind, weil wir nicht bekommen, was wir brauchen.

Wir können dieser Diskussion spezifischere Relevanz geben, wenn wir eine immer häufigere »große Manageraktion« betrachten: die Verkleinerung der Organisationen aus voll entwickelten Industriebereichen oder anderen Unternehmen, die in ernsten wirtschaftlichen Schwierigkeiten stecken. Gewöhnlich kommt es zu dem Entschluß des Abbaus, wenn die Bewußtheit von den Problemen der Organisation hoch aufgeladen ist. Die Top-Manager der Firma erleben eine Krise oder sehen mögliche Katastrophen voraus. Sinkende Verkaufszahlen, abnehmende Gewinnspannen, steigende Kosten und andere Aspekte des Wettbewerbs erscheinen als unlösbare Probleme, sofern nicht durchgreifende Schritte unternommen werden. Daraus folgt die ideologisch »richtige« Folgerung: Wir können nur überleben, wenn wir weniger Beschäftigte haben; zum Nutzen von vielen müssen die wenigen einen Preis bezahlen. Schon der Begriff »Verkleinerung« illustriert die Suche nach einer Sprache, die dafür sorgt, daß die schlechten Seiten der gewünschten Handlung schmackhafter erscheinen. Die Praxis der Kurzarbeit (vielleicht unterstützt durch ein überholtes Konzept von Arbeit als Ware) hat sich als Vorgehensweise des Managements eingebürgert. Mit Kurzarbeit sind wir schon seit langem vertraut. In jüngster Zeit ist der vorzeitige Ruhestand zu einer anderen Variante der Praxis geworden.

Vielleicht ist Kurzarbeit in einigen Fällen der einzige gangbare Weg. Sie hat den Vorteil, daß sie beträchtliche Kosten für Zulagen für direkte Gehälter ausschaltet. Einige Firmen wählen jedoch andere Möglichkeiten, indem sie etwa Gehaltskürzungen für alle Beschäftigten oder verschiedene andere Alternativen anstreben (Perry, 1986). In jedem Fall würde sich das Erlebnis des Bedauerns aus der vollen Bewußtheit ableiten, daß die Entscheidung für eine der Methoden die anderen ausschließt. Vielleicht bringt die moralische Haltung, niemanden zu entlassen, die Unmoral mit sich, daß bestimmte Personen härter arbeiten müssen, um wenig produktive Personen mitzutragen. Im Fall von Kurzarbeit wird die Unmoral, die darin besteht, daß Arbeitslosigkeit zersetzende Wirkungen hat, gegen die moralische Haltung aufgewogen, die darin besteht, daß die Interessen der Aktionäre und der Mehrheit derer, die beschäftigt bleiben, geschützt werden. Eine Alternative zu wählen bedeutet, die anderen nicht zu wählen, und Manager müssen so handeln, daß sie ihre Organisationen in schwierigen Zeiten erhalten. Der Prozeß, der zu der Entscheidung führt, sollte reich an Bewußtheit über alle Seiten der Wahlmöglichkeiten sein, mit vollständiger Anerkenntnis dessen, was gewonnen und was verloren wird. Das läßt es zu, daß man sich die Wahl und was gut und schlecht daran ist, wirklich zu eigen zu machen. Statt an einer rigiden Ideologie festzuhalten, erfüllt dieser Prozeß die Kriterien einer geschulten Problemlösung. Wenn man einfach annimmt, daß das Top-Management die Entscheidung treffen sollte und daß die richtige Entscheidung in Kurzarbeit besteht, gibt es keinen Raum für die Entwicklung voller Bewußtheit über alle Entscheidungsmöglichkeiten.

Bei diesem Beispiel geht es um die »große Aktion«, die nötig zu werden scheint, wenn sich die Energie aufbaut und in entschiedene, strikte Maßnahmen einfließen muß. Wünschenswert wäre, daß eine sehr bewußte Organisation ihren Problemen nachspürt und zu kleineren Aktionen greift, während die Arbeit weitergeht, so daß sie nicht in eine Krisensituation kommt. Die vermehrten Aktivitäten zum Schutz der Umwelt, die in vielen Firmen zu finden sind, zeigen eine wachsende Aufgeschlossenheit in dieser Richtung. Obwohl der Nutzen solcher Bemühungen in einer ungewissen, anscheinend unkontrollierbaren und komplexen Welt feststeht, sollte eine erweiterte Bewußtheit zu der Anerkennung führen, daß es keine Entscheidung gibt, die nicht mit gewissen Kosten oder Schaden für irgend jemanden oder irgend etwas verbunden ist. Doch Manager müssen handeln. Der Trost liegt darin, daß die Handlungen, für die man sich entschieden hat, einen gewissen Nutzen mit sich bringen. Eine reife Persönlichkeit oder Organisation trifft die beste Entscheidung, die ihr möglich ist, und empfindet Bedauern, während sie dies tut. Wenn ihre Wahl aus einem reichen Bewußtheitsprozeß hervorgegangen ist, so erlaubt dies den Wählenden, sowohl die Freude oder den Stolz, die mit den guten Seiten der Entscheidung verbunden sind, als auch die Trauer, die mit dem Anerkennen ihrer schlechten Seiten einhergeht, voll zu erleben. Dies ist schwer zu erreichen, wenn eine drohende Krise das Durchführen der »großen Aktion« notwendig macht. Aus diesem Grund ist es, je komplexer das Problem und je größer die Zahl der einbezogenen Personen, Interessen und Perspektiven ist, um so wichtiger, nicht steckenzubleiben in dem Versuch, die große Lösung zu finden. Es ist viel leichter, mit einem Rhythmus von Bewußtheit-Energie-Handlung-Abschluß umzugehen, der sich im Rahmen kleinerer Einheiten oder anwachsender Veränderungen ergibt.

ABSCHLUSS

Auch wenn diese Darstellung etwas allgemein gehalten war und keine klaren Richtlinien für taktische Reaktionen von Beratern beschrieben wurden, ist die Botschaft, die ich vermitteln möchte, nicht schwer zu begreifen:

1. Der Prozeß, sich zum Handeln zu entschließen, ist eine der Wahl zwischen Alternativen, die sowohl positive als auch negative Merkmale enthalten.

2. Der Aufbau von Energie, um aus Rechtschaffenheit heraus zu handeln, bringt Menschen dazu, starke Handlungen auszuführen, die sich nicht auf einen reichen Bewußtheitsprozeß stützen, der das Erleben von Bedauern in dem Augenblick zuläßt, in dem man sich für eine Handlung entscheidet.

3. Das Erlebnis des Bedauerns ist die volle Bewußtheit und Übernahme von Verantwortung durch jene, die sich für eine Handlung entscheiden, die negative Seiten enthält und andere Handlungen ausschließt, die bestimmte positive Merkmale haben.

4. Ohne das Erlebnis des Bedauerns ist es schwer, wirkliches Lernen in Organisationen zu erreichen; Menschen handeln dann aus begrenzter Bewußtheit heraus, bleiben in ihrer Rechtschaffenheit stecken und sind sich der von ihnen gewählten Handlungen übermäßig sicher.

Zwei wichtige Implikationen folgen aus diesen Prämissen. Die erste steht im Zusammenhang damit, wie Berater mit dem Prozeß des Klienten umgehen. Sie legt Beratern nahe, ein immer waches Interesse am Bewußtheitsprozeß des Klienten beizubehalten und sich damit zu befassen, wie sehr und wie gut alle Aspekte der Situation während der Abfolge von Entscheiden und Handeln erlebt werden. Das bedeutet, für den Wert einer genauen Beachtung des Rhythmus von Bewußtheit und Energie einzutreten und sich dafür stark zu machen, wenn sich Klientensysteme einer schwierigen Aufgabe oder Entscheidung gegenübersehen.

Die zweite Implikation bezieht sich auf den eigenen Prozeß des Beraters. Auch für Berater kann ihre Rechtschaffenheit und ihr Mangel an Bewußtheit des Bedauerns zu einem Problem werden. Wenn man von bestimmten Techniken oder Methodologien angetan ist, stellt sich die Neigung ein, diese auf die meisten Probleme, die von Klienten vorgebracht werden, anzuwenden. Ein solcher Fall würde vorliegen, wenn man annimmt, daß alle Motivationsprobleme durch eine Lösung in Form von strukturellen Umwandlungen — etwa neue Arbeitsplatzgestaltungen — zu beeinflussen sind. Noch störender kann es sein, wenn Berater starke Werte oder Ideologien entwickeln, z. B. eine Voreingenommenheit für partizipatives Management und Mitglieder der Klientenorganisation zur Mitbestimmung anzuregen. Die Botschaft soll hier nicht lauten, daß Berater ihre Vorlieben aufgeben müssen. Vielmehr ist es so, daß Berater besser in der Lage sein werden, nach ihren Werten zu handeln, wenn sie sich der negativen Aspekte des von ihnen eingeschlagenen Weges und der positiven Merkmale der zurückgewiesenen Möglichkeiten voll bewußt sind. Beispielsweise kann der Versuch, eine sehr partizipative Managementgruppe zustandezubringen, durchaus dazu führen, daß man Handlungen unterstützt, die den Einfluß (Modellverhalten und das Setzen von Erwartungen) eines sehr charismatischen Führers versiegen lassen. Wenn man sich jedoch der transformativen Aspekte eines solchen Führers bewußt ist und ihren Wert erkennt, kann man bei der Entwicklung einer partizipativen Lösung mithelfen, die die positiven Aspekte einer solchen Führung mit einschließt.

Wenn sich Berater auf einen extensiven Bewußtheitsprozeß einlassen, der sowohl die positiven wie die negativen Merkmale der vorhandenen Alternativen einbezieht, sind sie in der Lage, weise statt dogmatisch zu handeln. Nur durch diesen Prozeß kann das Erlebnis des Bedauerns die Wirkung von Rechtschaffenheit mildern.

Register

Literaturverzeichnis

Adelson, J.: *The teacher as model.* In: The American Scholar, Bd. 30, No.3 (Sommer 1961), 383-406.

Alinsky, S.: Rules for Radicals, New York: *Random House, 1972.*

Argyris, C.: *Intervention Theory and Method.* Reading, Mass.: Addison-Wesley. 1970.

Argyris, C.: *Reasoning, Learning and Action.* San Francisco: Jossey-Bass, 1982.

Argyris, C.: *Strategy Change and Defensive Routines.* Boston: Pitman Publishing, 1985.

Argyris, C. & Schon, D.: Organizational Learning: *A Theory of Action Perspective.* Reading, Mass.: Addison-Wesley, 1978.

Bailyn, L.: Research as a cognitive process: *Implications for data analysis.* In: Quality and Quantity, 11 (1977), 97-117.

Bandura, A.: *Social learning perspectives on behavior change.* In: A. Burton (Hrsg.): What Makes Behavior Change Possible? New York: Brunner / Mazel, 1976, 34-57.

Bandura, A. & Walter, R.H.: *Social Change and Personality Development.* New York: Holt, Rinehard & Winston, 1963.

Baring-Gould, W.S.: *The Annotated Sherlock Holmes.* New York: Crown, 1967.

Beckhard, R.: Organization Development: *Strategies and Models.* Reading, Mass.: Addison-Wesley, 1969.

Beckhard, R.: *The dynamics of the consulting process in large system change.* Sloan School Working Paper 730-74. August 1974.

Beckhard, R. & R. Harris: Organizational Transitions: *Managing Complex Change*. Reading, Mass.: Addison-Wesley, 1977.

Beisser, A.: *The paradoxical theory of change*. In: J. Fagan & I. Sheperd (Hrsg.): Gestalt Therapy Now. Palo Alto, Calif.: Science and Behavior Books, 1970.

Benvenisti, M.: *Conflicts and Contradictions*. New York: Villard Books. 1986.

Brown, P.J., Cotton, C.C. & Golembiewski, R.T.: *Marginality and the OD practitioner*.« In: Journal of Applied Behavioral Science, Vol. 13, No. 4, 1977.

Browne, P.J. & Cotton, C.C.: *Marginality, a force for the OD practitioner*. In: Training and Development Journal, Vol. 29, No. 4, April 1975.

Buber, M.: *Tales of the Hasidim: The Early Masters*. New York: Schokken Books, 1947, 1975. Dt.: Die Erzählungen der Chassidim. Zürich: Manasse, 1949.

Burke, W.W.: *Systems theory, Gestalt therapy, and organization development*. In: T.G. Cummings (Hrsg.): Systems Theory for Organization Development. London: Wiley, 1980.

Burke, W.W.: *Organization Development*. Boston: Little, Brown, 1982.

Coch, L. & French, J.R.P.: *Overcoming resistance to change*. In: D. Cartwright & A. Zander (Eds.): Group Dynamics: Research and Theory. Evanston, Ill.: Row, Peterson, 1960.

Cousins, N.: *The Healing Heart*. New York: Norton, 1983.

Cunningham, S.: *Animals stolen, facility damaged in break-in*. In: American Psychological Association Monitor, Vol. 16, No. 6, Juni 1985.

Dyer, W.G.: *Team Buildung,* Reading, Mass.: Addison-Wesley, 1977.

Ellsberg, D.: *Rede auf der »American Academy of Psychotherapists Conference«,* Cleveland, Ohio, 1974.

Fagan, J. & Sheperd, I.: *Gestalt Therapy Now, Palo Alto:* Science and Behavior Books, 1970.

Flax, S.: *»Can Chrysler keep rolling along?«* 7.1.1985, 34-39.

Frankl, V.: *The Will to Meaning*. Cleveland, Ohio: New American Library, 1969, (101-107).

Goldstein, K.: *The Organism*. New York: American Book Co., 1939. Dt.: Der Aufbau des Organismus. Haag, 1934.

deGroot, A.D.: *Thought and Choice in Chess*. Den Haag: Mouton, 1965.

Heider, F.: *The Gestalt Theory of Motivation.* In: M. Jones (Ed.): Nebraska Symposium on Motivation: 1960. Lincoln: University of Nebraska Press, 1960.

Herman, S.M. & Korenich, M.: *Authentic Management.* Reading, Mass.: Addison-Wesley, 1977.

Hilgard, E.: *Theories of Learning.* New York: Appleton-Century-Crofts, 1948.

Kempler, W.: *Principles of Gestalt Family Therapy.* Oslo: Nordahls Taykkeri, 1974.

Kepner, E. & Brien, L.: Gestalt therapy: *A behavioristic phenomenology.«* In: J. Fagan & I.E. Sheperd (Hrsg.): Gestalt Therapy Now. Palo Alto, Calif.: Science and Behavior Books, 1970.

Klein. D.: Some notes on the dynamics of resistance to change: *The defenter role.«* In: Bennis, Benne et al. (Hrsg.): The Planning of Change (3. Aufl.), 1976.

Koffka, K.: Perception: *An introduction to the Gestalt theory.* In: Psychology Bulletin, 1922, 19, 531-585.

Koffka, K.: *Principles of Gestalt Psychology.* New York: Harcourt, Brace, 1935.

Köhler, W.: *The Mentality of Apes.* New York: Harcourt, Brace, 1927.

Köhler, W.: *Gestalt Psychology,* New York: Liveright, 1929, 1947.

Kopp, S.: *Guru, Metaphors From a Psychotherapist.* Palo Alto, Calif.: Science and Behavior Books, 1971.

Kopp, S.: *If You Meet the Buddha on the Road, Kill Him!* Palo Alto, Calif.: Science and Behavior Books, 1972. Dt.: Triffst du Buddha unterwegs... Frankfurt a.M.: Fischer, 1978.

Kotter, J.P. & Schlesinger, L.A.: *Choosing strategies for change.* In: Harvard Business Review, März-April 1979, 106-114.

Latner, J.: *The Gestalt Therapy Book.* New York: Julian Press, 1973.

Latner, J.: This ist the speed of light: *Field and systems theories in Gestalt* therapy. In: Gestalt Journal, VI, No. 22, Herbst 1983, 71-90.

Lawrence, P.R.: *How to deal with resistance to change.* In: Harvard Business Review, Januar-Februar 1969.

Legge, J. (Übers.): *The Philosophy of Confucius.* New York: Crescent Books, Ohne Jahresangabe.

Levinson, H.: *Organizational Diagnosis.* Cambridge, Mass.: Harvard University Press, 1972.

Lewin, K.: *A Dynamic Theory of Personality.* New York: McGraw-Hill, 1935.

Lewin, K.: *»Action research and minority problems.* In: Journal of Social Issues, 2, No. 4 (1946), 34-36.

Lewin, K.: *Field Theory in Social Science.* New York: Harper, 1951 (a).

Lewin, K.: *Intention, will and need.* In: D. Rapaport (Hrsg.): Organization and Pathology of Thought. New York: Columbia University Press, 1951 (b).

Lieberman, M.A., Yalom, I.P. & Miles, M.B.: *Encounter Groups: First Facts.* New York: Basic Books, 1973.

Likert, R.: *New Patterns of Management.* New York: McGraw-Hill, 1961.

Lindblom, C.E. & Cohen, D.K.: *Usable Knowledge.* New Haven: Yale University Press, 1979.

Mahler, W.R.: *Diagnostic Studies.* Reading, Mass.: Addison-Wesley, 1974.

Maimonides: *Guide for the Perplexed.* London: Trubner, 1881.

Margulies, N.: *Perspectives on the marginality of the consultant's role.* In: W.W. Burke (Hrsg.): The Cutting Edge: Current Edge: Current Practice and Theory in Organization Development. San Diego: University Associates, 1978.

Maslow, A.: *Motivation and Personality.* New York: Harper, 1954.

Menninger, K.: *Theory of Psychoanalytic Technique.* New York: Basic Books, 1958.

Merry, U. & Brown, G.: *The Neurotic Behavior of Organizations.* Cleveland: Gestalt Institute of Cleveland Press. 1987. Erschienen bei Gardner Press.

Nadler, D.A.: Feedback and Organization Development: *Using Data-Based Methods. Reading, Mass.:* Addison-Wesley, 1977.

Nevis, S.M. & Zinker, J.: *How Gestalt therapy views couples, families, and the process of their psychotherapy.* Working Paper, Center for the Study of Intimate Systems, Gestalt Institute of Cleveland, 1982.

Newell, A. & Simon, H.A.: *Human Problem-Solving.* Englewood Cliffs, N.J.: Prentice-Hall, 1972.

Ornstein, R.: *The Psychology of Consciousness.* New York: Harcourt, Brace, Jovanovich, 1977. Dt.: Die Psychologie des Bewußtseins, Frankfurt a.M.: Fischer, 1976.

Ovsiankina, M.R.: *The resumption of interrupted activities.* In: J. deRivera: Field Theory as Human Science. New York: Gardner Press, 1976. Dt.: Die Wiederaufnahme von unterbrochenen Handlungen. In: Psychologische Forschung, Vol. 11, 1928.

Papernow, P.L.: The stepfamily cycle: *An experiental model of stepfamily development.* In: Family Relations, Juli 1984.

Pascale, R.T.: *Zen and the art of management.* In: Harvard Business Review, März-April, 1978.

Perls, F.S.: *Ego, Hunger and Aggression.* New York: Random House, 1947, 1969. Dt.: Das Ich, der Hunger und die Aggression. Stuttgart: Klett, 1978.

Perls, F.S., Hefferline, R.F. & Goodman, P.: *Gestalt Therapy.* New York: Dell, 1951. Dt.: Gestalt-Therapy, Stuttgart: Klett, 1979.

Perry, T.L.: *Least cost alternatives to layoffs in declining industries.* In: Organization Dynamics, Vol. 14, Frühjahr 1986, 48-61.

Peters, T.J. & Waterman, R.H.: In Search of Excellence. New York: Harper & Row, 1982.

Polster, E. & Polster, M.: *Gestalt Therapy Integrated.* New York: Brunner / Mazel, 1973. Dt.: Gestalttherapie. München: Kindler, 1975.

Pursglove, P.D. (Hrsg.): *Recognitions in Gestalt Therapy.* New York: Funk & Wagnalls, 1968.

Raimy, V.: *Changing misconceptions as the therapeutic task.* In: A. Burton (Hrsg.): What Makes Behavior Change Possible. New York: Brunner / Mazel, 1976.

Reich, W.: *Character Analysis.* New York: Farrar, Straus & Cudahy, 1949. Dt.: Charakteranalyse. Wien, 1933; Fischer, Frankfurt a.M., 1978.

Schein, E.H.: *Process Consultation.* Reading, Mass.: Addison-Wesley, 1969.

Schein, E.H.: The role of the consultant: *Content expert or process facilitator.*« Working paper, Sloan School of Management, June 1977.

Schon, D.A.: *The Reflective Practitioner.* New York: Basic Books, 1983.

Shepard, H.A.: *An action research model.* In: An Action Research Program for Organization Improvement. Ann Arbor, Mich.: Foundation for Research on Human Behavior, University of Michigan, 1960,

Smith, E.L.: *The Growing Edge of Gestalt Therapy.* New York: Brunner / Mazel, 1976.

Sperling, S.E.: *I was violated.* In: American Psychological Association Monitor, Vol. 16, No. 6, Juni 1985.

Stonequist, E.V.: *The Marginal Man.* New York: Scribner's, 1937.

Tichy, N.M. & Nisberg, J.N.: Change agent bias: *What they view determines what they do.* In: Group & Organization Studies, September 1976 (3), 286-301.

Truzzi, M.: *Sherlock Holmes as Applied Social Psychologist.* In: Sanders: Theo Sociologist as Detective. New York: Praeger, 1976.

Unbekannter Autor: Buddha: *His Life and Times.* New York: Crescent Books, 1974.

Wallen, R.W.: *Gestalt therapy and Gestalt psychology,* In: Fagan & Sheperd (Hrsg.): Gestalt Therapy Now. Palo Alto: Science and Behavior Books, 1970.

Warner, W.S.: *Unveröffentlichter Vortrag.* Gestalt Institute of Cleveland, 1975.

Weisbord, M.R.: Organization diagnosis: *Six places to look for trouble with or without a theory.* In: Group & Organization Studies, Dezember 1976 (4), 430-447.

Weisbord, M.R.: *Organizational Diagnosis.* Reading, Mass.: Addison-Wesley, 1978.

Weisel, E.: *Souls on Fire.* New York: Vintage Books. 1973.

Wertheimer, M.: *Productive Thinking.* New York: Harper, 1945. Dt.: Produktives Denken. Frankfurt a.M., 1957.

Whyte, W.F. & Hamilton, E.L.: *Action Research for Management.* Homewood, Ill.: Irwin Dorsey, 1964.

Wysong, J. & Rosenfeld, E.: *An oral history of Gestalt therapy.* Highland, N.Y.: Gestalt Journal, 1982.

Yalom, I., Lieberman, B. & Miles, M.: *Encounter Groups: First Facts.* New York: Basic Books, 1973.

Zeigarnik, B.: *On finished and unfinished tasks.* In: W.D. Ellis: A Source-Book of Gestalt Psychology. New York: Harcourt, Brace, 1938. (Eine ausführliche Diskussion dieser Untersuchung enthält: deRivera, J.: Field Theory in Social Science. New York: Gardner Press, 1976, 111-150). Dt.: Über das Behalten von erledigten und unerledigten Handlungen. In: Psychologische Forschung, Bd. 9, 1927.

Ziller, R.C.: *The Social Self.* Elmsford, N.Y.: Pergamon Press, 1973.

Zinker, J.: *Creative Process in Gestalt Therapy.* New York: Brunner / Mazel, 1977. Dt.: Gestalttherapie als kreativer Prozeß. Paderborn: Junfermann, 1982.

Zinker, J. & Nevis, S.M.: *The Gestalt theory of couple and family interactions.* Working Paper, Center for the Study of Intimate Systems, Gestalt Institute of Cleveland, 1981.

Zinker, J. & Nevis, S.M.: Changing Small Systems: *Gestalt Theory of Couple and Family Therapy.* In Vorbereitung. Cleveland: Gestalt Institute of Cleveland Press, 1988. Erscheint bei Gardner Press.